Boris Lohmann/Axel Gräser (Hrsg.)

Methoden und Anwendungen der Automatisierungstechnik

20. Kolloquium der Automatisierungstechnik in Salzhausen

Shaker Verlag
Aachen 1999

Die Deutsche Bibliothek - CIP-Einheitsaufnahme

Methoden und Anwendungen der Automatisierungstechnik:
20. Kolloquium der Automatisierungstechnik in Salzhausen /
Boris Lohmann ; Axel Gräser (Hrsg.). - Als Ms. gedr. - Aachen : Shaker, 1999

ISBN 3-8265-6093-0

Als Manuskript gedruckt. Printed in Germany.

ISBN 3-8265-6093-0
ISSN 0945-4659

Shaker Verlag GmbH • Postfach 1290 • 52013 Aachen
Telefon: 02407 / 95 96 - 0 • Telefax: 02407 / 95 96 - 9
Internet: www.shaker.de • eMail: info@shaker.de

Vorwort

Das **Kolloquium der Automatisierungstechnik Salzhausen** wurde 1978 von den damaligen Leitern des Instituts für Automatisierungstechnik der Universität Bremen, den Kollegen

Prof. Dr.-Ing. Günter Ludyk

Prof. Dr.-Ing. Dobrivoje Popovic

gegründet. Es hat sich seither zu einer der zweifellos erfolgreichsten und ältesten Seminarreihen der Universität Bremen entwickelt und zieht seit jeher auch Teilnehmer anderer Universitäten und befreundeter Institute an. Jährlich im November treffen sich Hochschullehrer, wissenschaftliche Mitarbeiter und Gäste aus der Industrie in Salzhausen in der Lüneburger Heide, um sich zwei Tage lang über Ergebnisse, Ziele und Trends in der Automatisierungstechnik auszutauschen. Den Gründern dieses, seit nunmehr seit 20 Jahren stattfindenden Kolloquiums, gratulieren wir an dieser Stelle herzlich und sprechen ihnen unseren Dank für diese erfolgreiche Initiative aus.

Die vorliegenden Beiträge sind ein Konzentrat der Veranstaltungen 1997 und 1998 und wurden von den Herausgebern ausgewählt und von Herrn Dipl.-Ing. T. Lietmann redigiert. Die Beiträge überstreichen nahezu die gesamte Breite der Automatisierungstechnik, von den theoretischen Grundlagen dynamischer Systeme und der Regelungs- und Automatisierungstechnik, über Anwendungen in Anlagenautomatisierung, Robotik und technischer Chemie bis hin zu Fragen der Softwaretechnologie. Dabei werden alle Entwicklungsphasen automatisierungstechnischer Systeme einbezogen: Modellbildung, Entwurf, Simulation, Implementierung und Diagnose.

Für die engagierte Organisation der letzten beiden Kolloquien danken wir den Herren Dipl.-Ing. S. Nordbruch und Dipl.-Ing. T. Lietmann.

Bremen, im Januar 1999 — B. Lohmann, A. Gräser

Inhaltsverzeichnis

Dynamische Systeme und Regelungstechnik

Anlagenautomatisierung und Mechatronik

Robotik und autonomes Fahren

Das KRONECKER-Produkt in der numerischen Behandlung von Regelungsproblemen

GÜNTER LUDYK
Universität Bremen, Institut für Automatisierungstechnik
Rohrdommelweg 13, 28357 Bremen
Telefax: 0421 - 27 23 84

Abstract

Mit Hilfe des KRONECKER-*Produkts und eines Vektorisierungsoperators können viele Regelungsprobleme, die auf der Lösung von Matrizengleichungen beruhen, dadurch numerisch stabil und genau gelöst werden, daß die Matrizengleichungen in lineare Gleichungssysteme umgeformt werden. Die Vorgehensweise wird für die Berechnung der Steuerbarkeitsmatrix und die Berechnung der Rückkoppelung für die Eigenwertverschiebung von Ein- und Mehrfachsystemen gezeigt. An Hand eines Beispiels werden die numerischen Ergebnisse dargestellt. Abschließend wird auf die robuste Eigenwertverschiebung von Intervallsystemen eingegangen.*

1 Das KRONECKER-Produkt und der vec-Operator

Das KRONECKER-Produkt zweier Matrizen $\boldsymbol{A} \in \mathbb{C}^{n\times m}$ und $\boldsymbol{B} \in \mathbb{C}^{p\times q}$ ergibt eine Matrix $\boldsymbol{C} \in \mathbb{C}^{np\times mq}$, geschrieben

$$\boldsymbol{A} \otimes \boldsymbol{B} = \boldsymbol{C}. \tag{1}$$

Hierbei werden die Untermatrizen $\boldsymbol{C}_{ij} \in \mathbb{C}^{p\times q}$ für $i = 1$ bis n und $j = 1$ bis m so definiert

$$\boldsymbol{C}_{ij} \stackrel{\text{def}}{=} a_{ij}\boldsymbol{B}, \tag{2}$$

so daß insgesamt die Matrix $\boldsymbol{C}$ die Form

$$\boldsymbol{C} = \begin{pmatrix} a_{11}\boldsymbol{B} & a_{12}\boldsymbol{B} & \dots & a_{1m}\boldsymbol{B} \\ a_{21}\boldsymbol{B} & a_{22}\boldsymbol{B} & \dots & a_{2m}\boldsymbol{B} \\ \dots & \dots & \dots & \dots \\ a_{n1}\boldsymbol{B} & a_{n2}\boldsymbol{B} & \dots & a_{nm}\boldsymbol{B} \end{pmatrix}. \tag{3}$$

hat. Wenn die Matrix $\boldsymbol{A}$ aus m Spalten $\boldsymbol{a}_i \in \mathbb{C}^n$ zusammengesetzt ist,

$$\boldsymbol{A} = \begin{bmatrix} \boldsymbol{a}_1 & \boldsymbol{a}_2 & \dots & \boldsymbol{a}_m \end{bmatrix}, \tag{4}$$

kann man einen vec-Operator so definieren [BREWER]:

$$\boldsymbol{vec}(\boldsymbol{A}) \stackrel{\text{def}}{=} \begin{bmatrix} \boldsymbol{a}_1 \\ \boldsymbol{a}_2 \\ \vdots \\ \boldsymbol{a}_m \end{bmatrix} \in \mathbb{C}^{nm}. \tag{5}$$

2 Einige Sätze

Sehr interessant ist das folgende

$$\text{Lemma}: \boxed{\boldsymbol{vec}(\boldsymbol{AXB}) = (\boldsymbol{B}^{\mathsf{T}} \otimes \boldsymbol{A})\boldsymbol{vec}(\boldsymbol{X}).} \square \tag{6}$$

Beweis: Sei $\boldsymbol{B} \in \mathbb{C}^{n \times m}$, dann ist

$$\begin{aligned}
\boldsymbol{AXB} &= \begin{bmatrix}\boldsymbol{Ax}_1 & \boldsymbol{Ax}_2 & \dots & \boldsymbol{Ax}_n\end{bmatrix} \boldsymbol{B} \\
&= \begin{bmatrix}\boldsymbol{Ax}_1 & \boldsymbol{Ax}_2 & \dots & \boldsymbol{Ax}_n\end{bmatrix} \begin{bmatrix}\boldsymbol{b}_1 & \boldsymbol{b}_2 & \dots & \boldsymbol{b}_m\end{bmatrix} \\
&= \begin{bmatrix}(b_{11}\boldsymbol{Ax}_1 + b_{21}\boldsymbol{Ax}_2 + \dots + b_{n1}\boldsymbol{Ax}_n) & \dots & (b_{1m}\boldsymbol{Ax}_1 + b_{2m}\boldsymbol{Ax}_2 + \dots + b_{nm}\boldsymbol{Ax}_n)\end{bmatrix}.
\end{aligned}$$

Wendet man auf die letzte Gleichung den $\boldsymbol{vec}$-Operator an, erhält man

$$\boldsymbol{vec}(\boldsymbol{AXB}) = \begin{bmatrix}(b_{11}\boldsymbol{Ax}_1 + b_{21}\boldsymbol{Ax}_2 + \dots + b_{n1}\boldsymbol{Ax}_n) \\ \vdots \\ (b_{1m}\boldsymbol{Ax}_1 + b_{2m}\boldsymbol{Ax}_2 + \dots + b_{nm}\boldsymbol{Ax}_n)\end{bmatrix}$$

$$= \begin{pmatrix} b_{11}\boldsymbol{A} & \dots & b_{n1}\boldsymbol{A} \\ \vdots & \vdots & \vdots \\ b_{1m}\boldsymbol{A} & \dots & b_{nm}\boldsymbol{A}\end{pmatrix} \boldsymbol{vec}(\boldsymbol{X})$$

$$= (\boldsymbol{B}^{\mathsf{T}} \otimes \boldsymbol{A})\boldsymbol{vec}(\boldsymbol{X}). \ \blacksquare$$

Aus diesem Lemma ergeben sich die Folgerungen:

Corollar 1: $\boldsymbol{vec}(\boldsymbol{AX}) = (\boldsymbol{I} \otimes \boldsymbol{A})\boldsymbol{vec}(\boldsymbol{X}). \ \square$

Beweis: Setze im Lemma $\boldsymbol{B} = \boldsymbol{I}$.

Corollar 2: $\boldsymbol{vec}(\boldsymbol{XB}) = (\boldsymbol{B}^{\mathsf{T}} \otimes \boldsymbol{I})\boldsymbol{vec}(\boldsymbol{X}). \ \square$

Beweis: Setze im Lemma $\boldsymbol{A} = \boldsymbol{I}$.

Corollar 3: $\boldsymbol{vec}(\boldsymbol{ba}^{\mathsf{T}}) = (\boldsymbol{a} \otimes \boldsymbol{b}). \ \square$

Beweis: Es ist $\boldsymbol{vec}(\boldsymbol{ba}^{\mathsf{T}}) = \boldsymbol{vec}(\boldsymbol{b}1\boldsymbol{a}^{\mathsf{T}}) = (\boldsymbol{a} \otimes \boldsymbol{b})\boldsymbol{vec}(1) = \boldsymbol{a} \otimes \boldsymbol{b}$.

3 Numerische Berechnung der Steuerbarkeitsmatrix eines Einfachsystems

Die Steuerbarkeitsmatrix $\boldsymbol{S}$ kann so zerlegt werden:

$$\boldsymbol{S} = \begin{bmatrix}\boldsymbol{b} & \boldsymbol{Ab} & \dots & \boldsymbol{A}^{n-1}\boldsymbol{b}\end{bmatrix} = \begin{bmatrix}\boldsymbol{b} & 0 & \dots & 0\end{bmatrix} + \begin{bmatrix}0 & \boldsymbol{Ab} & \dots & \boldsymbol{A}^{n-1}\boldsymbol{b}\end{bmatrix}, \tag{7}$$

woraus folgt

$$\boldsymbol{S} - \begin{bmatrix}0 & \boldsymbol{Ab} & \dots & \boldsymbol{A}^{n-1}\boldsymbol{b}\end{bmatrix} = \begin{bmatrix}\boldsymbol{b} & 0 & \dots & 0\end{bmatrix}. \tag{8}$$

Mit

$$
\boldsymbol{N} \stackrel{\text{def}}{=} \begin{pmatrix} 0 & 1 & 0 & \dots & 0 \\ 0 & 0 & 1 & \ddots & \vdots \\ \vdots & \ddots & \ddots & \ddots & 0 \\ \vdots & & \ddots & \ddots & 1 \\ 0 & \dots & \dots & 0 & 0 \end{pmatrix} \quad und \quad \boldsymbol{i}_1^{\mathsf{T}} \stackrel{\text{def}}{=} \begin{bmatrix} 1 & 0 & \dots & 0 \end{bmatrix} \tag{9}
$$

kann Gleichung (11) auch so geschrieben werden:

$$
\boldsymbol{S} - \boldsymbol{A}\boldsymbol{S}\boldsymbol{N} = \boldsymbol{b}\boldsymbol{i}_1^{\mathsf{T}}. \tag{10}
$$

Den $\boldsymbol{vec}$-Operator auf beide Seiten dieser Gleichung angewendet, liefert unter Beachtung des Lemmas (6) und des Corollars 3

$$
\boldsymbol{vec}(\boldsymbol{S}) - (\boldsymbol{N}^{\mathsf{T}} \otimes \boldsymbol{A})\boldsymbol{vec}(\boldsymbol{S}) = \boldsymbol{i}_1 \otimes \boldsymbol{b}, \tag{11}
$$

bzw. das lineare Gleichungssystem für die Berechnung der Spalten der Steuerbarkeitsmatrix

$$
\boxed{(\boldsymbol{I} - \boldsymbol{N}^{\mathsf{T}} \otimes \boldsymbol{A})\boldsymbol{vec}(\boldsymbol{S}) = \boldsymbol{i}_1 \otimes \boldsymbol{b}}, \tag{12}
$$

oder ausgeschrieben [LUDYK 1990]

$$
\boxed{\begin{pmatrix} \boldsymbol{I} & 0 & 0 & \dots & 0 \\ -\boldsymbol{A} & \boldsymbol{I} & 0 & \dots & 0 \\ 0 & -\boldsymbol{A} & \boldsymbol{I} & \ddots & \vdots \\ \vdots & \ddots & \ddots & \ddots & 0 \\ 0 & \dots & 0 & -\boldsymbol{A} & \boldsymbol{I} \end{pmatrix} \begin{bmatrix} \boldsymbol{s}_1 \\ \boldsymbol{s}_2 \\ \vdots \\ \boldsymbol{s}_n \end{bmatrix} = \begin{bmatrix} \boldsymbol{b} \\ \boldsymbol{o} \\ \vdots \\ \boldsymbol{o} \end{bmatrix}}. \tag{13}
$$

4 Numerische Berechnung der Steuerbarkeitsmatrix für Mehrfachsysteme

Für Mehrfachsysteme lautet die Steuerbarkeitsmatrix

$$
\boldsymbol{S} = \begin{bmatrix} \boldsymbol{B} & \boldsymbol{A}\boldsymbol{B} & \dots & \boldsymbol{A}^{n-1}\boldsymbol{B} \end{bmatrix}. \tag{14}
$$

Definiert man

$$
\boldsymbol{S}^{(i)} = \begin{bmatrix} \boldsymbol{b}_i & \boldsymbol{A}\boldsymbol{b}_i & \dots & \boldsymbol{A}^{n-1}\boldsymbol{b}_i \end{bmatrix}, \tag{15}
$$

erhält man analog zu (9) bis (15)

$$
\boldsymbol{S}^{(i)} - \boldsymbol{A}\boldsymbol{S}^{(i)}\boldsymbol{N} = \boldsymbol{b}_i\boldsymbol{i}_1^{\mathsf{T}} \tag{16}
$$

und

$$
\boxed{(\boldsymbol{I} - \boldsymbol{N}^{\mathsf{T}} \otimes \boldsymbol{A})\boldsymbol{vec}(\boldsymbol{S}^{(i)}) = \boldsymbol{i}_1 \otimes \boldsymbol{b}_i}. \tag{17}
$$

Faßt man die Vektoren $\boldsymbol{vec}(\boldsymbol{S}^{(i)})$ zu einer Matrix zusammen und führt die Untermatrizen $\boldsymbol{S}_i \stackrel{\text{def}}{=} \boldsymbol{A}^{i-1}\boldsymbol{B}$ ein, erhält man aus (13) und (17)

$$
\boxed{\begin{pmatrix} \boldsymbol{I} & 0 & 0 & \dots & 0 \\ -\boldsymbol{A} & \boldsymbol{I} & 0 & \dots & 0 \\ 0 & -\boldsymbol{A} & \boldsymbol{I} & \ddots & \vdots \\ \vdots & \ddots & \ddots & \ddots & 0 \\ 0 & \dots & 0 & -\boldsymbol{A} & \boldsymbol{I} \end{pmatrix} \begin{bmatrix} \boldsymbol{S}_1 \\ \boldsymbol{S}_2 \\ \vdots \\ \boldsymbol{S}_n \end{bmatrix} = \begin{bmatrix} \boldsymbol{B} \\ \boldsymbol{0} \\ \vdots \\ \boldsymbol{0} \end{bmatrix}}. \tag{18}
$$

5 Eigenwertvorgabe für Einfachsysteme

Gegeben sei ein lineares, zeitinvariantes, zeitdiskretes oder zeitkontinuierliches System mit der Systemmatrix $\boldsymbol{A}$ und dem Eingabevektor $\boldsymbol{b}$. Gesucht wird der Rückkoppelungsvektor $\boldsymbol{k}$ einer Zustandsrückführung so, daß die Systemmatrix $\boldsymbol{A} - \boldsymbol{b}\boldsymbol{k}^{\mathsf{T}}$ des rückgekoppelten Systems die gleichen Eigenwerte wie eine vorgegebene Matrix $\boldsymbol{F}$ hat. Dann besteht die Beziehung

$$\boldsymbol{F} = \boldsymbol{T}^{-1}(\boldsymbol{A} - \boldsymbol{b}\boldsymbol{k}^{\mathsf{T}})\boldsymbol{T}, \tag{19}$$

wobei der Vektor $\boldsymbol{k}$ und die Transformationsmatrix $\boldsymbol{T}$ unbekannt sind. Aus der Gleichung (19) folgt nach Linksmultiplikation mit der Transformationsmatrix $\boldsymbol{T}$ und Umordnung der Matrizen

$$\boldsymbol{A}\boldsymbol{T} - \boldsymbol{T}\boldsymbol{F} = \boldsymbol{b}\boldsymbol{k}^{\mathsf{T}}\boldsymbol{T}. \tag{20}$$

Führt man den neuen Vektor

$$\boldsymbol{p}^{\mathsf{T}} \stackrel{\text{def}}{=} \boldsymbol{k}^{\mathsf{T}}\boldsymbol{T} \tag{21}$$

ein, wird aus (20)

$$\boldsymbol{A}\boldsymbol{T} - \boldsymbol{T}\boldsymbol{F} = \boldsymbol{b}\boldsymbol{p}^{\mathsf{T}}. \tag{22}$$

Auf diese Gleichung den $\boldsymbol{vec}$-Operator angewendet, ergibt schließlich

$$(\boldsymbol{I} \otimes \boldsymbol{A} - \boldsymbol{F}^{\mathsf{T}} \otimes \boldsymbol{I})\boldsymbol{vec}(\boldsymbol{T}) = \boldsymbol{vec}(\boldsymbol{b}\boldsymbol{p}^{\mathsf{T}}),$$

d.h.,

$$\boxed{(\boldsymbol{I} \otimes \boldsymbol{A} - \boldsymbol{F}^{\mathsf{T}} \otimes \boldsymbol{I})\boldsymbol{vec}(\boldsymbol{T}) = \boldsymbol{p} \otimes \boldsymbol{b}.} \tag{23}$$

Das ist ein lineares Gleichungssystem für die Spalten der Transformationsmatrix $\boldsymbol{T}$, das allerdings nur dann gelöst werden kann, wenn der sogenannte Parametervektor $\boldsymbol{p}$ vorgegeben wird. Ist dann $\boldsymbol{T}$ bekannt, kann der Rückkoppelungsvektor $\boldsymbol{k}$ aus dem linearen Gleichungssystem

$$\boldsymbol{T}^{\mathsf{T}}\boldsymbol{k} = \boldsymbol{p} \tag{24}$$

berechnet werden. In den folgenden Unterabschnitten werden drei verschiedene Vorgaben von $\boldsymbol{F}$ und $\boldsymbol{p}$ diskutiert.

5.1 Vorgabe einer Diagonalmatrix

Wird $\boldsymbol{F}$ in Form einer Diagonalmatrix vorgegeben,

$$\boldsymbol{F} = \boldsymbol{\Lambda} = \begin{pmatrix} \lambda_1 & & & \\ & \lambda_2 & & \\ & & \ddots & \\ & & & \lambda_n \end{pmatrix}, \tag{25}$$

folgt aus (19)

$$(\boldsymbol{A} - \boldsymbol{b}\boldsymbol{k}^{\mathsf{T}})\boldsymbol{T} = \boldsymbol{T}\boldsymbol{\Lambda}, \tag{26}$$

d.h., spaltenweise

$$(\boldsymbol{A} - \boldsymbol{b}\boldsymbol{k}^{\mathsf{T}})\boldsymbol{t}_i = \boldsymbol{t}_i\boldsymbol{\lambda}_i, \tag{27}$$

also ist $\boldsymbol{t}_i$ ein Eigenvektor der Systemmatrix des rückgekoppelten Systems zum Eigenwert λ_i. Die Eigenvektoren einer Matrix sind nur in ihrer Richtung, nicht aber in ihrer Länge festgelegt. Normiert man die Länge so, daß stets $\boldsymbol{k}^{\mathsf{T}}\boldsymbol{t}_i = 1$ ist, erhält man für (21)

$$\boldsymbol{k}^{\mathsf{T}}\boldsymbol{T} = \begin{bmatrix} 1 & 1 & \cdots & 1 \end{bmatrix} = \boldsymbol{p}^{\mathsf{T}}. \tag{28}$$

Damit erhält man für den Vektor auf der rechten Seite des Gleichungssystems (23) mit Hilfe des Corollars 3

$$\boldsymbol{vec}(\boldsymbol{b}\boldsymbol{k}^{\mathsf{T}}) = \boldsymbol{p} \otimes \boldsymbol{b} = \begin{bmatrix} \boldsymbol{b} \\ \boldsymbol{b} \\ \vdots \\ \boldsymbol{b} \end{bmatrix}, \tag{29}$$

und damit für das lineare Gleichungssystem (23) insgesamt

$$\boxed{\begin{pmatrix} \boldsymbol{A} - \lambda_1\boldsymbol{I} & & & 0 \\ & \boldsymbol{A} - \lambda_2\boldsymbol{I} & & \\ & & \ddots & \\ 0 & & & \boldsymbol{A} - \lambda_n\boldsymbol{I} \end{pmatrix} \begin{bmatrix} \boldsymbol{t}_1 \\ \boldsymbol{t}_2 \\ \vdots \\ \boldsymbol{t}_n \end{bmatrix} = \begin{bmatrix} \boldsymbol{b} \\ \boldsymbol{b} \\ \vdots \\ \boldsymbol{b} \end{bmatrix}.} \tag{30}$$

Das ist ein lineares Gleichungssystem für die Berechnung der Spalten der Transformationsmatrix $\boldsymbol{T}$, das allerdings nur dann eine eindeutige Lösung liefert, wenn die vorgegebenen Eigenwerte λ_i alle verschieden von den Eigenwerten der Systemmatrix $\boldsymbol{A}$ sind.

5.2 Vorgabe einer JORDAN-Matrix

Werden in $\boldsymbol{F}$ Mehrfacheigenwerte vorgegeben, dann müssen diese als JORDAN-Block vorgegeben werden, sonst wäre bei reiner Diagonalform das System nicht mehr steuerbar. Wird beispielsweise der doppelte Eigenwert λ_1 gewünscht, dann ist

$$\boldsymbol{F} = \begin{pmatrix} \lambda_1 & 1 & & & 0 \\ 0 & \lambda_1 & & & \\ & & \lambda_3 & & \\ & & & \ddots & \\ 0 & & & & \lambda_n \end{pmatrix} \tag{31}$$

vorzugeben und mit

$$\boldsymbol{p}^{\mathsf{T}} = \begin{bmatrix} 1 & 0 & 1 \cdots & 1 \end{bmatrix}$$

(siehe [LUDYK 1995]) erhält man gemäß (23)

$$\boxed{\begin{pmatrix} \boldsymbol{A} - \lambda_1\boldsymbol{I} & \boldsymbol{0} & & 0 \\ \boldsymbol{I} & \boldsymbol{A} - \lambda_2\boldsymbol{I} & & \\ & & \ddots & \\ 0 & & & \boldsymbol{A} - \lambda_n\boldsymbol{I} \end{pmatrix} \begin{bmatrix} \boldsymbol{t}_1 \\ \boldsymbol{t}_2 \\ \vdots \\ \boldsymbol{t}_n \end{bmatrix} = \begin{bmatrix} \boldsymbol{b} \\ \boldsymbol{o} \\ \boldsymbol{b} \\ \vdots \\ \boldsymbol{b} \end{bmatrix}.} \tag{32}$$

5.3 Vorgabe einer FROBENIUS-Matrix

Gibt man das gewünschte System in Form des charakteristischen Polynoms vor:

$$c(\lambda) = \alpha_0 + \alpha_1\lambda + \cdots + \alpha_{n-1}\lambda^{n-1} + \lambda^n,$$

dann bekommt $\boldsymbol{F}$ die Form

$$\boldsymbol{F} = \begin{pmatrix} 0 & 1 & 0 & \cdots & 0 \\ \vdots & \ddots & \ddots & \ddots & \vdots \\ \vdots & & \ddots & \ddots & 0 \\ 0 & \cdots & \cdots & 0 & 1 \\ -\alpha_0 & -\alpha_1 & \cdots & \cdots & -\alpha_{n-1} \end{pmatrix}. \tag{33}$$

Mit

$$\boldsymbol{p}^{\mathsf{T}} = \begin{bmatrix} 1 & 0 & 0 & \cdots & 0 \end{bmatrix}$$

erhält man gemäß Gleichung (23)

$$\boxed{\begin{pmatrix} \boldsymbol{A} & \boldsymbol{0} & \cdots & \boldsymbol{0} & \alpha_0\boldsymbol{I} \\ -\boldsymbol{I} & \boldsymbol{A} & \ddots & \vdots & \alpha_1\boldsymbol{I} \\ \boldsymbol{0} & \ddots & \ddots & \boldsymbol{0} & \vdots \\ \vdots & \ddots & \ddots & \boldsymbol{A} & \alpha_{n-2}\boldsymbol{I} \\ \boldsymbol{0} & \cdots & \boldsymbol{0} & -\boldsymbol{I} & \boldsymbol{A} + \alpha_{n-1}\boldsymbol{I} \end{pmatrix} \begin{bmatrix} \boldsymbol{t}_1 \\ \boldsymbol{t}_2 \\ \vdots \\ \boldsymbol{t}_n \end{bmatrix} = \begin{bmatrix} \boldsymbol{b} \\ \boldsymbol{o} \\ \vdots \\ \boldsymbol{o} \end{bmatrix}.} \tag{34}$$

6 ACKERMANN-Formel

Die bekannte Formel von ACKERMANN

$$\boldsymbol{k}^{\mathsf{T}} = \boldsymbol{q}^{\mathsf{T}}(\alpha_0\boldsymbol{I} + \alpha_1\boldsymbol{A} + \cdots + \alpha_{n-1}\boldsymbol{A}^{n-1} + \boldsymbol{A}^n), \tag{35}$$

wobei der Zeilenvektor $\boldsymbol{q}^{\mathsf{T}}$ die letzte Zeile der invertierten Steuerbarkeitsmatrix $\boldsymbol{S}$ ist, ist wegen der auftretenden Potenzen der Systemmatrix $\boldsymbol{A}$ numerisch nicht gut konditioniert. Dagegen ist der Vektor $\boldsymbol{q}^{\mathsf{T}}$ gemäß

$$\boldsymbol{q}^{\mathsf{T}} = \boldsymbol{i}_n^{\mathsf{T}}\boldsymbol{S}^{-1},$$

d.h., aus dem folgenden linearen Gleichungssystem mittels der mit Hilfe von Gleichung (12) numerisch stabil berechneten Steuerbarkeitsmatrix $\boldsymbol{S}$, leicht zu berechnen:

$$\boldsymbol{S}^{\mathsf{T}}\boldsymbol{q} = \boldsymbol{i}_n. \tag{36}$$

Mit den Hilfsvektoren

$$\begin{aligned} \boldsymbol{x}_1^{\mathsf{T}} &= \boldsymbol{q}^{\mathsf{T}}, \\ \boldsymbol{x}_2^{\mathsf{T}} &= \alpha_{n-1}\boldsymbol{q}^{\mathsf{T}} + \boldsymbol{q}^{\mathsf{T}}\boldsymbol{A} = \alpha_{n-1}\boldsymbol{q}^{\mathsf{T}} + \boldsymbol{x}_1^{\mathsf{T}}\boldsymbol{A}, \\ \boldsymbol{x}_3^{\mathsf{T}} &= \alpha_{n-2}\boldsymbol{q}^{\mathsf{T}} + \alpha_{n-1}\boldsymbol{q}^{\mathsf{T}}\boldsymbol{A} + \boldsymbol{q}^{\mathsf{T}}\boldsymbol{A}^2 = \alpha_{n-2}\boldsymbol{q}^{\mathsf{T}} + \boldsymbol{x}_2^{\mathsf{T}}\boldsymbol{A}, \\ &\vdots \\ \boldsymbol{x}_n^{\mathsf{T}} &= \alpha_1\boldsymbol{q}^{\mathsf{T}} + \boldsymbol{x}_{n-1}\boldsymbol{A}, \end{aligned} \tag{37}$$

wird

$$\boldsymbol{k}^{\mathsf{T}} = \alpha_0 \boldsymbol{q}^{\mathsf{T}} + \boldsymbol{x}_n^{\mathsf{T}} \boldsymbol{A}, \tag{38}$$

was leicht durch Einsetzen von $\boldsymbol{x}_n^{\mathsf{T}}$ in $\boldsymbol{k}^{\mathsf{T}}$, von $\boldsymbol{x}_{n-1}^{\mathsf{T}}$ in $\boldsymbol{x}_n^{\mathsf{T}}$, usw. gezeigt werden kann. Faßt man die in den Gleichungen (37) und (38) links stehenden Zeilenvektoren zur Matrix $\boldsymbol{X}$ wie folgt zusammen

$$\boldsymbol{X} = \begin{pmatrix} \boldsymbol{x}_1^{\mathsf{T}} \\ \boldsymbol{x}_2^{\mathsf{T}} \\ \vdots \\ \boldsymbol{x}_n^{\mathsf{T}} \\ \boldsymbol{k}^{\mathsf{T}} \end{pmatrix}$$

und definiert den Vektor

$$\underline{\alpha}^{\mathsf{T}} \stackrel{\text{def}}{=} \begin{bmatrix} 1 & \alpha_{n-1} & \cdots & \alpha_1 & \alpha_0 \end{bmatrix},$$

kann das Gleichungssystem (37)(38) auch so kompakt geschrieben werden

$$\boldsymbol{X} = \underline{\alpha} \boldsymbol{q}^{\mathsf{T}} + \boldsymbol{N}^{\mathsf{T}} \boldsymbol{X} \boldsymbol{A}$$

oder, transponiert und umgeordnet,

$$\boldsymbol{X}^{\mathsf{T}} - \boldsymbol{A}^{\mathsf{T}} \boldsymbol{X}^{\mathsf{T}} \boldsymbol{N} = \boldsymbol{q} \underline{\alpha}^{\mathsf{T}}. \tag{39}$$

Darauf den $\boldsymbol{vec}$-Operator angewendet, liefert schließlich das lineare Gleichungssystem

$$\boxed{(\boldsymbol{I} - \boldsymbol{N}^{\mathsf{T}} \otimes \boldsymbol{A}^{\mathsf{T}}) \boldsymbol{vec}(\boldsymbol{X}^{\mathsf{T}}) = \underline{\alpha} \otimes \boldsymbol{q},} \tag{40}$$

das ausgeschrieben lautet [LUDYK 1990]

$$\begin{pmatrix} \boldsymbol{I} & 0 & 0 & \cdots & 0 \\ -\boldsymbol{A}^{\mathsf{T}} & \boldsymbol{I} & 0 & \cdots & 0 \\ 0 & -\boldsymbol{A}^{\mathsf{T}} & \boldsymbol{I} & \ddots & \vdots \\ \vdots & \ddots & \ddots & \ddots & 0 \\ 0 & \cdots & 0 & -\boldsymbol{A}^{\mathsf{T}} & \boldsymbol{I} \end{pmatrix} \begin{bmatrix} \boldsymbol{x}_1 \\ \vdots \\ \boldsymbol{x}_n \\ \boldsymbol{k} \end{bmatrix} = \begin{bmatrix} \boldsymbol{q} \\ \alpha_{n-1} \boldsymbol{q} \\ \vdots \\ \alpha_0 \boldsymbol{q} \end{bmatrix}. \tag{41}$$

Die letzten n Elemente des Lösungsvektors ergeben den Rückkoppelungsvektor $\boldsymbol{k}$.

7 Eigenwertvorgabe für Mehrfachsysteme

Gegeben sei jetzt ein lineares, zeitinvariantes Mehrfachsystem mit p Eingängen, d.h., die Eingabematrix $\boldsymbol{B}$ ist eine $n \times p$-Matrix. Gesucht wird die Rückkoppelungsmatrix $\boldsymbol{K}$ einer Zustandsrückführung so, daß die Systemmatrix $\boldsymbol{A} - \boldsymbol{B}\boldsymbol{K}$ des rückgekoppelten Systems die gleichen Eigenwerte wie eine vorgegebene Matrix $\boldsymbol{F}$ hat. Dann besteht die Beziehung

$$\boldsymbol{F} = \boldsymbol{T}^{-1}(\boldsymbol{B} - \boldsymbol{B}\boldsymbol{K})\boldsymbol{T}, \tag{42}$$

wobei die Rückkoppelungsmatrix $\boldsymbol{K}$ und die Transformationsmatrix $\boldsymbol{T}$ unbekannt sind. Aus der Gleichung (42) folgt nach Linksmultiplikation mit der Transformationsmatrix $\boldsymbol{T}$ und Umordnung der Matrizen

$$\boldsymbol{AT} - \boldsymbol{TF} = \boldsymbol{BKT}. \tag{43}$$

Führt man die neue Matrix

$$\boldsymbol{P} \stackrel{\text{def}}{=} \boldsymbol{KT} \tag{44}$$

ein, wird aus (44)

$$\boldsymbol{AT} - \boldsymbol{TF} = \boldsymbol{BP}. \tag{45}$$

Auf diese Gleichung den $\boldsymbol{vec}$-Operator angewendet, ergibt schließlich

$$(\boldsymbol{I} \otimes \boldsymbol{A} - \boldsymbol{F}^{\mathsf{T}} \otimes \boldsymbol{I})\boldsymbol{vec}(\boldsymbol{T}) = \boldsymbol{vec}(\boldsymbol{BP}), \tag{46}$$

d.h.,

$$\boxed{(\boldsymbol{I} \otimes \boldsymbol{A} - \boldsymbol{F}^{\mathsf{T}} \otimes \boldsymbol{I})\boldsymbol{vec}(\boldsymbol{T}) = \begin{bmatrix} \boldsymbol{Bp}_1 \\ \boldsymbol{Bp}_2 \\ \vdots \\ \boldsymbol{Bp}_n \end{bmatrix}.} \tag{47}$$

Das ist ein lineares Gleichungssystem für die Spalten der Transformationsmatrix $\boldsymbol{T}$, das allerdings nur dann gelöst werden kann, wenn die sogenannte Parametermatrix $\boldsymbol{P}$ vorgegeben wird. Ist dann $\boldsymbol{T}$ berechnet, kann die Rückkoppelungsmatrix $\boldsymbol{K}$ aus dem linearen Gleichungssystem

$$\boldsymbol{T}^{\mathsf{T}}\boldsymbol{K}^{\mathsf{T}} = \boldsymbol{P}^{\mathsf{T}} \tag{48}$$

ermittelt werden. Die Vorgabe der Matrizen $\boldsymbol{F}$ und $\boldsymbol{P}$ erfolgt wie im vorhergehenden Abschnitt für Einfachsysteme, siehe aber auch [ROPPENECKER] und/oder [LUDYK 1995].

8 Beispiel

Für das zeitkontinuierliche Einfachsystem $\dot{\boldsymbol{x}} = \boldsymbol{Ax} + \boldsymbol{b}u$ mit der System- und der Eingabematrix [PETKOV]

$$\boldsymbol{A} = \begin{pmatrix} -6.36 & .8 & 7.45 & 20.9 \\ -0.72 & 0.67 & 1.34 & 1.98 \\ -1.664 & 2.108 & 1.95 & 5.426 \\ -1.242 & 1.684 & 1.2 & 4.278 \end{pmatrix} \quad \text{und} \quad \boldsymbol{b} = \begin{bmatrix} 13.6 \\ -25.4 \\ 8.4 \\ 16.2 \end{bmatrix} \tag{49}$$

sollen die Eigenwerte nach

$$-0.6, \quad -0.7 \ \text{und} \ -0.5 \pm i \tag{50}$$

verschoben werden. Die Eigenwerte von $\boldsymbol{A}$ liegen ursprünglich alle in der rechten Hälfte der komplexen Zahlenebene, nämlich bei

$$0.1100000000, 0.2906854850, 0.00726381001 \ \text{und} \ 0.1300507050,$$

d.h., das System ist instabil.

8.1 ACKERMANN-Formel

Mit der ACKERMANN-Formel und zehnstelliger Genauigkeit erhält man den Rückkoppelungsvektor

$$\boldsymbol{k}^{\mathsf{T}} = \left[-234.091561 \quad 348.524305 \quad 317.892857 \quad 578.31409\right] \tag{51}$$

und die Eigenwerte bei

$$-0.6430255755 \pm 0.024586300\, i. \text{ und } -0.500654351 \pm 1.008459528\, i. \tag{52}$$

Verwendet man dagegen das Computeralgebra-Programm MAPLE und gibt die Daten als rationale Zahlen ein, also z.B. die Systemmatrix $\boldsymbol{A}$ in der Form

$$\boldsymbol{A} = \begin{pmatrix} -\frac{636}{100} & 8 & \frac{745}{100} & \frac{209}{10} \\ -\frac{72}{100} & \frac{67}{100} & \frac{134}{100} & \frac{198}{100} \\ -\frac{1664}{1000} & \frac{2108}{1000} & \frac{195}{100} & \frac{5426}{1000} \\ -\frac{1242}{1000} & \frac{1684}{1000} & \frac{12}{10} & \frac{4278}{1000} \end{pmatrix}, \tag{53}$$

erhält man auch mit der ACKERMANN-Formel das exakte Resultat für den Rückkoppelungsvektor

$$\boldsymbol{k}^{\mathsf{T}} = \left[-\frac{27912578892096733359}{11921221834105075} \quad \frac{166229145816650927457}{476876887336420300} \quad \frac{30323868806277637067}{95375377467284060} \quad \frac{137914058093073946177}{238438443668210150}\right]. \tag{54}$$

Die Eigenwerte des damit rückgekoppelten Systems erhält man mittels des MAPLE-Befehls **eigenvals(evalm(A-b& *k))** zu

$$-\frac{3}{5}, -\frac{7}{10} \text{und} - \frac{1}{2} \pm i. \tag{55}$$

Das sind exakt die vorgegebenen Eigenwerte!

Zum Vergleich hier der auf 10 Stellen genaue Wert des Rückkoppelungsvektors in Gleitpunktdarstellung:

$$\boldsymbol{k}^{\mathsf{T}} = \left[-234.1281755 \quad 348.5787427 \quad 317.9423202 \quad 578.4052939\right]. \tag{56}$$

Berechnet man die Eigenwerte des damit rückgekoppelten Systems, erhält man

$$-0.5999770899, \ -0.7000262449 \text{ und } -0.4999954598 \pm 1.000002683\, i. \tag{57}$$

Dieses Ergebnis zeigt, daß das gegebene System sehr empfindlich gegenüber Änderungen im Rückkoppelungsvektor $\boldsymbol{k}$ ist.

8.2 Modifizierte ACKERMANN-Formel

Mit der modifizierten ACKERMANN-Formel in Matrizenform (41) und zehnstelliger Genauigkeit erhält man den Rückkoppelungsvektor

$$\boldsymbol{k}^{\mathsf{T}} = \left[-233.93933063 \quad 348.2976235 \quad 317.6861010 \quad 577.9379504\right] \tag{58}$$

und die Eigenwerte bei

$$-0.6424552148 \pm 0.03005181784\, i \text{ und } -0.5004706488 \pm 1.008803779\, i. \tag{59}$$

8.3 Diagonalform

Mit Vorgabe der Diagonalform, d.h., mit Hilfe der Formel (32), erhält man mit zehnstelliger Genauigkeit den Rückkoppelungsvektor

$$\boldsymbol{k}^{\mathsf{T}} = \begin{bmatrix}-230.1357610 & 342.6343000 & 312.5195784 & 568.5407602\end{bmatrix}, \tag{60}$$

wozu die Eigenwerte

$$-0.5269364681, \; -0.7828377861 \text{ und } -0.4597128577 \pm 1.019505364\, i \tag{61}$$

gehören.

8.4 FROBENIUS-Form

Wird die FROBENIUS-Form vorgegeben, erhält man mittels Formel (34) und zehnstelliger Genauigkeit für

$$\boldsymbol{k}^{\mathsf{T}} = \begin{bmatrix}-234.0799516 & 348.5067284 & 317.8770302 & 578.2857702\end{bmatrix} \tag{62}$$

und die Eigenwerte

$$-0.5783048645, \; -0.7300234256 \text{ und } -0.4959789163 \pm 0.9986362958\, i. \tag{63}$$

9 Robuste Eigenwertverschiebung für Intervallsysteme

Die in Abschnitt 5 beschriebenen Verfahren können zum Teil auch für Systeme mit unsicheren Parametern verwendet werden. Die unsicheren Koeffizienten der Systemmatrix $\boldsymbol{A}$ bzw. des Eingabevektors $\boldsymbol{b}$ seien durch Intervalle vorgegeben. Ebenso seien beispielsweise die Koeffizienten des gewünschten charakteristischen Polynoms als Intervalle vorgegeben.
Gegeben ist also das System

$$\dot{\boldsymbol{x}} = [\boldsymbol{A}]\boldsymbol{x} + [\boldsymbol{b}]u, \tag{64}$$

wobei $[\boldsymbol{A}]$ eine Intervallmatrix und $[\boldsymbol{b}]$ ein Intervallvektor sind. Sei $[p(s)]$ ein vorgegebenes Intervallpolynom mit den Intervallkoeffizienten $[\alpha_i]$:

$$[p(s)] = [\alpha_0] + [\alpha_1]s + \ldots + [\alpha_{n-1}]s^{n-1} + s^n. \tag{65}$$

Dieses Intervallpolynom wird derart ausgesucht, daß jedes Polynom $p(s) = \alpha_0 + \alpha_1 s + \ldots + \alpha_{n-1}s^{n-1} + s^n$ mit reellen Koeffizienten $\alpha_i \in [\alpha_i]$ ein asymptotisch stabiles Polynom ist.
Gesucht wird ein robuster Rückkoppelungsvektor $\boldsymbol{k}^{\mathsf{T}}$ so, daß mit

$$u = -\boldsymbol{k}^{\mathsf{T}}\boldsymbol{x} \tag{66}$$

das rückgekoppelte System asymptotisch stabil ist, also die Einschließung

$$\det(s\boldsymbol{I} - \boldsymbol{A} + \boldsymbol{b}\boldsymbol{k}^{\mathsf{T}}) \subseteq [p(s)] \tag{67}$$

für alle konstanten $\boldsymbol{A} \in [\boldsymbol{A}]$ und $\boldsymbol{b} \in [\boldsymbol{b}]$ gilt. Das Vorgehen soll an einem Beispiel verdeutlicht werden:

Beispiel

Für das zeitkontinuierliche System zweiter Ordnung aus [SMAGINA] mit

$$[\boldsymbol{A}] = \begin{pmatrix} [-0.5, 0.5] & [0.5, 1] \\ 0 & [0.5, 1] \end{pmatrix} \text{ und } [\boldsymbol{b}] = \begin{bmatrix} 0 \\ [-1, -0.9] \end{bmatrix}$$

soll ein Rückkoppelungsvektor $\boldsymbol{k}^{\mathsf{T}} = [k_1 \quad k_2]$ so gefunden werden, daß für alle konstanten $\boldsymbol{A} \in [\boldsymbol{A}]$ und $\boldsymbol{b} \in [\boldsymbol{b}]$ die Koeffizienten des charakteristischen Polynoms des rückgekoppelten Systems $\boldsymbol{A} - \boldsymbol{b}\boldsymbol{k}^{\mathsf{T}}$ innerhalb der Intervallkoeffizienten des vorgegebenen Intervallpolynoms

$$[p(s)] = [1, 11.5] + [1, 5]s + s^2$$

liegen. (Die asymptotische Stabilität dieses Intervallpolynoms kann leicht mit Hilfe der vier KHARITONOV-Polynome überprüft werden.) Da das gewünschte charakteristische Polynom vorgegeben ist, ist es naheliegend, das Verfahren mit der FROBENIUS-Form aus Abschnitt 5.3 zu verwenden, d.h., man setzt gemäß (37) an

$$\begin{pmatrix} [\boldsymbol{A}] & [\alpha_0]\boldsymbol{I} \\ -\boldsymbol{I} & [\boldsymbol{A}] + [\alpha_1]\boldsymbol{I} \end{pmatrix} \begin{bmatrix} [\boldsymbol{t}_1] \\ [\boldsymbol{t}_2] \end{bmatrix} = \begin{bmatrix} [\boldsymbol{b}] \\ \boldsymbol{o} \end{bmatrix}.$$

Mit Hilfe z.B. von MAPLE kann daraus die Transformationsmatrix in Form einer Intervallmatrix $[\boldsymbol{T}]$ berechnet werden. Dann erhält man aus dem linearen Gleichungssystem $[\boldsymbol{T}]^{\mathsf{T}}[\boldsymbol{k}] = \boldsymbol{p}$ eine Intervallösung $[\boldsymbol{k}]$ für den Rückkoppelungsvektor

$$[\boldsymbol{k}] = \begin{bmatrix} \dfrac{[\alpha_0] + [a_{11}]([a_{11}] + [\alpha_1])}{[b_2][a_{22}]} \\ \\ \dfrac{[\alpha_1] + [a_{11}] + [a_{22}]}{[b_2]} \end{bmatrix} \overset{\text{def}}{=} \begin{bmatrix} \dfrac{[z_1]}{[n_1]} \\ \\ \dfrac{[z_2]}{[n_2]} \end{bmatrix}.$$

Es werden jetzt konstante Koeffizienten k_1 und k_2 so gesucht, daß koeffizientenweise

$$[n_i]k_i \subseteq [z_i]$$

gilt. Diese Einschließung hat die Lösung

$$k_i = \frac{mid([z_i])}{mid([n_i])},$$

wenn

$$0 \notin [n_i] \;\; und \;\; \left| \left(\frac{mid([z_i])}{mid([n_i])} \right) \right| < \frac{w([z_i])}{w([n_i])}$$

sind. Hierbei sind $mid(.)$ der Mittelpunkt und $w(.)$ die Weite (Länge) eines Intervalls. Diese Bedingungen sind für das Beispiel erfüllt und man erhält $k_1 = -8.620...$ und $k_2 = -3.947...$, oder abgerundet

$$\underline{\underline{\boldsymbol{k}^{\mathsf{T}} = [-8.6 \quad -4]}}.$$

Zur Überprüfung wird das charakteristische Polynom des damit rückgekoppelten Systems berechnet:

$$\det(s\boldsymbol{I} - [\boldsymbol{A}] + [\boldsymbol{b}]\boldsymbol{k}^{\mathsf{T}}) = [2.1, 11] + [2.1, 4]s + s^2,$$

und es ist in der Tat

$$[2.1, 11] \subset [\alpha_0] = [1, 11.5] \;\; und \;\; [2.1, 4] \subset [\alpha_1] = [1, 5],$$

d.h., das rückgekoppelte Intervallsystem ist für alle konstanten $\boldsymbol{A} \in [\boldsymbol{A}]$ und $\boldsymbol{b} \in [\boldsymbol{b}]$ asymptotisch stabil.

Literatur

[BREWER]: J. W. BREWER: „Kronecker Products and Matrix Calculus in System Theory".*IEEE Trans. on Circuits and Systems*, 1978, p. 772-781.

[LUDYK 1990]: G. LUDYK: „CAE von Dynamischen Systemen", Springer, 1990.

[LUDYK 1995]: G. LUDYK: „Theoretische Regelungstechnik", Band 1 und 2, Springer, 1995.

[PETKOV]: P.HR. PETKOV, N.D. CHRISTOV, M.M. KONSTANTINOV: „Computational Methods for Linear Control Systems", Prentice Hall.

[ROPPENECKER]: G. ROPPENECKER: „Zeitbereichsentwurf linearer Regelungen", Oldenbourg, 1990.

[SMAGINA]: Y. M. SMAGINA: „A New Approach to the Modal Regulator Synthesis for Interval Plant with Scalar Input". *Reliable Computing*, 1997, p. 401-410.

Flache Systeme: Einführung, Anwendung und Realisierung einer Regelung für mobile Plattformen

Boris Lohmann und Maik Buttelmann,
Institut für Automatisierungstechnik, Universität Bremen, 28359 Bremen,
BL@iat.uni-bremen.de und mbutt@iat.uni-bremen.de

Zur Analyse und Synthese nichtlinearer Systeme hat in den letzten Jahren ein neuer Zugang von sich reden gemacht: die sogenannten flachheitsbasierten Methoden. Der vorliegende Beitrag möchte dem vornehmlich an der Anwendung interessierten Ingenieur eine Übersicht über die wichtigsten Zusammenhänge und einige Einsatzfelder geben und berichtet über eine konkrete Anwendung bei der Regelung der Fahrbewegung mobiler Plattformen.

1 Einführung

Von Michel Fliess und seinen Mitarbeitern wurde 1992 das Konzept der differentiellen Flachheit vorgestellt [1-4], das einen differential-algebraischen Zugang zur Analyse und Synthese nichtlinearer dynamischer Systeme ermöglicht. Im Mittelpunkt steht dabei ein Vektor $\boldsymbol{y}$ realer oder fiktiver Ausgangsgrößen mit der besonderen Eigenschaft, daß aus seinem zeitlichen Verlauf (und dessen zeitlichen Ableitungen) unmittelbar auf die Verläufe der Zustands- und der Stellgrößen rückgeschlossen werden kann. Existiert ein derartiger Ausgangsvektor, so nennt man ihn einen *flachen Ausgang* und das betrachtete System ein *flaches System*. Die genannten Eigenschaften des flachen Ausgangs erlauben in einfacher Weise die Berechnung von Trajektorien und zugehörigen Stellgrößenverläufen zur Steuerung des Systems. Es gelingt außerdem ein Übergang zu einer Zustandsregelung, die eine *exakte Linearisierung*[1] der Zustandsgrößen des Systems bewirkt, wie sie von den differential-geometrischen Entwürfen [5, 6] her bekannt ist.

Für den Anwender liegen die Vorteile des Zugangs in der Geradlinigkeit der nötigen Rechnungen: Ist ein flacher Ausgang bekannt, so lassen sich auch unübersichtliche Mehrgrößensysteme in wenigen Schritten entwerfen, ohne daß die Werkzeuge der Differentialgeometrie bemüht werden müßten. Allerdings kommen die bestehenden Verbindungen zu den differentialgeometrischen Methoden bei der eventuell notwendigen Suche nach flachen Ausgängen oder nach Existenzbedingungen für dieselben zum tragen.

In Abschnitt 2 wird zunächst eine Definition der Flachheit gebracht und [3, 4] folgend als eine Verallgemeinerung der Steuerbarkeit linearer Systeme veranschaulicht. Abschnitt 3 ist den grundsätzlichen Möglichkeiten zum Entwurf von Steuerungen gewidmet: Es werden drei Standardaufgaben formuliert und auf Basis der Flachheitsbeziehungen gelöst. Abschnitt 4 bringt sodann den Übergang zur Regelung.

Zur Regelung der Fahrbewegungen mobiler Plattformen wurde ein flachheitsbasierter Entwurf am Institut für Automatisierungstechnik implementiert und erprobt, zum einen an einem mobilen Montageroboter (im Rahmen einer Kooperation mit der DASA, Bremen) zum anderen an einem motorisierten Rollstuhl des Instituts. In Abschnitt 5 wird über die Entwürfe und die erzielten Ergebnisse berichtet.

---

[1] Von den damit verbundenen geometrischen Eigenschaften zwischen flachem Ausgang und gewissen Zustands- und Eingangsgrößen rührt der Begriff „flach“ her.

2 Flachheit und ihr Bezug zu Regelungsnormalform und Steuerbarkeit

Betrachtet werden nichtlineare zeitinvariante dynamische Systeme in der gängigen Zustandsdarstellung

$$\dot{\boldsymbol{x}} = \boldsymbol{f}(\boldsymbol{x},\boldsymbol{u}) \;, \quad \boldsymbol{x}(0) = \boldsymbol{x}_0 \tag{1}$$

mit dem $(n,1)$-Vektor $\boldsymbol{x}$ der Zustandsgrößen und dem $(m,1)$-Vektor $\boldsymbol{u}$ der Stellgrößen. Die Komponenten der Vektoren $\boldsymbol{f}$ und $\boldsymbol{u}$ seien hinreichend oft differenzierbar. Ein solches System heißt *flach* (oder auch differentiell flach), wenn sich m fiktive Ausgangsgrößen

$$y_1 = c_1(\boldsymbol{x},\boldsymbol{u},\dot{\boldsymbol{u}},\ldots,\overset{(\alpha)}{\boldsymbol{u}}),\ldots, y_m = c_m(\boldsymbol{x},\boldsymbol{u},\dot{\boldsymbol{u}},\ldots,\overset{(\alpha)}{\boldsymbol{u}}), \tag{2}$$

zusammengefaßt im $(m,1)$-Vektor

$$\boldsymbol{y} = \boldsymbol{c}(\boldsymbol{x},\boldsymbol{u},\dot{\boldsymbol{u}},\ldots,\overset{(\alpha)}{\boldsymbol{u}}), \tag{3}$$

angeben lassen, derart, daß die Zustandsgrößen und die Stellgrößen als Funktionen von $\boldsymbol{y}$ und einer endlichen Zahl von Ableitungen $\overset{(k)}{\boldsymbol{y}}$ eindeutig angebbar sind,

$$\boldsymbol{x} = \boldsymbol{a}(\boldsymbol{y},\dot{\boldsymbol{y}},\ldots,\overset{(\beta)}{\boldsymbol{y}}), \tag{4}$$

$$\boldsymbol{u} = \boldsymbol{b}(\boldsymbol{y},\dot{\boldsymbol{y}},\ldots,\overset{(\beta+1)}{\boldsymbol{y}}). \tag{5}$$

Ist diese Bedingung (zumindest lokal) erfüllt, so heißt $\boldsymbol{y}$ *flacher Ausgang* des Systems. Hervorzuheben ist, daß der flache Ausgang $\boldsymbol{y}$ gemäß dieser Definition ebensoviele Komponenten aufweist wie $\boldsymbol{u}$ und gemäß (2) nicht nur von den Zustandsgrößen sondern auch von den Stellgrößen und einer endlichen Zahl von Ableitungen derselben abhängen kann.

Sind neben den fiktiven Ausgangsgrößen auch reale Ausgangsgrößen definiert, zum Beispiel Regelgrößen, so können diese durch eine gesonderte Ausgangsgleichung beschrieben werden, typischerweise in der Form

$$\boldsymbol{y}_{real} = \boldsymbol{c}_{real}(\boldsymbol{x}). \tag{6}$$

Eine *Interpretation* der Flachheit ergibt sich über die Flachheitsuntersuchung *linearer* Systeme. Hierzu wird ein gegebenes Eingrößensystem

$$\dot{\boldsymbol{x}} = \boldsymbol{A}\boldsymbol{x} + \boldsymbol{b}u \tag{7}$$

zunächst auf Regelungsnormalform (8) transformiert, [7],

$$\begin{aligned}
\dot{\tilde{x}}_1 &= \tilde{x}_2 \\
\dot{\tilde{x}}_2 &= \tilde{x}_3 \\
&\vdots \\
\dot{\tilde{x}}_{n-1} &= \tilde{x}_n \\
\dot{\tilde{x}}_n &= -a_0\tilde{x}_1 - a_1\tilde{x}_2 - \ldots - a_{n-1}\tilde{x}_n + u,
\end{aligned}
\qquad
\begin{aligned}
\dot{\tilde{x}}_1 &= \tilde{x}_2 \\
\dot{\tilde{x}}_2 &= \tilde{x}_3 \\
&\vdots \\
\dot{\tilde{x}}_{n-1} &= \tilde{x}_n \\
\dot{\tilde{x}}_n &= f(\tilde{\boldsymbol{x}}) + g(\tilde{\boldsymbol{x}})\cdot u
\end{aligned}
\tag{8),(9}$$

was genau dann gelingt, wenn Steuerbarkeit gegeben ist. Man vermutet sofort $y = \tilde{x}_1$ als flachen Ausgang, denn aus (8) lassen sich die Beziehungen $\tilde{x}_1 = y$, $\tilde{x}_2 = \dot{y}$,..., $\tilde{x}_n = \overset{(n-1)}{y}$ zur Bestimmung von $\tilde{\boldsymbol{x}}(t)$ gemäß (4) sofort ablesen. Auch eine Beziehung (5) erhält man, indem die letzte Teilgleichung von (8) nach u aufgelöst wird und noch $\dot{\tilde{x}}_n = \overset{(n)}{y}$ eingesetzt wird; das System (8) ist also flach. Für *nicht* steuerbare Systeme hingegen gelingt eine eindeutige Bestimmung von $\boldsymbol{x}(t)$ und $u(t)$ aus $y(t)$ und dessen Ableitungen nicht, so daß plausibel ist: Ein lineares System ist genau dann flach, wenn es steuerbar ist.

In Analogie zur linearen Regelungsnormalform kann auch die *nichtlineare Regelungsnormalform* (9) betrachtet werden, [8, 3]. Wie für (8) können auch hier mit $y = \tilde{x}_1$ die Beziehungen (4) und (5) sofort angegeben werden, und es ist festzustellen: Kann ein nichtlineares System auf nichtlineare Regelungsnormalform (9) transformiert werden, so ist es sicher ein flaches System. Dieses Kriterium ist allerdings nur hinreichend, und der Begriff der Regelungsnormalform wurde von Rudolph et al. [3, 9] zur *verallgemeinerten Regelungsform* erweitert, um die flachen Systeme zu beschreiben.

Tatsächlich stellen die genannten Transformationen die Schnittstelle zwischen der flachheitsbasierten (differential-algebraischen) Betrachtung und den *differentialgeometrischen Methoden* dar, die sich wesentlich auf die Transformierbarkeit auf Regelungsnormalform stützen und die Existenzbedingungen für die Transformationen hervorgebracht haben [5, 6, auch 8]. Eine allgemeine notwendige und hinreichende Bedingung für die Existenz eines flachen Ausgangs ist noch nicht bekannt.

Für viele technische Anwendungen kann ein flacher Ausgang leicht angegeben werden. Häufig bilden schon die aus der Aufgabenstellung herrührenden Ausgangsgrößen einen flachen Ausgang oder es läßt sich aus ihnen durch Modifikation ein geeigneter physikalisch interpretierbarer Ausgangsvektor erzeugen. In aller Regel tritt dabei kein direkter Einfluß von $\boldsymbol{u}$ auf $\boldsymbol{y}$ auf, das heißt (3) reduziert sich auf $\boldsymbol{y} = \boldsymbol{c}(\boldsymbol{x})$, was (um Weitläufigkeiten zu vermeiden) im folgenden angenommen wird.

3 Steuerung flacher Systeme

3.1 Trajektorien im Zustandsraum und zugehörige Steuerung

Eine typische Entwurfsaufgabe besteht im Auffinden einer Trajektorie und einer zugehörigen Steuerfunktion $\boldsymbol{u}(t)$ derart, daß das System aus einem gegebenen Anfangszustand $\boldsymbol{x}(0) = \boldsymbol{x}_0$ in einen gewünschten Endzustand $\boldsymbol{x}(T) = \boldsymbol{x}_e$ überführt wird, und zwar innerhalb eines vorgegebenen Zeitintervalls $[0,T]$. Während eine direkte Ermittlung von $\boldsymbol{x}(t)$ wegen der einzuhaltenden Zustandsdifferentialgleichung (1) schwerfällt, gelingt der Entwurf über die Vorgabe eines Sollverlaufs $\boldsymbol{y}_{soll}(t)$ für den flachen Ausgang $\boldsymbol{y}$ in einfacher Weise: $\boldsymbol{y}_{soll}(t)$ muß gemäß (4) nur die Anfangs- und die Endbedingung

$$\boldsymbol{x}(0) = \boldsymbol{a}(\boldsymbol{y}_{soll}(0), \dot{\boldsymbol{y}}_{soll}(0), \ldots) \tag{10}$$

$$\boldsymbol{x}(T) = \boldsymbol{a}(\boldsymbol{y}_{soll}(T), \dot{\boldsymbol{y}}_{soll}(T), \ldots) \tag{11}$$

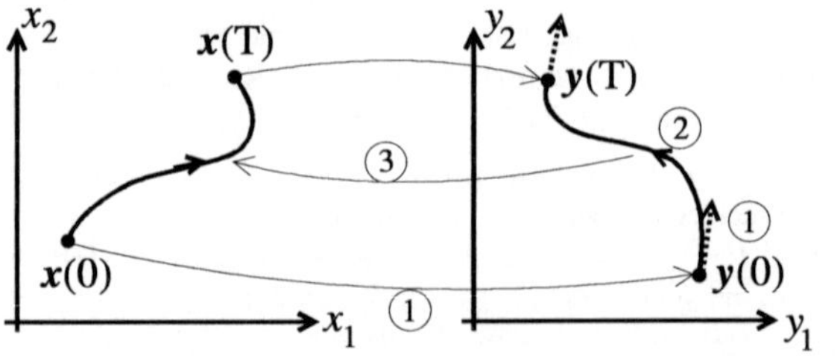

Bild 1 Trajektorien im Zustands- und Ausgangsraum.

einhalten und kann ansonsten frei (dabei hinreichend oft differenzierbar) vorgegeben werden. Bild 1 illustriert eine typische Vorgehensweise: Aus den gegebenen Zustandspunkten $\boldsymbol{x}(0)$ und $\boldsymbol{x}(T)$ werden $\boldsymbol{y}_{soll}(0), \dot{\boldsymbol{y}}_{soll}(0),\ldots$ und $\boldsymbol{y}_{soll}(T), \dot{\boldsymbol{y}}_{soll}(T),\ldots$ ermittelt, ①, sodann ein geeigneter Verlauf $\boldsymbol{y}_{soll}(t)$ zum Beispiel auf Basis eines Polynomansatzes eingepaßt, ②, und schließlich die zugehörige Trajektorie und die Steuerung aus (4) und (5) bestimmt, ③:

$$\boldsymbol{x}(t) = \boldsymbol{a}(\boldsymbol{y}_{soll}, \dot{\boldsymbol{y}}_{soll},\ldots) \;,\; \boldsymbol{u}(t) = \boldsymbol{b}(\boldsymbol{y}_{soll}(t), \dot{\boldsymbol{y}}_{soll}(t),\ldots) . \tag{12}$$

3.2 Trajektorien für den flachen Ausgang und zugehörige Steuerung

Eine weitere Entwurfsaufgabe besteht im Auffinden eines Stellgrößenverlaufs derart, daß der flache Ausgang $\boldsymbol{y}$ einen gewünschten Verlauf $\boldsymbol{y}_{soll}(t)$ nimmt. Die Lösung ergibt sich aus dem zuvor behandelten Problem, indem auf die Vorgabe des Endpunktes $\boldsymbol{x}(T) = \boldsymbol{x}_e$ verzichtet wird. Jeder hinreichend oft differenzierbare Verlauf $\boldsymbol{y}_{soll}(t)$, der mit der Anfangsbedingung (10) in Einklang steht, führt dann unmittelbar auf Trajektorie und Stellgröße nach (12). Neben der Einfachheit des Entwurfs liegt ein Vorteil dieser Steuerung darin, daß die Stellgrößenausschläge *integrationsfrei* berechnet werden, was die Beurteilung verschiedener in Frage kommender Verläufe $\boldsymbol{y}_{soll}(t)$ erleichtert.

3.3 Trajektorien für den realen Ausgang und zugehörige Steuerung

Wie schon erörtert, muß der flache Ausgang nicht unbedingt die realen Ausgangsgrößen umfassen. Es ist daher zu fragen, wie eine Steuerung derart entworfen werden kann, daß die *realen* Ausgangsgrößen vorgegebenen Solltrajektorien $\boldsymbol{y}_{soll,real}(t)$ folgen. Um einen Zusammenhang zwischen den realen Ausgängen und dem flachen Ausgang herzustellen, wird Gleichung (10) in die reale Ausgangsgleichung (6) eingesetzt:

$$\boldsymbol{y}_{real}(t) = \boldsymbol{c}_{real}\left(\boldsymbol{a}(\boldsymbol{y}, \dot{\boldsymbol{y}},\ldots)\right). \tag{13}$$

Aus dem Verlauf des flachen Ausgangs $\boldsymbol{y}(t)$ und dessen Ableitungen kann demzufolge $\boldsymbol{y}_{real}(t)$ ermittelt werden. Gibt man umgekehrt $\boldsymbol{y}_{real}(t)$ in Gestalt eines Sollverlaufs $\boldsymbol{y}_{soll,real}(t)$ vor, so wird aus (13) die vektorielle Differentialgleichung

$$\boldsymbol{y}_{soll,real}(t) = \boldsymbol{c}_{real}\left(\boldsymbol{a}(\boldsymbol{y}_{soll}, \dot{\boldsymbol{y}}_{soll},\ldots)\right), \tag{14}$$

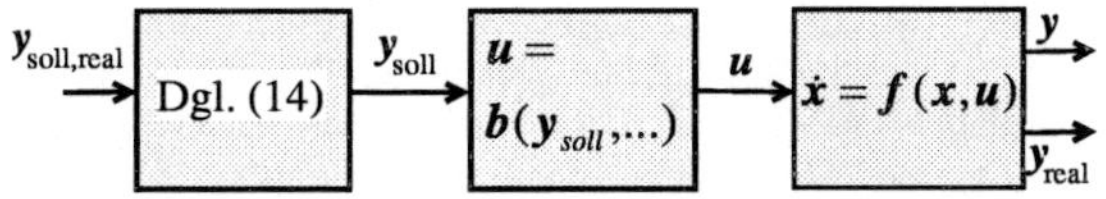

Bild 2 Steuerung des realen Ausgangs über Lösung der Dgl. (14)

aus der $\boldsymbol{y}_{soll}(t)$ ermittelt werden kann (im allgemeinen durch numerische Integration). Die Anfangswerte $\boldsymbol{y}_{soll,real}(0), \dot{\boldsymbol{y}}_{soll,real}(0),\ldots$ des Sollverlaufs sind dabei wiederum in Einklang mit dem Anfangszustand $\boldsymbol{x}(0) = \boldsymbol{x}_0$ zu wählen, so daß $\boldsymbol{x}(0) = \boldsymbol{a}(\boldsymbol{y}_{soll}(0), \dot{\boldsymbol{y}}_{soll}(0),\ldots)$ eingehalten wird. Aus $\boldsymbol{y}_{soll}(t)$ wird dann wie bei der zuvor behandelten Aufgabe die Steuerung $\boldsymbol{u}(t) = \boldsymbol{b}(\boldsymbol{y}_{soll}(t), \dot{\boldsymbol{y}}_{soll}(t),\ldots)$ berechnet. Zu beachten ist außerdem, daß (14) ein instabiles System darstellen kann, was durch folgendes *akademisches Beispiel* illustriert wird: Durch (15), linke Gleichungen, ist ein einfaches nichtlineares System mit einem realen Ausgang gegeben. Bei der Suche nach einem flachen Ausgang erweisen sich Zustandsgrößen, die von den Eingängen „weit weg" liegen - genauer: auf die erst nach möglichst häufigem Ableiten nach der Zeit die Stellgröße u direkt einwirkt - als aussichtsreiche Kandidaten: Tatsächlich stellt $y = x_2$ einen flachen Ausgang dar, wie man durch Bildung von $\dot{y}, \ddot{y}$ und Auflösen nach x_1, x_2, u nachrechnet (Gl. 15 Mitte und rechts).

$$\begin{aligned} \dot{x}_1 &= -x_1 + x_1 x_2 + u \qquad & y &= x_2 \qquad & x_2 &= y \\ \dot{x}_2 &= -2x_2 + x_1 & \dot{y} &= -2x_2 + x_1 & x_1 &= \dot{y} + 2y \\ y_{real} &= x_1 - 3x_2 & \ddot{y} &= -3x_1 + 4x_2 + x_1 x_2 + u & u &= \ddot{y} + 3\dot{y} + \dot{y}y + 2y + 2y^2 \end{aligned} \tag{15}$$

Zur Steuerung des realen Ausgangs ist (14) auszuwerten,

$$y_{soll,real} = \dot{y}_{soll} + 2y_{soll} - 3y_{soll} = \dot{y}_{soll} - y_{soll}, \tag{16}$$

eine lineare Dgl. mit konstanten Koeffizienten, die nach Laplace-Transformation lautet

$$Y_{soll}(s) = \frac{1}{s-1} Y_{soll,real}(s) + \frac{1}{s-1} y_{soll}(0). \tag{17}$$

Aufgrund des Pols in +1 wird $y_{soll}(t)$ nur dann endlich bleiben, wenn entweder die resultierende Steuerung nur für eine begrenzte Zeitdauer aktiviert wird oder wenn $y_{soll,real}(t)$ derart gewählt wird, daß sich die Wirkung des Pols in (17) heraushebt und $y_{soll}(t)$ nicht aufklingt. Ursache für diese Einschränkung ist eine *Nulldynamik* [5, 6], die das System bezüglich des Ausgangs y_{real} aufweist und deren Stabilitätseigenschaften hier – im Unterschied zu den beiden vorangegangenen Entwürfen – Bedeutung erlangen. Zu beachten ist weiterhin, daß $y_{soll,real}(0)$ nicht frei gewählt werden kann, sondern gemäß (16) und (15), $y_{soll,real}(0) = \dot{y}_{soll}(0) - y_{soll}(0) = x_1(0) - 3x_2(0)$, durch die Anfangswerte festliegt.

3.4 Flachheitsbasierte Störgrößenaufschaltung

Sind die auf ein System einwirkenden Störgrößen meßbar (oder mittels eines Störmodells und eines Störbeobachters zumindest schätzbar, [7]), so erweist sich eine Störgrößenaufschaltung in der Praxis als wirksames Mittel zur Unterdrückung oder Minderung des Störeinflusses (Anwendung z. B. in [10]). Bild 3 zeigt die Struktur einer Störgrößenaufschaltung: die meßbaren Störungen $z(t)$ werden auf die Stellgrößen des Systems rückgeführt mit dem Ziel, den Einfluß der Störungen auf die realen Ausgangsgrößen möglichst zu unterdrücken. Für flache Systeme läßt sich eine Störgrößenaufschaltung wie folgt systematisch entwerfen:

Ausgangspunkt ist ein dynamisches System, das neben dem $(m,1)$-Stellgrößenvektor $\boldsymbol{u}$ als weitere Eingangsgröße den $(p,1)$-Störgrößenvektor z aufweist, also

$$\dot{\boldsymbol{x}} = \boldsymbol{f}(\boldsymbol{x},\boldsymbol{u},z)\,. \tag{18}$$

Ist dieses System bezüglich der genannten $m+p$ Eingangsgrößen flach, so läßt sich ein flacher Ausgang in Form eines $(m+p,1)$-Vektors $\boldsymbol{y}$ angeben und Funktionen $\boldsymbol{a}$, $\boldsymbol{b}$ gemäß (4), (5) sind:

$$\boldsymbol{x} = \boldsymbol{a}(\boldsymbol{y},\dot{\boldsymbol{y}},...)\,, \qquad \boldsymbol{u} = \boldsymbol{b}_1(\boldsymbol{y},\dot{\boldsymbol{y}},...) \qquad z = \boldsymbol{b}_2(\boldsymbol{y},\dot{\boldsymbol{y}},...). \qquad (19),(20),(21)$$

Gesucht ist nun eine Steuerung des Systems derart, daß Störungen $z(t)$ von den realen Ausgangsgrößen ferngehalten werden. Die Entwurfsforderung lautet also mit (19):

$$\boldsymbol{y}_{real} = \boldsymbol{c}_{real}(\boldsymbol{x}) = \boldsymbol{c}_{real}(\boldsymbol{a}(\boldsymbol{y},\dot{\boldsymbol{y}},...)) \overset{!}{\equiv} \boldsymbol{0}\,. \tag{23}$$

Weiterhin ist Gleichung (21) einzuhalten, die den Zusammenhang zwischen dem Störvektor z und dem flachen Ausgang $\boldsymbol{y}$ herstellt. Zusammen stellen (21) und (23) ein System von m+p Differentialgleichungen für die m+p Komponenten des flachen Ausgangs $\boldsymbol{y}$ dar. Dieses Gleichungssystem muß zur Laufzeit numerisch gelöst werden und liefert die Zeitfunktionen $y_i(t)$, $i=1,...,m+p$. Durch Gleichung (20) liegt dann die Störgrößenaufschaltung fest.

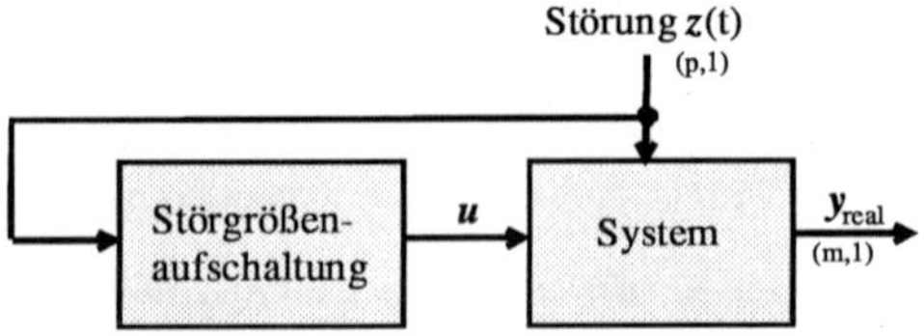

Bild 3 Struktur einer Störgrößenaufschaltung

Wie schon im letzten Abschnitt muß hierbei Konsistenz der Anfangswerte vorausgesetzt werden, das heißt $\boldsymbol{y}_{real}(0), \dot{\boldsymbol{y}}_{real}(0),...$ und $z(0), \dot{z}(0),...$ müssen mit $\boldsymbol{x}(0) = \boldsymbol{a}(\boldsymbol{y}(0), \dot{\boldsymbol{y}}(0),...,)$ verträglich sein. Da die Verläufe $\boldsymbol{y}_{real}(t)$ und $z(t)$ hier *vorgegeben* sind, resultieren typischerweise Restriktionen an die Anfangswerte $\boldsymbol{x}(0)$, aber auch Zwangsbedingungen an $\boldsymbol{y}_{real}$ und z, die eine Lösung unmöglich machen können[2].

Akademisches Beispiel: Durch (24) ist ein System der Ordnung drei gegeben, in dem als Nichtlinearitäten die Kennlinien $h(x_1)$, $g(x_2)$ und das Produkt $x_3 \cdot g(x_2)$ auftreten, und für das eine reale Ausgangsgröße definiert ist,

[2] Läßt sich die geforderte Konsistenz der Anfangswerte mit $\boldsymbol{y}_{real}(t) \equiv \boldsymbol{0}$ *nicht* einhalten, so kann man versuchen anstelle $\boldsymbol{y}_{real}(t) \equiv \boldsymbol{0}$ einen Verlauf vorzugeben, der $\boldsymbol{y}_{real}$ nach Null *überführt*.

$$\begin{aligned}\dot{x}_1 &= -2x_1 + x_3 \cdot g(x_2)\\ \dot{x}_2 &= -3x_2 + h(x_1) + z \qquad\qquad y_{real} = x_1 + x_3, \qquad\qquad y = \begin{bmatrix} y_1 \\ y_2 \end{bmatrix} = \begin{bmatrix} x_1 \\ x_2 \end{bmatrix}.\\ \dot{x}_3 &= -x_3 + u\end{aligned} \tag{24}$$

Der angegebene Vektor $\boldsymbol{y}$ stellt einen flachen Ausgang dar, denn mit

$$\ddot{x}_1 = 4x_1 - 2x_3 \cdot g(x_2) + (-x_3 + u) \cdot g(x_2) + x_3 \frac{\partial g(x_2)}{\partial x_2} \dot{x}_2 \tag{25}$$

kann nach $\boldsymbol{x}$, u und z aufgelöst werden, und (19) bis (21) lauten:

$$x_1 = y_1, \quad x_2 = y_2, \quad x_3 = \frac{\dot{y}_1 + 2y_1}{g(y_2)} \tag{26}$$

$$z = \dot{y}_2 + 3y_2 - h(y_1), \tag{27}$$

$$u = \frac{1}{g(y_2)} \left[\ddot{y}_1 + 3\dot{y}_1 + 2y_1 - \frac{\partial g(y_2)}{\partial y_2} \cdot \left(\frac{\dot{y}_2 \cdot (\dot{y}_1 + 2y_1)}{g(y_2)} \right) \right]. \tag{28}$$

Für Störunterdrückung ist hier zu fordern

$$y_{real}(t) = x_1 + x_3 = y_1 + \frac{\dot{y}_1 + 2y_1}{g(y_2)} \overset{!}{\equiv} 0, \tag{29}$$

zusammen mit (27) und aufgelöst nach den Zeitableitungen sind also die beiden Differentialgleichungen

$$\dot{y}_1 = -g(y_2) y_1 - 2y_1, \quad \dot{y}_2 = -3y_2 + h(y_1) + z(t) \tag{30}$$

zu lösen. Die Anfangswerte müssen hier die Gleichung $x_1(0) + x_3(0) = 0$ einhalten.

4 Übergang zur Zustandsregelung

Um auch für $t > 0$ auftretenden Störungen entgegenwirken zu können, ist der Übergang zu einer Zustandsrückführung erforderlich. Dazu werden (ähnlich wie bei der Ein-Ausgangs-Linearisierung, [5, 6]) *lineare Differentialgleichungen* zwischen den Komponenten von $\boldsymbol{y}$ und den zugehörigen *Führungsgrößen* $y_{i,soll}, i = 1,...,m$ vorgegeben, zum Beispiel in Form von

$$\overset{(\kappa_i)}{y_i} + a_{i,\kappa_i-1} \overset{(\kappa_i-1)}{y_i} + ... + a_{i,1}\dot{y}_i + a_{i,0} y_i = a_{i,0} y_{i,soll}, \quad i = 1,...,m, \tag{31}$$

oder zur Stabilisierung der Trajektorienfolgefehler $e_i(t) = y_i(t) - y_{i,soll}(t)$ in Form von

$$\left(\overset{(\kappa_i)}{y_i} - \overset{(\kappa_i)}{y}_{i,soll} \right) + a_{i,\kappa_i-1} \left(\overset{(\kappa_i-1)}{y_i} - \overset{(\kappa_i-1)}{y}_{i,soll} \right) + ... + a_{i,1}(\dot{y}_i - \dot{y}_{i,soll}) + a_{i,0}(y_i - y_{i,soll}) = 0, \quad i = 1,...,m. \tag{32}$$

Im Eingrößenfall ($m = 1$) ist $\kappa_1 = n$, im Mehrgrößenfall sind die κ_i derart zu bestimmen, daß eine Transformation auf die schon erwähnte verallgemeinerte nichtlineare Regelungsform [3] existiert, wobei $\kappa_1 + ... + \kappa_m = n$ eingehalten wird, insgesamt also stets n Koeffizienten $a_{i,k}$ vorzugeben sind.

Das Regelgesetz ensteht nun dadurch, daß die m Forderungen (31) oder (32) nach den höchsten Ableitungen $\overset{(\kappa_i)}{y_i}$ aufgelöst werden und diese $\overset{(\kappa_i)}{y_i}$ in das Steuergesetz (5) sukzessive eingesetzt werden. Alle dann in (5) verbleibenden Größen und Zeitableitungen lassen sich durch die Zustandsgrößen und die Führungsgrößen und deren Zeitableitungen angeben, so daß eine Zustandsrückführung existiert:

$$\boldsymbol{u} = \boldsymbol{b}(\boldsymbol{x}, \boldsymbol{y}_{soll}, \dot{\boldsymbol{y}}_{soll}, \ldots) . \tag{33}$$

Die nötigen Rechnungen sind weiter unten am Beispiel der mobilen Plattformen ausführlicher dargestellt (siehe auch [4]).

5 Anwendung flacher Systeme am Beispiel mobiler Plattformen

5.1 Problemstellung

Am Institut für Automatisierungstechnik soll ein elektrisch betriebener Rollstuhl so modifiziert werden, daß er sich autonom in bekannter, später auch in unbekannter Umgebung bewegen kann. Parallel hierzu wird im Rahmen einer Kooperation mit der DASA in Bremen ein mobiler Montageroboter mit einer vergleichbaren Zielsetzung untersucht.

Bevor Kameras und andere Sensorik zur Navigation eingesetzt werden können, müssen die Plattformen die Fähigkeit erhalten, einer fest vorgegebenen Trajektorie zu folgen. Für diese Aufgabe muß eine Steuerung oder eine Regelung entworfen werden, die es ermöglicht, das Fahrzeug auf dieser Trajektorie zu führen.

Die Trajektorie wird mittels einer übergeordneten Software generiert [11], die hier nicht näher dargestellt wird. Sie erzeugt zu einem gegebenen Anfangszeitpunkt P_0 und dem gewünschten Endpunkt P_E einen „weichen" Verlauf.

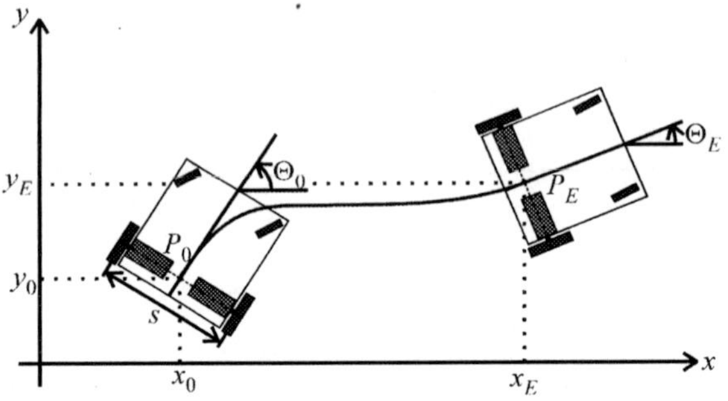

Bild 4 Folgen einer Trajektorie

Die Lage des Fahrzeuges wird anhand der x- und y-Koordinate eines ortsfesten Koordinatensystems bestimmt, sowie durch den Winkel Θ zwischen Fahrzeuglängsachse und x-Achse. Die Bahn wird so berechnet, daß die mobile Plattform nicht nur die Endkoordinaten erreicht, sondern auch der vorgegebene Winkel Θ_E eingehalten wird. Die Soll-Trajektorie selbst wird nur anhand der Verläufe $x(t)$ und $y(t)$ definiert, da sich durch deren zeitlichen Verlauf der Winkel $\Theta(t)$ automatisch einstellt.

Zu beachten ist allerdings, daß der Rollstuhl nicht wie etwa ein Pkw über die Vorderräder gelenkt wird, sondern über die getrennt angetriebenen Hinterräder, während die Vorderräder lediglich mitlenken.

5.2 Modellbildung

Für die systembeschreibenden Gleichungen werden als Stellgrößen die Vorwärtsgeschwindigkeit u_1 und die Rotationsgeschwindigkeit u_2 definiert. Für die Zustandsgrößen ergeben sich dann folgende Differentialgleichungen:

$$\dot{x}_1 = \dot{x} = u_1 \cdot \cos x_3, \tag{34}$$

$$\dot{x}_2 = \dot{y} = u_1 \cdot \sin x_3, \tag{35}$$

$$\dot{x}_3 = \dot{\Theta} = u_2. \tag{36}$$

Die Zusammenhänge zwischen den von uns gewählten Stellgrößen u_1 und u_2 und den tatsächlichen Stellgrößen, nämlich der Geschwindigkeit des linken und des rechten Rades beschreiben die beiden algebraischen Gleichungen:

$$u_1 = \frac{v_{links} + v_{rechts}}{2}, \qquad u_2 = \frac{v_{rechts} - v_{links}}{s}. \tag{37}$$

5.3 Flachheitsbasierte Steuerung

Für den Entwurf einer flachheitsbasierten Steuerung müssen die beiden Bedingungen aus den Gleichungen (4) und (5) erfüllt werden. Dazu werden hier folgende Ausgänge gewählt:

$$\boldsymbol{y} = \begin{bmatrix} y_1 \\ y_2 \end{bmatrix} = \begin{bmatrix} x_1 \\ x_2 \end{bmatrix} = \begin{bmatrix} x \\ y \end{bmatrix}. \tag{38}$$

Die Ausgänge des Systems sind y_1 gleich der x-Koordinate des Fahrzeugs und y_2 gleich der y-Koordinate. Diese Ausgänge sind zum einen die realen Ausgänge des Systems und zudem bilden sie einen differentiell flachen Ausgang $\boldsymbol{y}$, was im folgenden nachgewiesen werden soll.

Die erste Bedingung für Flachheit, $\boldsymbol{x} = \boldsymbol{a}(\boldsymbol{y}, \dot{\boldsymbol{y}}, \ldots, \overset{(\beta)}{\boldsymbol{y}})$, ist für x_1 und x_2 bereits in der Gleichung (38) erfüllt. Die Gleichung für den dritten Zustand $x_3 = \Theta$ erhält man aus der Division von Gleichung (35) durch Gleichung (34):

$$\frac{\dot{x}_2}{\dot{x}_1} = \frac{\dot{y}_2}{\dot{y}_1} = \frac{u_1 \cdot \cos x_3}{u_1 \cdot \sin x_3} \Rightarrow \dot{y}_2 = \dot{y}_1 \cdot \tan x_3$$

$$\Rightarrow x_3 = \Theta = \arctan \frac{\dot{y}_2}{\dot{y}_1}. \tag{39}$$

Um nachzuweisen, daß auch die zweite Bedingung für Flachheit, $\boldsymbol{u} = \boldsymbol{b}(\boldsymbol{y}, \dot{\boldsymbol{y}}, \ldots, \overset{(\beta+1)}{\boldsymbol{y}})$, erfüllt ist, wird Gleichung (39) nach der Zeit abgeleitet:

$$\Rightarrow u_2 = \dot{\Theta} = \frac{\dot{y}_1 \cdot \ddot{y}_2 - \dot{y}_1 \cdot \ddot{y}_2}{\dot{y}_1^2 + \dot{y}_2^2}. \tag{40}$$

Setzt man nun Gleichung (39) in Gleichung (34) ein, so ist auch die zweite Bedingung für Flachheit erfüllt:

$$\Rightarrow \dot{y}_1 = u_1 \cdot \cos\left(\arctan\frac{\dot{y}_2}{\dot{y}_1}\right)$$

$$\Rightarrow u_1 = \frac{\dot{y}_1}{\cos\left(\arctan\frac{\dot{y}_2}{\dot{y}_1}\right)}. \tag{41}$$

Die Gleichungen (38) und (39) beschreiben somit die Zustandsgrößen und die Gleichungen (40) und (41) die Stellgrößen in Abhängigkeit des flachen Ausgangs $\boldsymbol{y}$ und dessen zeitlichen Ableitungen. Technisch stellen die Gleichungen (40) und (41) die Stellgrößen dar, die vorliegen, wenn das Fahrzeug einer bestimmten Trajektorie folgt. Setzt man nun für die Ausgänge y_1 und y_2 deren Sollwerte y_{1soll} und y_{2soll} ein, so erhält man ein Steuergesetz für die beiden Stellgrößen, daß das autonome Fahrzeug auf einer vorgegebenen Trajektorie hält:

$$u_1 = \frac{\dot{y}_{1soll}}{\cos\left(\arctan\frac{\dot{y}_{2soll}}{\dot{y}_{1soll}}\right)}, \quad u_2 = \frac{\ddot{y}_{1soll}\cdot\dot{y}_{2soll}-\dot{y}_{1soll}\cdot\ddot{y}_{2soll}}{\dot{y}_{1soll}^2+\dot{y}_{2soll}^2}. \tag{42}$$

Mit Hilfe dieser beiden Formeln können die Stellgrößen aus den von der Trajektoriengenerierung vorgegebenen Sollgrößen y_{1soll} und y_{2soll} berechnet werden. Allerdings müssen die Sollgrößen stetig sein, damit sie zweifach differenzierbar sind. Diese Bedingung kann bei diesem System allerdings leicht eingehalten werden, da lediglich die Trajektoriengenerierung entsprechend programmiert werden muß.

In einer Kooperation mit der DASA ist dieses System im Rahmen einer Diplomarbeit auf der mobilen Plattform LABMATE der Firma TRC realisiert worden. Solange ein Betrieb ohne auftretende Störgrößen gewährleistet ist, funktioniert die Steuerung mit einer ausreichenden Genauigkeit.

Treten allerdings Störungen auf, so werden diese nicht von der Steuerung abgefangen. Zu unterscheiden sind dabei zwei Klassen von Störungen:

1. Einfachere Störungen, wie z. B. Unsymmetrien der Antriebe;
   ungleichmäßige Belastung der Antriebe;
   Begrenzung der maximalen Geschwindigkeit und Beschleunigung durch schwache Batterien, schräge Flächen, etc.
2. Komplexere Störungen, wie z B. durchdrehende Antriebsräder;
   Hindernisse, über die die Antriebsräder fahren müssen;
   unterschiedliche Luftdrücke und damit unterschiedliche Radien der Antriebsräder;
   unkontrollierte Bewegungen des Rollstuhls durch die Anfangsstellung der Vorderräder, etc.

Die unter 1. genannten Störungen lassen sich mit Hilfe der im folgenden dargestellten Regelung kompensieren, wenn als Meßgrößen die Geschwindigkeiten der beiden Antriebsräder mittels geeigneter Drehgeber zur Verfügung stehen.

Die Erfassung der anderen Störgrößen unter 2. erfordert zusätzliche Sensorik, wie z. B. einem Gyroskop oder einer Kamera, die z. Z. noch nicht am Rollstuhl implementiert ist.

5.4 Flachheitsbasierte Regelung

Um eine Regelung zu realisieren, müssen die Istwerte $\boldsymbol{y}$ mit in die Berechnung der Stellgrößen eingehen. Mit geeigneten Drehgebern an den Antriebsrädern des Rollstuhls werden die Radpositionen zu äquidistanten Zeitpunkten ermittelt und die entsprechenden Radgeschwindigkeiten berechnet. Mit Hilfe der Gleichungen (37) können dann die Vorwärts- und die Rotationsgeschwindigkeit bestimmt werden.

Unter Berücksichtigung der Gleichungen (34), (35) und (36) für die Zustandsgrößen, Gleichung (38) für den flachen Ausgang und den Gleichungen (40) und (41) für die beiden Stellgrößen wird mit $\kappa_1 = 1$ und $\kappa_2 = 2$ nach Gleichung (31) zur Stabilisierung des Trajektorienfolgefehlers folgende Forderungen gestellt:

$$\dot{y}_1 = \dot{y}_{1soll} + a_{10} \cdot (y_{1soll} - y_1)\,, \tag{43}$$

$$\ddot{y}_2 = \ddot{y}_{2soll} + a_{21} \cdot (\dot{y}_{2soll} - \dot{y}_2) + a_{20} \cdot (y_{2soll} - y_2)\,. \tag{44}$$

Einsetzen von (43) in (41) liefert sofort die Zustandsrückführung auf u_1:

$$u_1 = \frac{\dot{y}_{1soll} + a_{10} \cdot (y_{1soll} - x_1)}{\cos x_3}\,. \tag{45}$$

Einsetzen von (43), (44) und (45) in Gleichung (40) liefert sodann die Rückführung auf u_2, in der allerdings noch die Abhängigkeiten von $\ddot{y}_1$ und $\dot{y}_2$ auftreten. Diese können durch

$$\ddot{y}_1 = \ddot{y}_{1soll} + a_{10} \cdot (\dot{y}_{1soll} - \dot{y}_1)\,, \quad \dot{y}_2 = u_1 \cdot \sin x_3$$

beseitigt werden. Neben den Zustandsgrößen gehen in das Rückführgesetz auch die Führungsgrößen y_{1soll} und y_{2soll} und deren Ableitungen $\dot{y}_{1soll}$, $\dot{y}_{2soll}$, $\ddot{y}_{1soll}$ und $\ddot{y}_{2soll}$ ein.

Aus Symmetriegründen erscheint es wünschenswert, für beide Ausgangsgrößen die gleiche Dynamik vorgeben zu können. Dies wird möglich, indem man die Systemordnung durch Vorschalten eines I-Gliedes vorab auf vier erhöht, derart, daß keine Stellgröße auf die *ersten* Ableitungen $\dot{\boldsymbol{y}}$ und $\dot{\boldsymbol{x}}$ direkt einwirken, sondern erst auf die *zweiten* Ableitungen. Hierzu muß gemäß den Gleichungen (34) und (35) u_1 Zustandsgröße werden, am einfachsten durch $\dot{u}_1 = \tilde{u}_1$. Der neue Eingang $\tilde{u}_1$ hat physikalisch die Bedeutung einer Vorwärtsbeschleunigung, so daß die neuen Zustandsgleichungen lauten:

$$\dot{x}_1 = \dot{x} = x_4 \cdot \cos\Theta\,, \quad \dot{x}_2 = \dot{y} = x_4 \cdot \sin\Theta\,, \quad \dot{x}_3 = \dot{\Theta} = \tilde{u}_2\,, \quad \dot{x}_4 = \tilde{u}_1\,. \tag{46}$$

Der flache Ausgang des Systems (38) haben sich gegenüber der Steuerung nicht geändert.

Gefordert werden nun zwei Fehlerdifferentialgleichungen 2. Ordnung

$$\ddot{\varepsilon}_1 + a_{11}\dot{\varepsilon}_1 + a_{10}\varepsilon_1 = 0 \qquad \text{mit} \qquad \varepsilon_1 = y_1 - y_{1soll}\,, \tag{47}$$

$$\ddot{\varepsilon}_2 + a_{21}\dot{\varepsilon}_2 + a_{20}\varepsilon_2 = 0 \qquad \text{mit} \qquad \varepsilon_2 = y_2 - y_{2soll}\,, \tag{48}$$

mit den frei wählbaren Koeffizienten a_{10}, a_{11}, a_{20} und a_{21}.

Um das Stellgesetz (5) angeben zu können, sind die Ableitungen der Ausgänge hilfreich:

$$\dot{y}_1 = x_4 \cdot \cos x_3 \,, \tag{49}$$

$$\dot{y}_2 = x_4 \cdot \sin x_3 \,, \tag{50}$$

$$\ddot{y}_1 = \ddot{y}_{1soll} + a_{11} \cdot (\dot{y}_{1soll} - \dot{y}_1) + a_{10} \cdot (y_{1soll} - y_1) \,, \tag{51}$$

$$\ddot{y}_2 = \ddot{y}_{2soll} + a_{21} \cdot (\dot{y}_{2soll} - \dot{y}_2) + a_{20} \cdot (y_{2soll} - y_2) \,. \tag{52}$$

Um die beiden Bedingungen für Flachheit zu erfüllen, werden die Gleichungen wieder so umgeformt, daß die Zustände und Stellgrößen in Abhängigkeit der flachen Ausgänge und deren Zeitableitungen erscheinen. Aus der Addition von Gleichung (49) und (50) erhält man:

$$\dot{y}_1^2 + \dot{y}_2^2 = x_4^2 \cdot (\underbrace{\cos^2 x_3 + \sin^2 x_3}_{=\,1})$$

$$\Rightarrow x_4 = \sqrt{\dot{y}_1^2 + \dot{y}_2^2} \,. \tag{53}$$

Die Ableitung nach der Zeit liefert:

$$\Rightarrow \tilde{u}_1 = \dot{x}_4 = \frac{\dot{y}_1 \cdot \ddot{y}_1 + \dot{y}_2 \cdot \ddot{y}_2}{\sqrt{\dot{y}_1^2 + \dot{y}_2^2}} \,. \tag{54}$$

Setzt man nun die Gleichungen (51) und (52) in diese Gleichung ein, so erhält man den ersten Teil des Regelgesetztes:

$$\begin{aligned} \tilde{u}_1 = {} & \cos x_3 \cdot [a_{10} \cdot (y_{1soll} - x_1) + a_{11} \cdot (\dot{y}_{1soll} - x_4 \cdot \cos x_3) + \ddot{y}_{1soll}] + \ldots \\ & \ldots + \sin x_3 \cdot [a_{20} \cdot (y_{2soll} - x_2) + a_{21} \cdot (\dot{y}_{2soll} - x_4 \cdot \cos x_3) + \ddot{y}_{2soll}] \,. \end{aligned} \tag{55}$$

Das Vorgehen für den zweiten Teil des Regelungsgesetzes ist analog. Aus den Gleichungen (46) (46) (46)erhält man:

$$x_3 = \arctan \frac{\dot{y}_2}{\dot{y}_1} \,. \tag{56}$$

Daraus wiederum:

$$\Rightarrow \tilde{u}_2 = \dot{x}_3 = \frac{\ddot{y}_1 \cdot \dot{y}_2 - \dot{y}_1 \cdot \ddot{y}_2}{\dot{y}_1^2 + \dot{y}_2^2} \,. \tag{57}$$

Durch Einsetzen von Gleichung (51) und (52) folgt:

$$\begin{aligned} \tilde{u}_2 = {} & \frac{\cos x_3}{x_4} \cdot [a_{20} \cdot (y_{2soll} - x_2) + a_{21} \cdot (\dot{y}_{2soll} - x_4 \cdot \sin x_3) - \ddot{y}_{2soll}] - \ldots \\ & \ldots - \frac{\sin x_3}{x_4} \cdot [a_{10} \cdot (y_{1soll} - x_1) + a_{11} \cdot (\dot{y}_{1soll} - x_4 \cdot \cos x_3) + \ddot{y}_{1soll}] \,. \end{aligned} \tag{58}$$

Das Regelgesetz ist also von der Form $\boldsymbol{u} = \boldsymbol{b}(\boldsymbol{x}, \boldsymbol{y}_{soll}, \dot{\boldsymbol{y}}_{soll}, \ddot{\boldsymbol{y}}_{soll})$.

Die erste Bedingung für Flachheit, $\boldsymbol{x} = \boldsymbol{a}(\boldsymbol{y}, \dot{\boldsymbol{y}}, \ldots, \overset{(\beta)}{\boldsymbol{y}})$, ist durch (38), (53) und (56) erfüllt.

Die zweite Bedingung für Flachheit, $\boldsymbol{u} = \boldsymbol{b}(\boldsymbol{y}, \dot{\boldsymbol{y}}, \ldots, \overset{(\beta+1)}{\boldsymbol{y}})$, ist durch (54) und (57) erfüllt.

Das Blockschaltbild der Regelung enthält zusätzlich zur flachheitsbasierten Regelung die unterlagerten Regelkreise für die beiden Stellgrößen. Die am Rollstuhl angebrachten Drehgeber liefern die beiden Radgeschwindigkeiten, aus denen dann die benötigten Zustandsgrößen $\tilde{x}, \tilde{y}$ und $\tilde{\Theta}$ für den flachheitsbasierten Regler und die zusätzlichen Größen $\dot{\tilde{\Theta}}$ und $\tilde{v}_{vorw}$ für die unterlagerten Regelkreise berechnet werden.

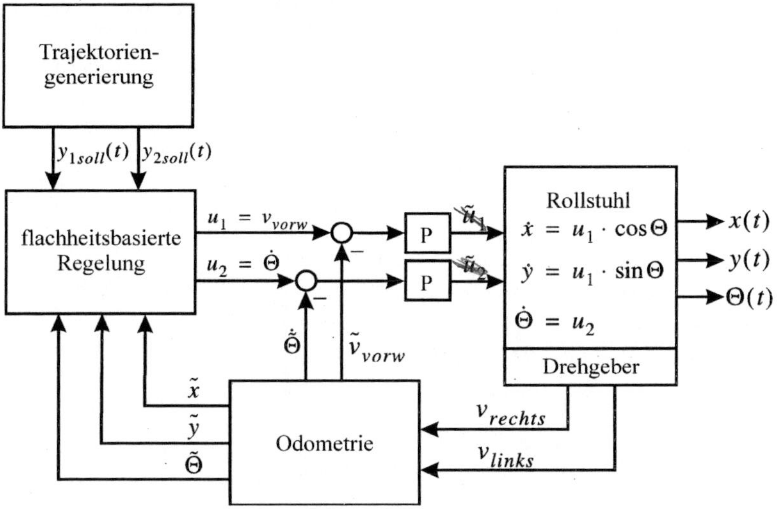

Bild 5 Blockschaltbild der flachheitsbasierten Regelung[3]

5.4.1 Erweiterung des Systems auf n = 6

Wird bei der Reglerauslegung berücksichtigt, daß sich die Geschwindigkeiten der Räder mit einer Verzögerung T einstellen

$$v_{links}(s) = \frac{1}{1 + T \cdot s} \cdot v_{links,\,soll}(s) \qquad \Rightarrow \dot{v}_{links} = -\frac{1}{T} \cdot v_{links} + \frac{1}{T} \cdot v_{links,\,soll}$$

$$v_{rechts}(s) = \frac{1}{1 + T \cdot s} \cdot v_{rechts,\,soll}(s) \qquad \Rightarrow \dot{v}_{rechts} = -\frac{1}{T} \cdot v_{rechts} + \frac{1}{T} \cdot v_{rechts,\,soll}$$

so erweitert sich das System um zwei Zustände. Zusammen mit dem Integrierer vor der ersten Stellgröße u_1 erhält man insgesamt sechs Zustände:

---

3 Odometrie: Berechnet durch numerische Integration Position und Orientierung der Plattform (relativ zum Startpunkt) aus den Radbewegungen.

$$\dot{x}_1 = \dot{x} = \frac{x_4 + x_5}{2} \cdot \cos x_3, \quad \dot{x}_2 = \dot{y} = \frac{x_4 + x_5}{2} \cdot \sin x_3$$

$$\dot{x}_3 = \dot{\Theta} = \frac{x_4 - x_5}{s}, \quad \dot{x}_4 = \dot{v}_{links} = -\frac{1}{T} \cdot x_4 + \frac{1}{T} \cdot x_6 + \frac{1}{2T} \cdot s \cdot \tilde{u}_{2soll}$$

$$\dot{x}_5 = \dot{v}_{rechts} = -\frac{1}{T} \cdot x_5 + \frac{1}{T} \cdot x_6 - \frac{1}{2T} \cdot s \cdot \tilde{u}_{2soll}, \quad \dot{x}_6 = \tilde{u}_{1soll}$$

mit u_1: Vorwärtsgeschwindigkeit, u_2: Rotationsgeschwindigkeit,
$\tilde{u}_{1soll}$: Sollvorwärtsbeschleunigung, $\tilde{u}_{2soll}$: Sollrotationsbeschleunigung.

Der weitere Entwurf kann wie oben erfolgen, wobei nun Fehlerdifferentialgleichungen der Ordnung drei vorgegeben werden.

5.5 Fahrexperimente

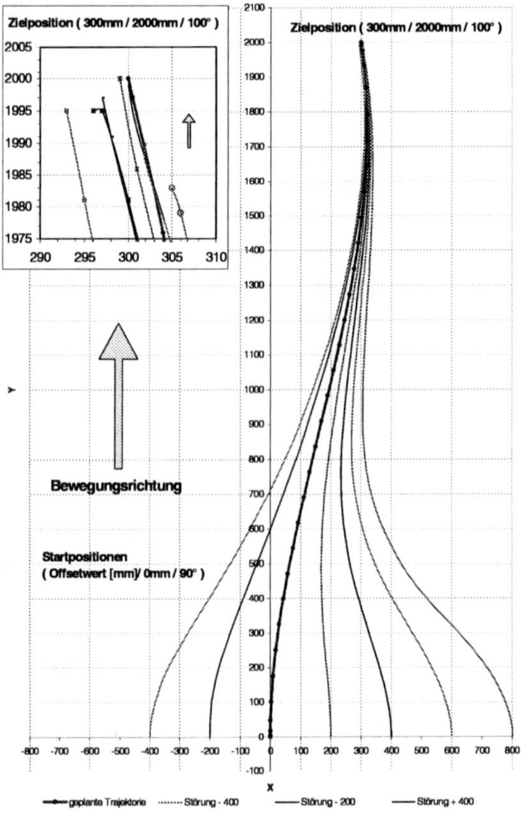

Bild 6 Fahrtwege der mobilen Plattform bei einer vorgegebenen Trajektorie 3. Ordnung, mit und ohne Anfangsfehler

Im Bild 6 ist die reale Fahrt der mobilen Plattform dargestellt. Die gegebene Trajektorie wird von der Plattform exakt befahren, wenn kein Anfangsfehler vorliegt. Sind aber der Startpunkt für die Trajektorienberechnung und die tatsächlichen Startkoordinaten der Plattform unterschiedlich, führt die Regelung, der die wahren Koordinaten der Plattform zur Verfügung stehen, diese zurück auf die vorgegebene Bahn, so daß auch in diesen Fällen die gewünschte Zielposition mit geringen Abweichungen von weniger als 10 mm erreicht wird.

5.6 Zusammenfassung

Für das Fahren mit einer mobilen Plattform ist aufgrund der Fehler, die auftreten können, eine Regelung notwendig. Dabei führt die flachheitsbasierte Regelung trotz nichtlinearer Strecke schnell zu einer Lösung, so daß die mobile Plattform auch bei Einfluß von Störgrößen der Solltrajektorie folgt.

Um die Genauigkeit der Regelung zu erhöhen, ist es denkbar, weitere Sensoren an der mobilen Plattform zu implementieren, wie z. B. ein Gyroskop oder einen elektronischen Kompaß.

6 Literaturverzeichnis

[1] Fliess, M., Lévine, J., Martin, P. und Rouchon, P.: On Differentially Flat Nonlinear Systems. In M. Fliess (editor): Nonlinear Control Systems Design, S. 408-412, Pergamon Press 1992.

[2] Fliess, M., Lévine, J., Martin, P. und Rouchon, P.: Flatness and Defect of Nonlinear Systems: Introductory Theory and Examples. Int. J. Control, 61 (1995), S. 1327-1361.

[3] Rothfuß, R.: Anwendung der flachheitsbasierten Analyse und Regelung nichtlinearer Mehrgrößensysteme. Dissertation. VDI-Fortschrittberichte, Reihe 8, Nr. 664, Düsseldorf 1997.

[4] Rothfuß, R., Rudolph, J. und Zeitz, M.: Flachheit: Ein neuer Zugang zur Steuerung und Regelung nichtlinearer Systeme. Automatisierungstechnik 11/97, S. 517-525.

[5] Nijmeijer, H. und van der Schaft, A.J.: Nonlinear Dynamical Control Systems. Springer-Verlag 1990.

[6] Isidori, A.: Nonlinear Control Systems. Springer-Verlag 1995.

[7] Föllinger, O.: Regelungstechnik. Hüthig-Verlag 1990.

[8] Sommer., R.: Synthese nichtlinearer, zeitvarianter Systeme mit Hilfe einer kanonischen Form. Dissertation. VDI-Fortschrittberichte, Reihe 8, Nr. 36, VDI-Verlag Düsseldorf 1981.

[9] Rudolph, J., Rothfuß, R., und Pomet, J.-B.: A Generalized Controller Form for linearization by quasi-static state feedback. Proc. IFAC Conference on System Structure and Control, Nantes, 1995, pp 143-148.

[10] Lohmann, B.: Regelungsstruktur für eine Klasse von Förder- und Bearbeitungsprozessen und Anwendung in der Postautomatisierung. Automatisierungstechnik 44 (1996), S. 52-60.

[11] Kieren, M.: Modellbildung, Regelung und Trajektorienplanung für mobile Plattformen. Diplomarbeit, Universität Bremen, Institut für Automatisierungstechnik, 1998.

Entwurf robuster Regler für parameterunsichere PTn-Regelstrecken mit / ohne Totzeit mittels QFT

Andreas Pape
Universität Bremen, Institut für Automatisierungstechnik
Kufsteiner Str. NW1, 28359 Bremen
E-Mail: apape@iat.uni-bremen.de

Ingmar Balcke
Universität Bremen, Institut für Automatisierungstechnik
Kufsteiner Str. NW1, 28359 Bremen
E-Mail: balcke@iat.uni-bremen.de

Kurzfassung

Die Regelgüte von Regelkreisen mit Standard PI-/PID-Reglern hängt in hohem Maße davon ab, wie gut die Übereinstimmung zwischen dem Streckenmodell, für das der Regler entworfen wurde, und der realen Regelstrecke ist. Sind die Parameterungenauigkeiten genügend klein, so reicht der Entwurf eines Standardreglers aus. Weisen die Parameter der Regelstrecke jedoch nicht zu vernachlässigende Ungenauigkeiten auf, so ist ein robuster Regler notwendig, der auch noch den ungünstigsten Fall der Streckenparameter zufriedenstellend ausregelt.

Ein Entwurfsverfahren zur Berechnung eines robusten Reglers ist die Quantitative Feedback Theorie (QFT). Die QFT ist ein Entwurfsverfahren im Frequenzbereich. Mit Hilfe der QFT ist es möglich, die gewünschte Systemeigenschaft, trotz Störeinflüsse und Ungenauigkeiten der Regelstrecke, zu gewährleisten, da diese bereits beim Reglerentwurf berücksichtigt werden.

Nach einer kurzen einführenden Übersicht wird im zweiten Abschnitt dieses Beitrages die Theorie der robusten Regelung mit Hilfe der QFT aufgezeigt. Der dritte Abschnitt befaßt sich mit dem Entwurf robuster Regler für parameterunsichere PTn-Regelstrecken, und im vierten Abschnitt wird auf den Reglerentwurf für parameterunsichere, nicht-minimalphasige Regelstreckenmodelle eingegangen, die sich aus einem PTn-Element und einem zusätzlichen Totzeitglied (Tt-Glied) zusammensetzen. Dazu wird beispielhaft der Entwurf eines robusten Smith-Prädiktors mit Hilfe der QFT diskutiert.

1 Einführende Übersicht

In der industriellen Anwendung, insbesondere in der Papier- und Folienproduktion werden Prozeßmodelle eingesetzt, die einerseits das Prozeßverhalten mit hinreichender Genauigkeit beschreiben sollen und andererseits, aufgrund eines zu komplexen Regelstreckenmodells, den Reglerentwurf nicht unnötig erschweren und verteuern [D/L89].
Durch die Verwendung von PTn-Elementen, kann die Aufgabe der Parameteridentifikation auf die Identifikation der (k,T,n)-Parameter des PTn-Modells durch Approximation der Übergangsfunktion des Prozesses reduziert werden. Ein geeignetes Approximationsverfahren ist z.B. die Zeitprozentkennwert-Methode [D/L89], [SCH62].
Der Nachteil dieses Verfahrens liegt in der verminderten Genauigkeit der Beschreibung des Prozeßverhaltens, was durch die Vereinfachung des Prozeßmodells erkauft wird. Hier bietet

sich an, das Prozeßverhalten nicht durch ein einziges Modell zu beschreiben, sondern mehrere Modelle mit fester Struktur, d.h. ein parameterunsicheres PTn-Modell zur Beschreibung des Prozeßverhaltens, zu verwenden. Der minimal größere Aufwand bezüglich der Parameteridentifikation wird dadurch kompensiert, daß durch das parameterunsichere PTn-Modell der Schwankungsbereich des Prozeßverhalten hinreichend genau beschrieben werden kann.
Dieser Einfluß von Parameterunsicherheiten und von Störungen auf die Regelgröße kann durch den Entwurf eines Regelkreises vermindert werden. Von Horowitz wurde ein Entwurfsverfahren vorgeschlagen, das den gezielten Entwurf von Regelkreisen zur Einhaltung vorgegebener Spezifikationen bei Parametervariationen der Regelstrecke gestattet [HOR92].
Bei diesem Entwurfsverfahren, das schon vom Ansatz her die Parametervariationen während des gesamten Entwurfs berücksichtigt, werden diese Parametervariationen unter Berücksichtigung der Entwurfsspezifikationen in Grenzkurven für den nominalen Frequenzgang des offenen Kreises transformiert. Liegt dieser Frequenzgang auf den Grenzkurven, so genügt der geschlossene Kreis den gestellten Forderungen.

In der vorliegenden Arbeit wird über den Entwurf robuster Regler für PTn-Streckenmodelle mit und ohne Totzeit berichtet. Nach einer Einführung in die Technik des Reglerentwurfs mit Hilfe der *Quantitativen Feedback Theorie (QFT)* nach Horowitz, wird im zweiten Abschnitt der systematische Entwurf robuster Regler für PTn-Streckenmodelle vorgestellt.
Im dritten Abschnitt schließt sich die Untersuchung von PTnTt-Modellen an, wobei speziell auf den Smith-Prädiktor zur Regelung dieser Streckenmodelle mit Totzeit eingegangen wird.

2 Reglerentwurf mit Hilfe der QFT

Um allgemein den Einfluß von Störungen und Parametervariationen auf die Regelgröße gering zu halten, muß ein Regelkreis geschlossen werden. Es werden aber ebenfalls Anforderungen an das Führungsverhalten des Regelkreises gestellt. Wenn diese Forderungen unabhängig voneinander erfüllt werden sollen, so ist ein Regelkreis mit zwei Freiheitsgraden notwendig.

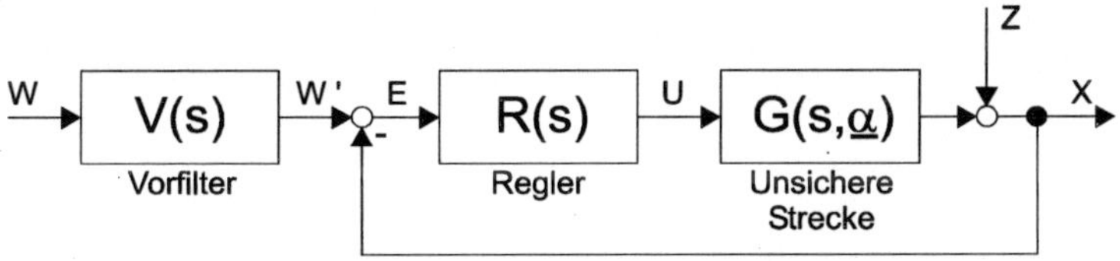

Bild 2.1: Regelkreis mit zwei Freiheitsgraden

Der Regler R(s) setzt dabei den Einfluß der Störungen und der Parametervariationen herab. Das Vorfilter V(s) korrigiert dagegen das dynamische Verhalten des geschlossenen Regelkreises bezüglich des Führungsverhaltens. Die Parameter der unsicheren Strecke $G(s,\underline{\alpha})$ sind nicht exakt bekannt, d.h. die Regelstrecke ist abhängig vom Parametervektor $\underline{\alpha}$. Es lassen sich nur die Grenzen des Parametervektors mit $\underline{\alpha}_{\min} \leq \underline{\alpha} \leq \underline{\alpha}_{\max}$ angeben.

2.1 Variationsgebiete

Ist die Strecke fest vorgegeben, also ohne Parametervariationen, so ergibt sich hierfür im Nicholsdiagramm ein bestimmter Punkt für eine Frequenz. Treten Parametervariationen der Strecke auf, so erweitert sich dieser Punkt zu einem Bereich. Dieser Bereich wird Variationsgebiet genannt. Damit wird die Parameterunsicherheit der Regelstrecke beschrieben. Die folgende Abbildung zeigt den Unterschied einer Strecke ohne und einer Strecke mit Parameterschwankungen im Nicholsdiagramm.

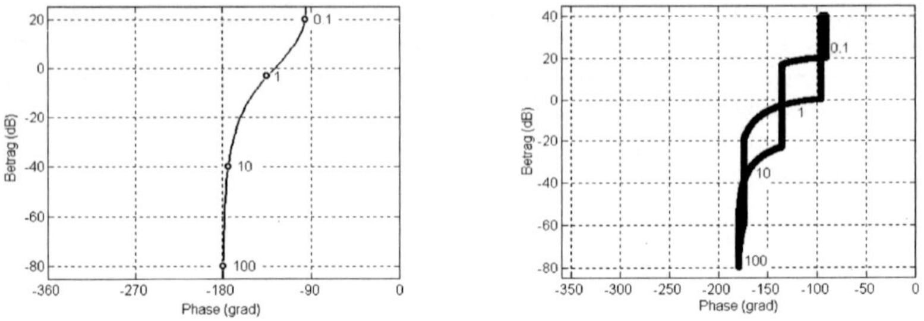

Bild 2.1: Frequenzgang ohne (links) und mit Parametervariationen (rechts)

2.2 Formulierung der Entwurfsanforderungen

Für die QFT werden die Entwurfsvorgaben im Frequenzbereich aufgestellt. Eine Entwurfsanforderung ist der sogenannte Betragsschlauch. Bild 2.2 zeigt eine Darstellung im Zeitbereich und im Frequenzbereich.

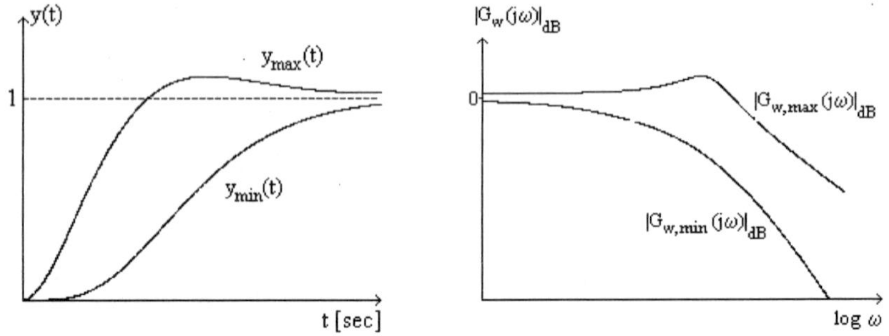

Bild 2.2: Forderungen im Zeitbereich (links) und im Frequenzbereich (rechts)

An das Übertragungsverhalten des geschlossenen Regelkreises werden also im Zeitbereich Forderungen durch zulässige Gebiete für die Sprungantwort durch

$$y_{\min}(t) \leq y(t) \leq y_{\max}(t)$$

oder im Frequenzbereich in Form von Grenzen durch

$$|G_{W,\min}(j\omega)|_{dB} \leq |G_W(j\omega)|_{dB} \leq |G_{W,\max}(j\omega)|_{dB}$$

formuliert.

Die Vorgabe eines Toleranzschlauches berücksichtigt, daß Parameterunsicherheiten der Regelstrecke vorliegen und es somit nicht möglich ist, ein gleiches Verhalten bei allen Parameterwerten der Regelstrecke zu fordern. Eine weitere Entwurfsforderung stellt die Vorgabe einer maximal zugelassenen Überhöhung des Störfrequenzganges dar (Begrenzung der Empfindlichkeit). Ein typischer Verlauf der Empfindlichkeitsfunktion ist in der folgenden Abbildung zu sehen:

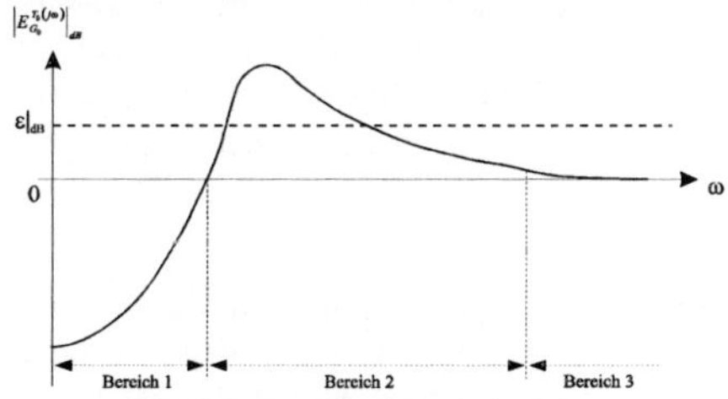

Bereich 1: Verbesserung der Parameterempfindlichkeit $\left|E_{G_0}^{T_0}\right| < 1$

Bereich 2: Verschlechterung der Parameterempfindlichkeit $\left|E_{G_0}^{T_0}\right| > 1$

Bereich 3: Regelkreis verhält sich wie eine Steuerung $\left|E_{G_0}^{T_0}\right| \approx 1$

Bild 2.3: Empfindlichkeitsfunktion

Der Bereich 2 (Überhöhung der Empfindlichkeitsfunktion) läßt sich für einen Regelkreis mit einem Polüberschuß $e \geq 2$ grundsätzlich nicht vermeiden, lediglich eine Begrenzung ist möglich. Diese Begrenzung erfolgt durch die Bedingung

$$|T_D| = \left|\frac{1}{1 + R(j\omega) \cdot G(j\omega,\alpha)}\right| \leq \varepsilon_1, \varepsilon_1 > 1$$

Diese Vorgabe stellt gleichzeitig die Vorgabe einer Phasenreserve bei Störverhalten dar. Es gilt

$$\varepsilon_1 = \sqrt{\frac{0{,}5}{1 + \cos(180° - \varphi_r)}}$$

Üblicherweise soll bei Störverhalten eine Phasenreserve von 20° bis 50° eingehalten werden [UNB92]. Alternativ zur Vorgabe der Beschränkung der maximal zulässigen Überhöhung des Störfrequenzgangs wird eine Schranke für robuste Stabilität angegeben. Diese Beschränkung wird in Form einer oberen Schranke an den Amplitudengang des geschlossenen Regelkreises definiert [D'AZ95], [HOR92].

$$|T| = \left|\frac{R(j\omega) \cdot G(j\omega,\alpha)}{1 + R(j\omega) \cdot G(j\omega,\alpha)}\right| \leq \varepsilon_2, \varepsilon_2 > 1$$

2.3 Transformation der Entwurfsforderungen in Grenzkurven

Damit ein Reglerentwurf mit Hilfe der QFT durchgeführt werden kann, müssen die Entwurfsanforderungen in Grenzkurven transformiert werden.

2.3.1 Wahl des nominalen Parametersatzes

Bevor die Transformation in Grenzkurven durchgeführt werden kann, ist es notwendig, einen nominalen Parametersatz auszuwählen. Prinzipiell kann der nominale Parametersatz jeder in dem Bereich $\underline{\alpha}_{\min} \leq \underline{\alpha} \leq \underline{\alpha}_{\max}$ liegende Parametersatz sein. Die Parameterunsicherheiten in der Regelstrecke werden dann als Abweichung von diesem nominalen Parametersatz aufgefaßt.

2.3.2 Offene Grenzkurven

Die Forderung an den Frequenzgang des geschlossenen Kreises, also der Betragsschlauch, wird in offene Grenzkurven für den Frequenzgang des nominalen offenen Kreises transformiert. Die Berechnung der offenen Grenzkurven wird ausführlich in [HOR92] und [PAP98] besprochen. Bild 2.4 links zeigt ein Beispiel für offene Grenzkurven und den Verlauf des nominalen Frequenzganges des offenen Kreises im Nicholsdiagramm. Die Bedingung aus dem Betragsschlauch ist erfüllt, wenn die Frequenzgangswerte des nominalen Frequenzganges für jede Frequenz auf oder oberhalb der jeweiligen Grenzkurve liegen. Die Aufgabe des eigentlichen Reglerentwurfs ist es, den Frequenzgang des nominalen offenen Kreises so zu verformen, daß für jede Frequenz ω der dazugehörige Punkt im Nicholsdiagramm auf bzw. oberhalb der offenen Grenzkurven liegt.

2.3.3 Geschlossene Grenzkurven

Die Forderung zur Begrenzung der Empfindlichkeit bzw. die Bedingung für die robuste Stabilität wird in geschlossene Grenzkurven für den Frequenzgang des nominalen offenen Kreises transformiert. Die Berechnung der geschlossenen Grenzkurven wird ebenfalls ausführlich in [HOR92] und [PAP98] besprochen. Bild 2.4 rechts zeigt ein Beispiel für geschlossene Grenzkurven und den Verlauf des nominalen Frequenzganges des offenen Kreises im Nicholsdiagramm. Die Bedingung bezüglich der Begrenzung der Empfindlichkeitsüberhöhung ist erfüllt, wenn der nominale Frequenzgang für jede Frequenz auf oder außerhalb der jeweiligen Grenzkurve liegt. Die Aufgabe des eigentlichen Reglerentwurfs ist es, den Frequenzgang des nominalen offenen Kreises so zu verformen, daß für jede Frequenz ω der dazugehörige Punkt im Nicholsdiagramm auf bzw. außerhalb der geschlossenen Grenzkurven liegt.

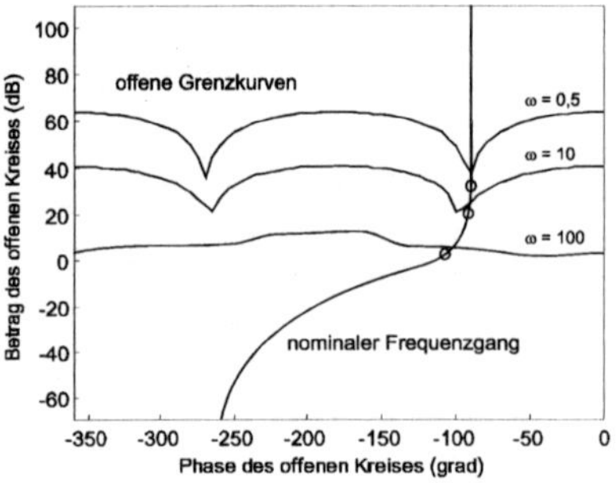

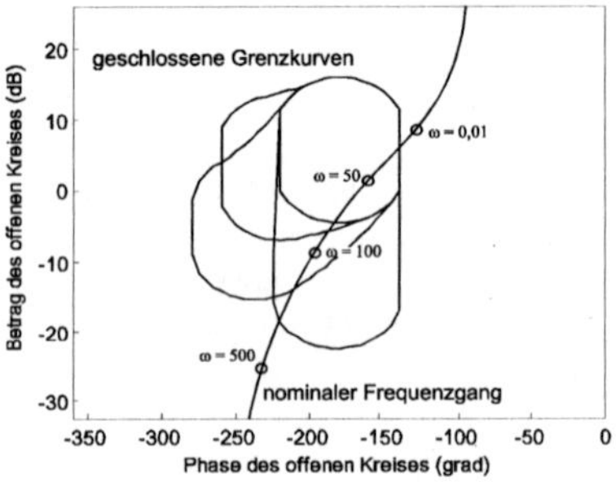

Bild 2.4: Offene (links) und geschlossene Grenzkurven (rechts)

2.4 Reglerentwurf

Horowitz definiert in [HOR92] eine Übertragungsfunktion als optimal, die die Entwurfsanforderung bei vorgegebenen Polüberschuß e_Q mit minimaler Verstärkung erfüllt und sich für hohe Frequenzen möglichst schnell der asymptotischen Phase

$$\Phi_\infty = -\frac{\pi}{2} \cdot e_Q$$

annähert. In [G/H80] wird gezeigt, daß die optimale Übertragungsfunktion für jedes ω auf der zugehörigen Grenzkurve liegt.

In Bild 2.5 links ist die prinzipielle Verformung des Frequenzganges der nominalen Regelstrecke durch den Regler unter Beachtung der offenen und geschlossenen Grenzkurven zum Frequenzgang des nominalen offenen Regelkreises dargestellt.

2.5 Vorfilterentwurf

Mit Hilfe des Vorfilters wird das Führungsübertragungsverhalten an die in absoluten Werten vorgegeben Betragsforderungen angepaßt. Bild 2.5 rechts zeigt die prinzipielle Vorgehensweise zur Bestimmung eines Vorfilters. Die Entwurfsanforderungen des Betragsschlauches sind also erfüllt, wenn sämtliche Amplitudengänge des geschlossenen Regelkreises mit Vorfilter innerhalb des Betragsschlauches liegen. Das dynamische Verhalten wurde in diesem Fall durch ein Vorfilter mit einer Tiefpaßeigenschaft korrigiert.

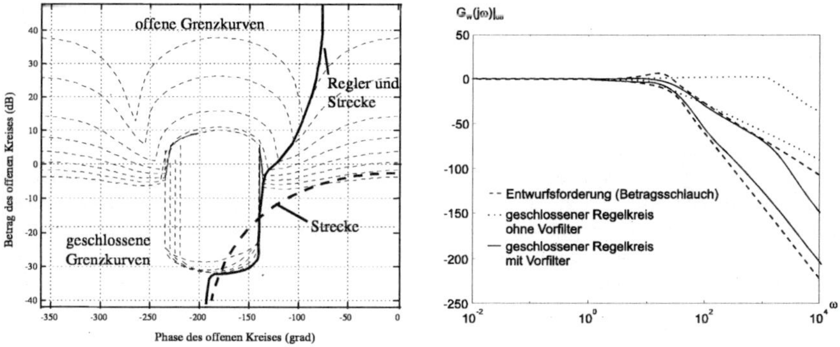

Bild 2.5: Reglerentwurf (links) und Vorfilterentwurf (rechts)

3 Robuster Reglerentwurf für PTn-Regelstrecken

Der Reglerentwurf mit Hilfe der QFT stellt, im Vergleich zu einfachen Einstellregeln wie z.B. nach Ziegler/Nichols, eine nicht triviale Aufgabe dar. Eine durchsichtigere Handhabung entsteht, wenn der Entwurf auf eine einfache Systemklasse beschränkt wird. Der Entwurf wird deshalb für PTn-Strecken durchgeführt. Bei Parameterunsicherheiten schwanken die Parameter der Strecke in gewissen Grenzen. Für eine PTn-Strecke mit der Übertragungsfunktion

$$G_M(s,\underline{\alpha}) = \frac{K_S}{(1+T_1 \cdot s)^n}\ , \text{ mit } \underline{\alpha} = \begin{bmatrix} K_S \\ T_1 \\ n \end{bmatrix}$$

seien dies die Parameter $K_S \in \left[K_{S,\min},\ldots,K_{S,\max}\right]$, $T_1 \in \left[T_{1,\min},\ldots,T_{1,\max}\right]$. Es wird $n = const.$ angenommen.

Die Größe des Gebietes der Variation der unsicheren Parameter K_S und T_1 wird durch das Verhältnis

$$V_K = \frac{K_{S,\max}}{K_{S,\min}}, V_K \geq 1 \text{ und } V_T = \frac{T_{1,\max}}{T_{1,\min}}, V_T \geq 1$$

beschrieben.

Die Auswirkungen von Parameterunsicherheiten in der Regelstrecke sind in Bild 3.1 zu sehen.

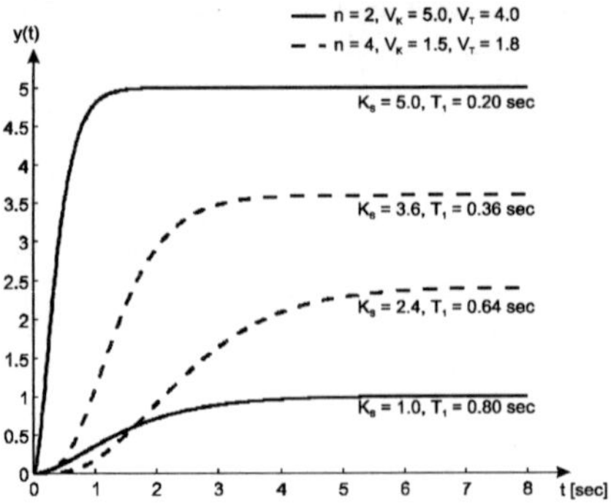

Bild 3.1: Sprungantwortengebiete

Als Startregler wird ein PI-Regler, entworfen nach der Methode der Betragsanpassung, verwendet. Dieser Startregler wird durch Verstärkungsänderung (K_{QFT}) und durch Hinzufügen von Lead-/Lag-Elementen robust erweitert. Die hochfrequente Verstärkung wird durch das Hinzufügen einer Polstelle verringert. Den Abschluß des Reglerentwurfs mit Hilfe der QFT bildet der Entwurf eines Vorfilters. Das Vorfilter wird durch einfache Polstellen bestimmt.
Die Lead- bzw. Lag-Elemente (phasenanhebende- bzw. phasenabsenkende-Elemente) werden durch die Übertragungsfunktion

$$G_{Lead\,/\,Lag} = \frac{1 + T_{LL} \cdot s}{1 + \alpha \cdot T_{LL} \cdot s}$$

und die doppelte Polstelle für den hochfrequenten Bereich durch die Übertragungsfunktion

$$G_{Pol} = \frac{1}{(1 + T_{Pol} \cdot s)^2}$$

beschrieben, so daß sich eine Gesamtübertragungsfunktion des robusten Reglers zu

$$G_R(s) = \underbrace{K_p \cdot \frac{1 + T_n \cdot s}{T_n \cdot s}}_{PI-Regler} \cdot \underbrace{K_{QFT} \cdot \prod_{i=1}^{k} \frac{1 + T_{i,LL} \cdot s}{1 + \alpha_i \cdot T_{i,LL} \cdot s} \cdot \frac{1}{(1 + T_{Pol} \cdot s)^2}}_{Robuste\ Erweiterung}$$

ergibt. Das Vorfilter, zusammengesetzt aus einfachen Polstellen, hat die folgende Übertragungsfunktion:

$$V(s) = \prod_{i=1}^{k} \frac{1}{T_{vi} \cdot s + 1}$$

Die Parameter für PI-Regler werden aus den Tabellen für die Methode der Betragsanpassung bestimmt [LAT93]. Die Parameter für die robuste Erweiterung des Reglers sowie des Vorfilters, werden durch die Reglertabellen der QFT ermittelt [PAP98].

3.1 Beispiel

Gegeben sei die parameterunsichere PT3-Strecke mit

$K_S = [K_{S,\min},\ldots,K_{S,\max}] = [2,\ldots,5]$ und $T_1 = [T_{1,\min},\ldots,T_{1,\max}] = [0.1,\ldots,0.3]$.

1. Schritt

Bestimmung der Größe des Gebietes der Variation der unsicheren Parameter K_S und T_1 durch

$$V_K = \frac{K_{S,\max}}{K_{S,\min}} = \frac{5}{2} = 2.5 \text{ und } V_T = \frac{T_{1,\max}}{T_{1,\min}} = \frac{0.3}{0.1} = 3.0$$

2. Schritt

Auslesen der Reglereinstellwerte für n = 3 für $V_K = 2.5$ und $V_T = 3.0$ (aus [PAP98]).
Das Einsetzen der Reglerparameter erfüllt die Entwurfsanforderungen folgendermaßen:

a) Sprungantworten bzw. Betragsschlauch

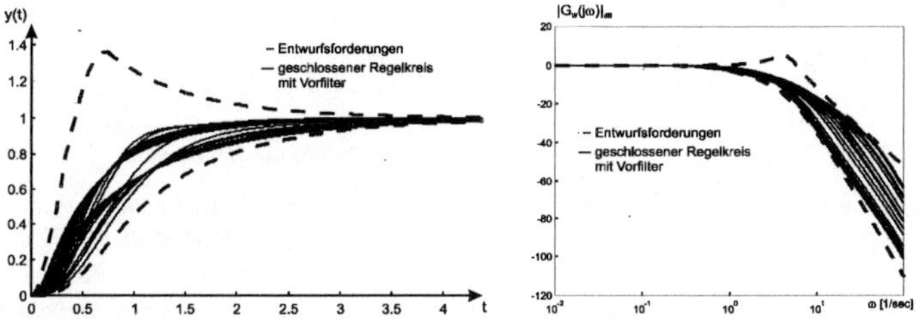

Bild 3.2: Erfüllung der Entwurfsanforderungen im Zeitbereich (links) und im Frequenzbereich (rechts)

b) Empfindlichkeitsfunktion

Auch die Empfindlichkeitsfunktion wird durch die gewählten Reglerparameter erfüllt. Auf die Darstellung der Empfindlichkeitsfunktion an dieser Stelle wird jedoch aus Platzgründen verzichtet.

4 Reglerentwurf von parameterunsicheren PT_nT_t-Regelstrecken

4.1 Totzeitglied in der Regelstrecke

Allgemein ist das Totzeitglied mit der Eingangsgröße u(t) und der Ausgangsgröße y(t) durch die Gleichung 3.1 im Zeitbereich charakterisiert. Diese Gleichung kann durch eine Laplacetransformation in den Frequenzbereich überführt und als Übertragungsfunktion G(s) geschrieben werden.

$$y(t) = Ku(t - T_t) \quad \Big| \quad G(s) = Ke^{-T_t s}, \text{ mit } K, T_t > 0 \qquad (3.1)$$

Der Amplitudengang des Totzeitgliedes liegt im Bodediagramm auf einer Geraden, die parallel zur 0dB-Achse verläuft. Der Phasengang beginnt bei der Phase $\phi = 0$ und nimmt stetig ab [LUN96]. Dieses führt bei einer Verstärkung von $K > 1$ zur Instabilität des geschlossenen Regelkreises.

4.2 Smith-Prädiktor

Die zuvor beschriebene Problematik, die durch die Verschiebung der Eingangsgröße u(t) durch ein Totzeitglied hervorgerufen wird, läßt sich grundsätzlich nicht vermeiden [FÖL90]; was bestenfalls erreicht werden kann, ist die Elimination der Totzeit im Rückführungszweig durch ein entsprechendes Reglernetzwerk, dem sogenannten Smith-Prädiktor [SMI57]. Um die Grundidee zu erläutern, wird das Regelstreckenmodell in den totzeitfreien Anteil G(s) und ein verbleibendes Totzeitglied $T_t(s)$ zerlegt (vgl. Gl. 3.1, mit K=1).

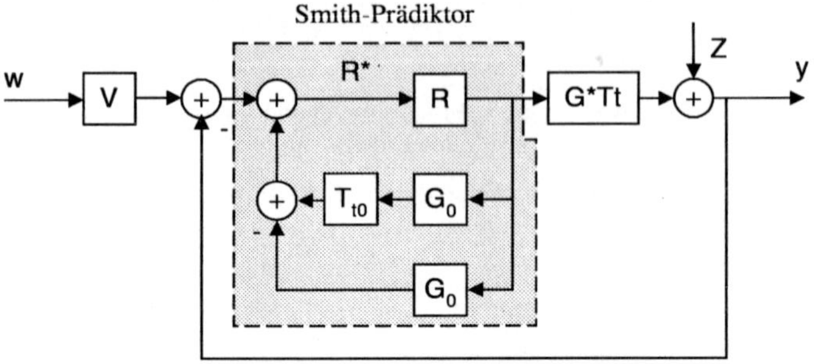

Bild 4.1: Das Grundprinzip des Smith-Prädiktor-Netzwerks

Auf die durch einen Stelleingriff in der Regelstrecke hervorgerufene Wirkung kann durch den Regler schneller reagiert werden, wenn diese Wirkung mit dem Modell $G_0(s)$ vorhergesagt wird („predict = vorhersagen, voraussagen"), welche in der Regelstrecke nicht meßbar ist.
Ist die im Regelkreis wirkende Totzeit $T_{t0}(s)$ exakt gleich der Totzeit der Regelstrecke $T_t(s)$ und gilt gleiches auch für das totzeitfreie Modell der Regelstrecke $G_0(s)$ und den totzeitfreien Anteil der Regelstrecke G(s), so wird der Term $\left(G \cdot e^{-s \cdot \tau} - G_0 \cdot e^{-s \cdot \tau_0}\right)$ aus dem Nenner der Übertragunsfunktion des geschlossenen Regelkreis eliminiert. Der Regler R(s) kann deshalb für den totzeitfreien Teil des Regelstreckenmodells entworfen werden, ohne daß die Totzeit berücksichtigt werden muß. Einzig bei der Beurteilung der Regelgüte muß berücksichtigt werden, daß die Ausgangsgröße um die Totzeit verschoben wird.

$$y = \frac{R \cdot G \cdot e^{-s \cdot \tau}}{1 + R^* \cdot G_0 + R \cdot \left(G \cdot e^{-s \cdot \tau} - G_0 \cdot e^{-s \cdot \tau_0}\right)} \cdot w \qquad (3.2)$$

Bei der Realisierung hat diese einfache Idee leider eine gravierende Schwäche: die Regelung gemäß Bild 3.1 reagiert überaus empfindlich, wenn das im Smith-Prädiktor enthaltene Streckenmodell (G_0, Tt_0) nicht mit dem wirklichen Verhalten der Regelstrecke (G, Tt) übereinstimmt. Mit Hilfe der QFT ist es möglich, die robusten Eigenschaften des geschlossenen Regelkreises bereits während des Reglerentwurfs zu berücksichtigen [HOR92].

4.3 Reglerentwurf

Zur Verbesserung der Robustheit des Smith-Prädiktors gegenüber Parameterunsicherheiten, insbesondere in der Totzeit, wird die QFT zum Entwurf herangezogen.

4.3.1 Streckenbeschreibung

Als Modell zur Beschreibung des Prozeßverhaltens soll ein parameterunsicheres PT_nTt-Modell verwendet werden. Die Parameter des Modells sind z.B. über Sprungantworten im Zeitbereich mit Hilfe der Zeit-Prozentkennwert-Methode zu identifizieren [SCH62]. Mit Hilfe des Modells werden anschließend die Variationsgebiete im Nicholsdiagramm berechnet.

$$PT_nT_T(s,\underline{\alpha}) = \frac{k}{(1+Ts)^n} e^{-s\tau} \qquad \underline{\alpha} = \begin{bmatrix} k_{\min}, & \cdots & ,k_{\max} \\ T_{\min}, & \cdots & ,T_{\max} \\ \tau_{\min}, & \cdots & ,\tau_{\max} \end{bmatrix} \tag{3.3}$$

$$\underline{\alpha}_0 = [k_0, \quad T_0, \quad \tau_0]^T \tag{3.4}$$

4.3.2 Entwurfsvorgaben

a) Beschränkung der Empfindlichkeitsüberhöhung bzw. Schranke für robuste Stabilität

$$\left|\frac{1}{1+L(j\omega,\underline{\alpha})}\right| \le \varepsilon_1 \quad \text{bzw.} \quad \left|\frac{L(j\omega,\underline{\alpha})}{1+L(j\omega,\underline{\alpha})}\right| \le \varepsilon_2 \tag{3.5}$$

b) Führungsverhalten

$$|G_{W,\min}| \le \left|\frac{L(j\omega,\underline{\alpha})}{1+L(j\omega,\underline{\alpha})}\right| \le |G_{W,\max}| \tag{3.6}$$

4.3.3 Transformation der Entwurfsvorgaben in Grenzkurven

Damit ein Reglerentwurf mit Hilfe der QFT durchgeführt werden kann, müssen die Entwurfsanforderungen in Grenzkurven transformiert werden. Dafür wird der nominale Parametersatz $\underline{\alpha}_0$ ausgewählt, so daß sich dann G_0 und Tt_0 auf eben diesen Parametersatz beziehen. Wie zuvor beschrieben, können dann die Entwurfsvorgaben in Grenzkurven an den nominalen Frequenzgang des offenen Kreises $L_0(j\omega)$ transformiert werden.

$$L_0(j\omega) \quad = \quad R^*(j\omega) * G_0(j\omega) \cdot e^{-j\omega\cdot\tau_0} \tag{3.7}$$

$$\downarrow \qquad R^* = \frac{R}{1+R\cdot\left(1-e^{-s\cdot\tau_0}\right)\cdot G_0} \tag{3.8}$$

$$= \quad \frac{R(j\omega)\cdot G_0(j\omega)\cdot e^{-j\omega\cdot\tau_0}}{1+R(j\omega)\cdot\left(1-e^{-j\omega\cdot\tau_0}\right)\cdot G_0(j\omega)} \tag{3.9}$$

In Erweiterung zum konventionellen QFT-Entwurfsverfahren, was in Kapitel 2 umrissen wurde, wird zusätzlich eine weitere Transformation der Grenzkurven durchgeführt.

$$R(j\omega) = \frac{L_0(j\omega)}{G_0(j\omega)\cdot\left[\left(1+L_0(j\omega)\right)\cdot e^{-j\omega\cdot\tau_0} - L_0(j\omega)\right]} \tag{3.10}$$

Diese Transformation ist notwendig, weil der, in den Smith-Prädiktor eingebettete Regler bestimmt werden soll. Würde der Frequenzgang des nominal offenen Regelkreises geformt werden, so würde ein in Kaskade zum Smith-Prädiktor wirkender Regler bestimmt werden.
Durch diese Transformation wird zusätzlich die Beschränkung durch das Totzeitglied in die Grenzkurven verlagert, so daß für die Formung des *Reglerfrequenzgangs* der, von Bode [BOD45] aufgezeigte Zusammenhang, zwischen dem Amplituden- und Phasengang, durch Verwendung von rationalen Übertragungsgliedern angewendet werden kann. Ziel wird es sein, den *Reglerfrequenzgang* so zu verformen, daß für jede Frequenz ω der dazugehörige Punkt im

Nicholsdiagramm auf bzw. oberhalb der offenen sowie auf bzw. außerhalb der geschlossenen Grenzkurven liegen wird.

4.4 Entwurfsbeispiel

In diesem Beispiel wird der Entwurf eines robusten Smith-Prädiktors mit Hilfe der QFT anhand eines Zahlenbeispiels diskutiert. Ziel ist es die einzelnen Entwurfsschritte sowie notwendige Erweiterung der QFT-Technik zum Entwurf von Smith-Prädiktoren unter praktischen Aspekten aufzuzeigen.

4.4.1 Streckenmodell

Als Modell zur Beschreibung des Prozeßverhaltens sei ein PT_2Tt-Modell mit folgenden Parametern bekannt:

$$PT_2T_T(s,\underline{\alpha}) = \frac{k}{(1+Ts)^2} e^{-s\tau} \qquad \underline{\alpha} = \begin{bmatrix} 0.81, & \cdots & ,1.02 \\ 2.4\,\text{sec}, & \cdots & ,18\,\text{sec} \\ 63\,\text{sec}, & \cdots & ,66.15\,\text{sec} \end{bmatrix} \tag{3.11}$$

$$\underline{\alpha}_0 = [0.81, \quad 18\,\text{sec}, \quad 66.15\,\text{sec}]^T \tag{3.12}$$

Diese Parameter beruhen auf einer Untersuchung des Benchmark-Beispiels [EBA93].

4.4.2 Entwurfsvorgaben

Zur Wahrung der robusten Stabilität des geschlossenen Regelkreisses wird die Schranke für robuste Stabilität und das Führungsverhalten wie folgt festgelegt.

$$\begin{aligned} &\text{Schranke für robuste Stabilität:} \quad \left|\frac{L(j\omega,\underline{\alpha})}{1+L(j\omega,\underline{\alpha})}\right| \le \varepsilon_2 \quad \text{mit } \varepsilon_2 = 3{,}2 \\ &\text{Führungsverhalten:} \quad |G_{W,\min}| \le \left|\frac{L(j\omega,\underline{\alpha})}{1+L(j\omega,\underline{\alpha})}\right| \le |G_{W,\max}| \end{aligned} \tag{3.13}$$

Die Schranken des Führungsverhalten werden durch ein Modell 3. Ordnung spezifiziert, indem die Forderungen im Zeitbereich (Anstiegszeit, Überschwingweite, transientes Verhalten etc.) in den Frequenzbereich überführt werden. Eine genaue Beschreibung des Verfahrens wird in [HOR92] diskutiert. Als Entwurfsspezifikation bezüglich des Führungsverhalten des geschlossenen Regelreises sei also der Betragsschlauch, nach Bild 3.2 (rechts), für den Reglerentwurf mit Hilfe der QFT herangezogen.

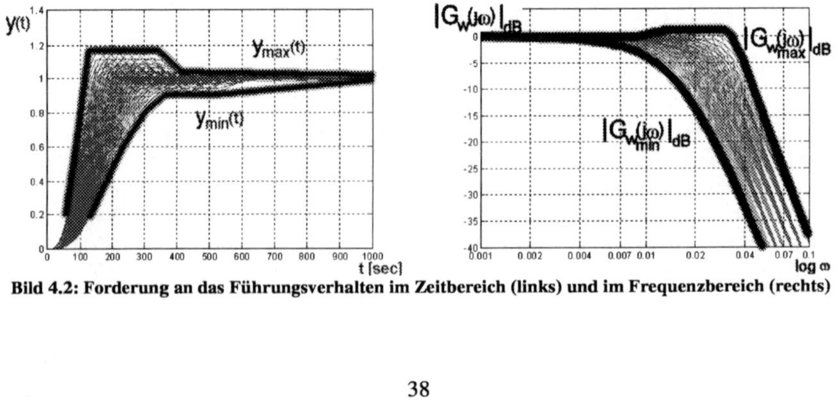

Bild 4.2: Forderung an das Führungsverhalten im Zeitbereich (links) und im Frequenzbereich (rechts)

4.4.3 Transformation der Grenzkurven

Zur Durchführung des Reglerentwurfs ist die Transformation der Entwurfsanforderungen in Grenzkurven notwendig. Dazu sind zwei Transformationsschritte auszuführen:

1. Die Transformation in Grenzkurven an den Frequenzgangs des offenen Regelkreises (vgl. Kap 2.3).
2. Eine weiterführende Transformation in Grenzkurven an den Frequenzgang des Reglers im Smith-Prädiktor-Netzwerk (vgl. Kap 3.3.3).

Das Ergebnis für dieses Beispiel ist in Bild 3.3 dargestellt.

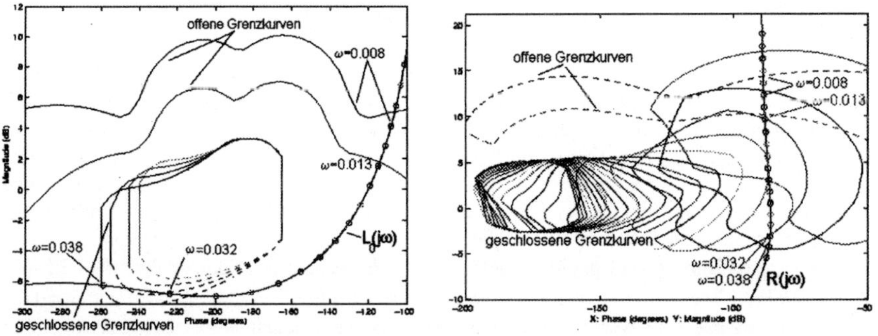

Bild 4.3: Grenzkurven an den Frequenzgang des off. RK (links) und den Reglerfrequenzgang (rechts)

Die linke Seite des Bildes 3.3 zeigt die im Nicholsdiagramm dargestellten Grenzkurven sowie den nominalen Frequenzgang des offenen Regelkreises. Die rechte Seite zeigt die Grenzkurven, die durch Transformation gemäß Gleichung (3.10) bestimmt wurden.

Auffällig ist die Form der geschlossenen Grenzkurven, dargestellt auf der linken Seite des Bilds 3.3. Dieses, von den Grenzkurven umschlossene Gebiet, wird mit steigender Frequenz stetig größer werden, und ab einer bestimmten Grenzfrequenz die gesamte Ordinate des Nicholsdiagramms umschließen. Diese Beschränkung, die durch das Totzeitglied in dem Regelstreckenmodell verursacht wird, wirkt als obere Schranke an den Amplitudengang und begrenzt somit die Reglerverstärkung.

Der Frequenzgang des nominalen offenen Regelkreises wird durch den über alle Grenzen absinkenden Phasengang gekennzeichnet, was ebenfalls durch ein, aber in diesem Fall im Reglernetzwerk, dem Smith-Prädiktor, angeordnetes Totzeitglied verursacht wird. Dieser Einfluß ist durch die Transformation der Grenzkurven in die Grenzkurven an den Reglerfrequenzgang überführt worden. Also gilt für den Reglerentwurf bei Verwendung rationaler Übertragungsglieder wieder der bereits oben erwähnte, von Bode [BOD45] beschriebene Zusammenhang.

Die Aufgabe des eigentlichen Reglerentwurfs wird es sein, den *Reglerfrequenzgang* --- symbolisiert durch R(jω) in Bild 3.3 (rechts) --- so zu formen, daß für jede Frequenz ω der dazugehörige Punkt im Nicholsdiagramm auf bzw. oberhalb der offenen sowie auf bzw. außerhalb der geschlossenen Grenzkurven liegen wird.

4.4.4 Formung des Reglerfequenzgangs

Der eigentliche Reglerentwurf erfolgt unter Verwendung des Nicholsdiagramms. Ziel ist es durch die Wahl geeigneter rationaler Übertragungsglieder den Reglerfrequenzgang so zu verändern, daß dieser eine gewünsche Form erhält. Grundlage für diese Vorgehensweise ist der von Bode [BOD45] beschriebene Zusammenhang: Beträgt die durchschnittliche Neigung des

Amplitudengangs 20dB/Dekade, so folgt für den Phasengang eine durchschnittliche Phasenabsenkung von –90° für den betrachteten Frequenzbereich.

Das Ziel, die gewünsche Form des Reglerfrequenzgangs zu bestimmen, wurde in dem Entwurf, der dem Ergbnis gemäß Bild 3.3 zugrunde liegt, bereits erreicht. In diesem Bild sind, der Übericht halber, nur der nominale Frequengang des offenen Kreises (linker Bildteil) und im rechten Teil, der Reglerfrequenzgang eingezeichnet.

Die Entwurfsschritte wurden wie folgt aufgeteilt:

1. Entwurf eines PI-Reglers für das nominale, totzeitfreie PT2-Regelstreckenmodell gemäß Betragsanpassung [LAT90].
2. Korrektur der Reglerverstärkung, so daß die offenen Grenzkurven im niederfrequenten Bereich erfüllt werden.
3. Verformung des Reglerfrequenzgangs im Bereich der geschlossenen Grenzkurven durch Einfügen eines Doppelpols, so daß robuste Stabilität und oszillationsarmes, transientes Verhalten des geschlossenen Kreises erreicht wird.

Die Schwierigkeit des Reglerentwurfs besteht in den konträren Forderungen nach raschem Führungsverhalten auf der einen Seite und der Wahrung der robusten Stabilität des geschlossenen Regelkreises auf der anderen Seite. Diese Gegensätze lassen sich sehr gut anhand des Nicholsdiagramms zur Formung des Reglerfrequenzgangs zeigen (Bild 4.3, rechts).

Der dargestellte Reglerfrequenzgang genügt der geschlossenen Grenzkurve für ω=0.032 1/sec bzw. ω=0.032 1/sec gerade, wobei die offenen Grenzkurven für ω=0.013 1/sec bzw. ω=0.008 1/sec nicht exakt erfüllt werden; eine Vergrößerung der statischen Reglerverstärung liefert keine Lösung, so daß durch ein weiteres Einfügen von Pol/Nullstellen eine Lösung des Poblems erreicht werden könnte. Dieses müßte aber mit einer Vergrößerung der Reglerordnung erkauft werden.

Der Entwurf liefert schließlich einen PI-Regler mit zusätzlicher doppleter Polstelle,

$$R(s) = 0{,}0119\frac{s+0{,}0358}{(s+0{,}4458)(s+0{,}0469)s} \qquad (3.14)$$

der in das Smith-Prädiktor-Netzwerk eingebettet wird.

4.4.5 Verifikation des Reglerentwurfs

Die Überprüfung des Reglerentwurfs erfolgt mit Hilfe der Darstellung der Amplitudengänge des geschlossenen Regelkreises im Frequenzbereich (Bild 3.4).

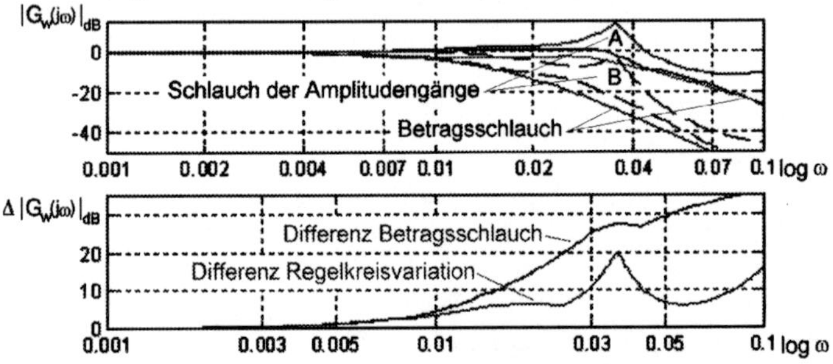

Bild 4.4: Betragsschlauch, Schlauch der Amplitudengänge des geschl. RK: A (ohne Vorfilter), B (mit Vorfilter); unterer Bildabschnitt: Differenz der Betragsschlauchgrenzen (obere Kurve) und der Grenzen der Variation im Amplitudengang des offen Kreises (untere Kurve).

Die Entwurfsanforderungen des Betragsschlauches sind also für den hier ausgewählten Frequenzbereich erfüllt, da sämtliche Amplitudengänge des geschlossenen Regelkreises mit Vorfilter, wie in Bild 3.5 noch einmal vergrößert dargestellt, innerhalb des Betragsschlauches liegen. Das transiente Verhalten des Regelkreises wurde mit einem Vorfilter korrigiert, dessen Übertragungsfunktion wie folgt geschrieben werden kann

$$V(s) = \frac{s + 0{,}0567 \pm j0.0569}{(s + 0{,}0945)(s + 0{,}0094 \pm j0.0094)s} \tag{3.15}$$

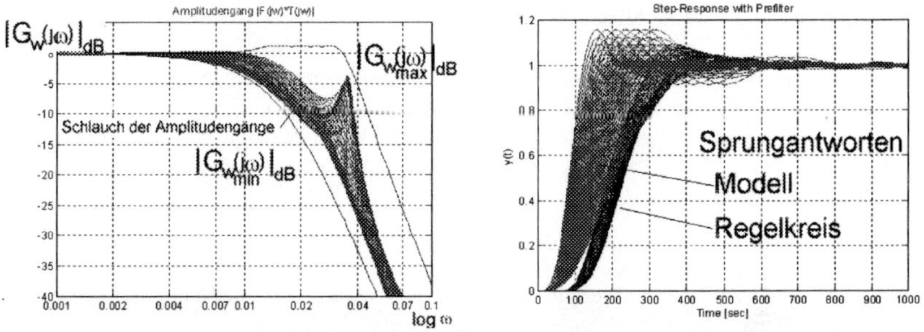

Bild 4.5: Betragsschlauch, Schlauch der Amplitudengänge des geschl. RK (links); Sprungantworten im Zeitbereich: Des Modells 3. Ordnung und des geschl. RK mit Vorfilter (rechts)

Das Ergebnis des Führungsverhalten des geschlossenen Regelkreises, wie in Bild 4.5 (rechts) dargestellt, erweckt den Eindruck, daß der Reglerentwurf nicht besonders erfolgreich war. Insbesondere das Antwortverhalten im Bereich y(t) < 80% zeigt, daß der geschlossene Regelkreis mit Vorfilter 'langsamer' auf den Führungssprung antwortet, als es durch das Modell gefordert wurde. Eine genauere Betrachtung zeigt aber, daß erstens das transiente Verhalten im Bereich des stationären Endwerts nahezu den Entwurfsanforderungen entspricht. Zweitens muß bei der Verifikation des Reglerentwurfs berücksichtigt werden, daß der geschlossene Regelkreis nach wie vor ein parameterunsicheres Totzeitelement mit dominanter Totzeit enthält [GRÄ94]. Das Verhältnis von T_T/T liegt in dem hier gewählten Beispiel zwischen 3,5...28, und in [GRÄ94] wird bereits bei einem Verhältnis von T_T/T_G > 0.8 (T_G: Ausgleichszeit) von dominierender Totzeit gesprochen. Drittens wurde ein Modell 3. Ordnung verwendet, das , wie in [HOR92] beschreiben, keine Totzeit enthält. Somit wird das Führungsverhalten im Startbereich nur schlecht approximiert, wenn gleichzeitig ein zügiges Einschwingen auf den Endwert modelliert werden soll. Letzterem wurde bei diesem Entwurf Priorität eingeräumt.

5 Zusammenfassung

Es wurde gezeigt, wie mit Hilfe der *Quantitativen Feedback Theorie* (QFT) robuste Regler eingebettet in ein *Two-Degree-Of-Fredom* (TDF)-System für PTn-Regelstrecken mit und ohne Totzeit systematisch entworfen werden können. Die QFT ist ein Entwurfsverfahren im Frequenzbereich mit der es möglich ist, die gewünschte Systemeigenschaft, trotz Störeinflüsse und Ungenauigkeiten der Regelstrecke, zu gewährleisten, da diese bereits beim Reglerentwurf berücksichtigt werden.

Im ersten Abschnitt dieses Beitrages wurde die Theorie der robusten Regelung mit Hilfe der QFT aufgezeigt. Der zweite Abschnitt befaßte sich mit dem Entwurf robuster Regler für parameterunsichere PTn-Regelstrecken, und im dritten Abschnitt wurde auf den Reglerentwurf für parameterunsichere, nicht-minimalphasige Regelstreckenmodelle eingegangen, die sich aus dem PTn-Element und einem zusätzliches Totzeitglied (Tt-Glied) zusammensetzen. Dazu wurde der Entwurf eines robusten Smith-Prädiktors mit Hilfe der QFT an einem Beispiel diskutiert.

Literatur

[D'AZ95] D'Azzo, John J.; Houpis, Constantine H.: *Linear Control System Analysis and Design*, New York: McGraw-Hill, Inc. 1995.

[EBA95] Ebach, Uwe; Gräser, Axel: *Design of an extended Smith-Controller.* A Paper Machine Benchmark for Control Systems, Control System 94; Special Issue of Control Engineering Practice, 1993, p. 230-234, 5refs.

[FÖL90] Fölligner, Otto: *Regelungstechnik*, Heidelberg: Hüthig-Verlag, 1990.

[G/H80] Gera, A.; Horowitz, I.M.: *Optimization of the loop transfer function*. International Journal of Control 31 (1980) 2, p. 389-398, 12 refs.

[GRÄ94] Gräser, Axel: *Extension of the Smith predictor for disturbance feedforward control*, Automatisierungstechnische Praxis (atp) 36 (1994) 1, p.46–52, 10 ref.

[HOR92] Horowitz, I.M.: *Quantitative feedback design theory*, Boulder, Colorado, U.S.A.: QFT Publications, 1992.

[LAT90] Latzel, Wolfgang: *Die Methode der Betragsanpassung*, Automatisierungstechnik (at) 38 (1990) 2, p. 48 – 58.

[LUN96] Lunze, Jan: *Regelungstechnik* (2 Bände), Berlin, Heidelberg: Springer-Verlag, 1996

[PAP98] Pape, Andreas: *Robuster Reglerentwurf für parameterunsichere PTn-Regelstrecken durch systematische Erweiterung von PI/PID-Reglern*, Diplomarbeit, Bremen: Universität Bremen, IAT, 1998.

[SCH62] Schwarze, G: *Bestimmung der regelungstechnischen Kennwerte von P-Gliedern aus der Übergangsfunktion ohne Wendetangenten-Konstruktion*, Messen, Steuern, Regeln 5 (1962), S. 447-449.

[SMI57] Smith, O.J.M.: *Closer control of loops with dead time*, Chemical Engineering. Progress 53 (1957), p. 217-19.

[UNB92] Unbehauen, H.: Regelungstechnik (3 Bände), 7. Auflage, Braunschweig: Vieweg & Sohn, 1992.

Stabilität und Stabilisierung periodischer Systeme

Fabian Wirth
Zentrum für Technomathematik, Universität Bremen
Postfach 330440, 28334 Bremen
E-mail: fabian@math.uni-bremen.de

Zusammenfassung

In diesem Artikel wird ein Überblick über Stabilitäts- und Stabilisierungstheorie linearer periodischer Systeme und periodischer Orbits nichtlinearer Systeme gegeben. In beiden Fällen gehen wir kurz auf die entsprechende Theorie der Lyapunovfunktionen ein.

1 Einleitung

Periodische Bewegungen und ihre Stabilität sind in vielen Anwendungen von großer Bedeutung. Z.B. beschäftigt sich im vorliegenden Band der Artikel [15] ausführlich mit der Existenz periodischer Bewegungen im CSTR. Die Stabilisierung periodischer Bewegungen nichtlinearer Systeme hat daher in den vergangenen Jahren wachsendes Interesse auf sich gezogen. Wir verweisen hier ohne Anspruch auf Vollständigkeit auf die Artikel [14],[2],[10],[3],[5],[4]. Die entsprechenden Resultate sind jedoch in der Literatur verstreut. Aus diesem Grund soll hier Grundlegendes zur Stabilität und Stabilisierung periodischer Systeme zusammenfassend dargestellt werden. Wir beschränken uns hierbei auf Methoden, die Eigenschaften der Linearisierung entlang der periodischen Bewegung ausnutzen und verweisen nur kurz auf eigenständig nichtlineare Methoden. Für dieses Vorgehen gibt es zweierlei Gründe: Zum einen ist mit einer oberflächlichen Darstellung der auf Linearisierung beruhenden Ergebnisse der zugemessene Umfang dieses Beitrags weitgehend erschöpft. Zum anderen ist Stabilisierung mittels Linearisierung ein in vielen Anwendungen befriedigendes Entwurfsverfahren, so daß es sich lohnt, sich intensiver damit zu beschäftigen.

Im ersten Schritt müssen wir im Abschnitt 2 zunächst an die Theorie periodischer linearer Differentialgleichungen erinnern. Grundlegend sind hier zunächst die Resultate von Floquet, der für den periodischen Fall eine geschlossene Theorie zur Darstellung der Lösungen und zur Stabilität dieser Gleichungen entwickelt hat. Sodann gehen wir kurz auf bekannte Kriterien zur Stabilisierbarkeit linearer periodischer Systeme ein und geben eine Charakterisierung von Lyapunovfunktionen an. Dies legt die Grundlage, um im folgenden Abschnitt 3 Stabilitätseigenschaften periodischer Lösungen nichtlinearer Systeme zu diskutieren. Linearisierung entlang der periodischen Bewegung liefert gerade die eingangs besprochenen periodischen linearen Systeme, die Informationen über lokale Stabilitätseigenschaften des nichtlinearen Systems liefern. Abschließend stellen wir in Abschnitt 4 einige Ergebnisse zur Stabilisierung periodischer Bewegungen vor.

2 Lineare periodische Systeme

In diesem Abschnitt sollen zunächst einige Grundtatsachen bezüglich der Stabilität linearer periodischer Differentialgleichungen zusammengestellt werden, siehe [8, Kap. 3.5], [9, Kap. 2]. Wir werden später sehen, daß derartige Gleichungen in natürlicher Weise durch Linearisierung entlang periodischer Lösungen zeitinvarianter nichtlinearer Differentialgleichungen entstehen.

Wir betrachten stetige, matrixwertige Funktion $A(\cdot) : \mathbb{R} \to \mathbb{R}^{n\times n}$ und $B(\cdot) : \mathbb{R} \to \mathbb{R}^{n\times m}$, die beide periodisch mit Periode $\omega > 0$ sind, d.h. $A(t+\omega) = A(t)$, $B(t+\omega) = B(t)$ für alle $t \in \mathbb{R}$. Unter diesen Voraussetzungen betrachten wir das lineare periodische System

$$\dot{x} = A(t)x(t) + B(t)u(t). \tag{1}$$

Das unkontrollierte System

$$\dot{x}(t) = A(t)x(t) \tag{2}$$

heißt *asymptotisch stabil*, wenn für alle Anfangsbedingungen $x(t_0) = x_0$ gilt, daß die zugehörige Lösung $x(t; t_0, x_0)$ gegen 0 konvergiert.

Zur Darstellung allgemeiner Lösungen betrachten wir den Evolutionsoperator $\Phi(t, t_0)$ zu (2), der als Lösung der Matrixdifferentialgleichung

$$\dot{X}(t) = A(t)X(t)\,, \tag{3}$$

mit Anfangsbedingung $X(t_0) = I$ gegeben ist. Hierbei bezeichnet I die Einheitsmatrix. Es folgt dann durch einfaches Nachrechnen, daß die Lösung zum Anfangswert $x(t_0) = x_0$ gegeben ist durch

$$x(t; t_0, x_0) = \Phi(t, t_0)x_0\,.$$

Nach dem Satz von Floquet läßt sich der Evolutionsoperator als Produkt einer stetigen, $\omega-$periodischen matrixwertigen Funktion $P : \mathbb{R} \to \mathbb{R}^{n\times n}$ mit der Lösung einer zeitinvarianten linearen Differentialgleichung darstellen. Genauer gibt es ein $L \in \mathbb{C}^{n\times n}$, so daß gilt

$$\Phi(t, t_0) = P(t)\exp(L(t - t_0))P(t_0)^{-1}\,. \tag{4}$$

Aufgrund der Periodizität von P folgt die Periodizitätseigenschaft $\Phi(t+\omega, t_0+\omega) = \Phi(t, t_0)$. Von besonderem Interesse ist die sogenannte Monodromiematrix (zum Zeitpunkt t_0) $\Phi(t_0 + \omega, t_0)$, deren Spektrum nach (4) von t_0 unabhängig ist. Also überlegt man sich leicht, daß die Stabilität von (2) nur vom Spektrum der Matrix L, oder was dazu äquivalent ist, von den Eigenwerten der Matrix $\Phi(\omega, 0)$ abhängt. Dies fasst der folgende Satz zusammen.

Satz 1 *Die folgenden Aussagen sind äquivalent:*

(i) Das System (2) ist asymptotisch stabil.

(ii) Alle Eigenwerte von $\Phi(\omega, 0)$ sind betragsmäßig kleiner als 1.

(iii) Alle Eigenwerte von L haben negativen Realteil.

Unglücklicherweise ist es im allgemeinen nicht möglich aus den Eigenschaften der Spektren der Matrizen $A(t)$ auf die Stabilität des periodischen Systems (2) zu schließen. Z.B. haben die im folgenden gegebenen Matrizen konstant -1 als einzigen Eigenwert.

$$A(t) = \begin{bmatrix} \cos t & -\sin t \\ \sin t & \cos t \end{bmatrix} \begin{bmatrix} -1 & 5 \\ 0 & -1 \end{bmatrix} \begin{bmatrix} \cos t & \sin t \\ -\sin t & \cos t \end{bmatrix}.$$

Das zugehörige periodische System ist dagegen exponentiell instabil, denn wie man leicht nachrechnet ist eine zugehörige Fundamentalmatrix gegeben durch

$$\begin{bmatrix} e^t\left(\cos t + \frac{1}{2}\sin t\right) & e^{-3t}\left(\cos t - \frac{1}{2}\sin t\right) \\ e^t\left(\cos t - \frac{1}{2}\sin t\right) & e^{-3t}\left(\cos t + \frac{1}{2}\sin t\right) \end{bmatrix}.$$

Dies kann dahingehend interpretiert werden, daß die Matrixfunktion $A(\cdot)$ "zu schnell" in der Zeit variiert. In [11] werden zusätzliche Bedingungen angegeben mit Hilfe derer aus dem Spektrum der Generatoren $A(t)$ auf die Stabilität von (2) geschlossen werden kann. Diese Bedingungen sind jedoch nur hinreichend und im Zweifelsfall ist es unumgänglich, das Spektrum der Monodromiematrix zu ermitteln.

Ein zentrales Hilfsmittel in der Stabilitätstheorie, besteht in Lyapunovfunktionen, da mit ihrer Hilfe Stabilitätsaussagen ohne die explizite Kenntniss von Lösungen gemacht werden können. Im linearen zeitinvarianten Fall erhält man quadratische Lyapunovfunktionen durch Lösung der Lyapunovgleichung. Analog dazu können für den periodischen Fall Lyapunovfunktionen durch Lösung der periodischen Lyapunovgleichung gewonnen werden. Diese hat die Form

$$\dot{X} + A(t)^T X(t) + X(t)A(t) + Q(t) = 0 \tag{5}$$

Die asymptotische Stabilität von (2) ist äquivalent dazu, daß zu jeder periodischen, stetigen matrixwertigen Funktion $Q(t)$, deren Bild zu jedem Zeitpunkt positiv definit ist, eine eindeutige, stetige, periodische, positiv definite Lösung $X(t)$ von (5) existiert. Für die Einzelheiten verweisen wir auf [7],[10].

Wir wenden uns nun der Frage zu, unter welchen Bedingungen Stabilität durch Zustandsrückführung erzeugbar ist. Das System (1) heißt stabilisierbar, wenn es eine ω-periodische Funktion $K : \mathbb{R} \to \mathbb{R}^{m \times n}$ gibt, so daß das System

$$\dot{x} = (A(t) + B(t)K(t))\, x(t) \tag{6}$$

asymptotisch stabil ist. Es wurde in [6] gezeigt, daß die Existenz einer stabilisierenden ω-periodischen Funktion K genau dann gewährleistet ist, wenn die folgenden Bedingung erfüllt ist: Für jeden Eigenwert λ von $\Phi(\omega, 0)$ mit $|\lambda| \geq 1$ und jeden Vektor z mit $\Phi(\omega, 0)^T z = \lambda z$, für den zusätzlich gilt

$$B(t)^T \Phi(0, t)^T z = 0, \quad \text{für fast alle } t \in [0, \omega]$$

folgt $z = 0$. Diese Bedingung kann leicht als Verallgemeinerung der gewohnten zeitinvarianten Situation erkannt werden. Eine Möglichkeit zur Berechnung stabilisierender periodischer Feedbacks K besteht in der Lösung der durch ein linear quadratisches Optimierungsproblem erzeugten Riccati-Gleichung, siehe [13], [7]. In den Artikeln [12], [17] wurde Polverschiebung für die Monodromiematrix untersucht. Weitere Stabilisierungsverfahren finden sich in [1], [16]. Die Frage der eigentlichen Berechnung eines stabilisierenden Feedbacks würde jedoch hier den Rahmen sprengen. Wir wenden uns stattdessen dem Problem der Stabilisierung periodischer Lösungen nichtlinearer Systeme zu.

3 Systeme mit periodischen Lösungen

Zunächst diskutieren wir einige grundlegende Eigenschaften von periodischen Lösungen zeitunabhängiger Differentialgleichungen und definieren einen geeigneten Stabilitätsbegriff. Für nähere Einzelheiten verweisen wir auf [8, Kap. 13.2], [9, Kap. 4.2]. Wir betrachten eine gewöhnliche Differentialgleichung

$$\dot{x} = f(x)\,, \tag{7}$$

wobei $f : \mathbb{R}^n \longrightarrow \mathbb{R}^n$ stetig differenzierbar sei. Die Lösungen von (7) zum Anfangswert x_0 werden im folgenden mit $x(t; x_0)$ bezeichnet. Wir nehmen an, daß (7) eine (nicht konstante) periodische Lösung φ hat, d.h. $\dot{\varphi}(t) = f(\varphi(t))$ und es gibt ein $\omega > 0$, so daß $\varphi(t + \omega) = \varphi(t)$ für alle $t \in \mathbb{R}$. Wir beschäftigen uns nun mit Stabilitätseigenschaften der Lösung φ. Zunächst ist zu beachten, daß der gewöhnliche Begriff der asymptotischen Stabilität auf die Lösung φ nicht anwendbar ist. Aufgrund der Zeitinvarianz von (7) ist mit $\varphi(t)$ für beliebiges $\varepsilon > 0$ auch $\psi(t) = \varphi(t + \varepsilon)$ eine Lösung. Wegen $\psi(t + k\omega) = \psi(t) = \varphi(t + \varepsilon)$ ist es daher unmöglich, daß $\lim_{t\to\infty} \varphi(t) - \psi(t) = 0$ gilt. Aus diesem Grund wird der Stabilitätsbegriff bei periodischen Lösungen stets auf die Menge $M := \{\varphi(t) \mid t \in [0, \omega]\}$, den *periodischen Orbit*, bezogen und oft mit *orbitaler Stabilität* bezeichnet. Der Abstand eines Punktes x zur Menge M wird im folgenden mit $d(x, M)$ bezeichnet.

Definition 2 *Die periodische Lösung φ von (7) heißt* orbital stabil, *wenn es für jede Umgebung W des periodischen Orbits M eine Umgebung U von M gibt, so daß für alle $x_0 \in U$ gilt*

$$x(t, x_0) \in W \quad \textit{für alle } t \geq 0,$$

und orbital attraktiv, *wenn es eine Umgebung U von M gibt, so daß für alle $x_0 \in U$ gilt*

$$\lim_{t\to\infty} d(x(t; x_0), M) = 0.$$

Ist φ orbital attraktiv und orbital stabil, so heißt φ orbital asymptotisch stabil. *Die periodische Lösung φ hat eine* asymptotische Phase, *wenn es eine Umgebung U von M gibt, so daß für alle $x_0 \in U$ eine Konstante c existiert mit*

$$\lim_{t\to\infty} \|x(t; x_0) - \varphi(t + c)\| = 0.$$

Es ist ein fundamentales Resultat der Topologie, daß periodische Lösungen nie global orbital attraktiv sein können, d.h. hat (7) eine periodische Lösung, so gibt es stets einen Anfangswert $x_0 \in \mathbb{R}^n$, für dessen Lösung gilt $\liminf_{t\to\infty} d(x(t; x_0), M) > 0$. Wir gehen im folgenden stets davon aus, daß wir einen Punkt auf dem periodischen Orbit M als "Anfangspunkt" durch die Festlegung von $\varphi(0)$ ausgezeichnet haben. Diese Festlegung ist zunächst völlig willkürlich, da unser Ausgangssystem zeitinvariant ist. Diese Wahl legt jedoch bei einem der folgenden Resultate die Phasenverschiebung fest, auf die das System hin stabilisiert wird und ist daher im weiteren Verlauf nicht unerheblich.

Wir betrachten zunächst die Linearisierung von (7) entlang der periodischen Lösung φ. Die Eigenschaft der orbitalen Stabilität und der asymptotischen Phase kann durch Überprüfen ihrer Eigenschaften festgestellt werden. Sei

$$A(t) = f_x(\varphi(t)),$$

wobei $f_x(y)$ die Jacobimatrix von f im Punkt y bezeichnet. Dann ist die Variationsgleichung zur periodischen Lösung φ gegeben durch

$$\dot{y}(t) = A(t)y(t)\,. \tag{8}$$

Interessanterweise ist eine Lösung von (8) von vorneherein bekannt. Für die zeitliche Ableitung $\dot{\varphi}$ gilt nämlich nach der Kettenregel, daß

$$\ddot{\varphi}(t) = \frac{d}{dt}\dot{\varphi}(t) = \frac{d}{dt}f(\varphi(t)) = f_x(\varphi(t))\dot{\varphi}(t)\,.$$

Daher löst $\dot{\varphi}$ die lineare Differentialgleichung (8), die somit eine nichttriviale periodische Lösung hat. Es folgt also, daß die durch (8) erzeugte Monodromiematrix $\Phi(\omega, 0)$ den Eigenwert 1 haben muß, denn wegen der Periodizität von $\dot{\varphi}$ gilt $\dot{\varphi}(0) = \dot{\varphi}(\omega) = \Phi(\omega, 0)\dot{\varphi}(0)$. (Da φ als nichtkonstant angenommen wurde, folgt insbesondere $\dot{\varphi}(0) \neq 0$.) Die orbitale Stabilität der periodischen Lösung wird durch das Verhalten der restlichen $n-1$ Eigenwerte bestimmt, wie der folgende Satz von Andronov-Witt besagt.

Theorem 3 *Sei φ eine ω-periodische Lösung von* (7). *Sind $n-1$ Eigenwerte von $\Phi(\omega, 0)$ betragsmäßig kleiner als* 1, *dann ist φ asymptotisch orbital stabil und hat asymptotische Phase.*

Wie im zeitinvarianten Fall kann eine lokale Lyapunovfunktion für das nichtlineare System durch Lyapunovfunktionen für die Linearisierung gewonnen werden. Wir stellen dazu kurz die Resultate aus [10] vor. Die Grundidee ist hierbei, daß in einer offenen Umgebung U des Orbits M Koordinaten gefunden werden können, so daß sich das System in den neuen Koordinaten interpretieren läßt als System auf $\mathbb{S}^1 \times \mathbb{R}^{n-1}$. Hierbei bezeichnet $\mathbb{S}^1$ den Einheitkreis. Dazu definiert man zunächst

$$\tau(x) := \arg \min_{t\in[0,\omega)} \|\varphi(t) - x\|^2\,.$$

Daraufhin wählt man $n-1$ linear unabhängige stetig differenzierbare Funktionen $\psi_2, ..., \psi_n : U \to \mathbb{R}$, mit der Eigenschaft $\psi_{j|M} = 0$, $j = 2, \ldots, m$. Diese Funktionen können so gewählt werden, daß die Abbildung $\Psi : U \to \mathbb{S}^1 \times \mathbb{R}^{n-1}, x \mapsto (\tau(x), \psi(x)) := (\tau(x), \psi_2(x), ..., \psi_n(x))$ ein Diffeomorphismus, also eine glatte Koordinatentransformation ist. Hierbei wird τ als Abbildung auf den Einheitskreis aufgefaßt, indem man $\tau(\omega)$ mit $\tau(0)$ identifiziert. In den neuen Koordinaten hat (7) die Form

$$\begin{aligned} \dot{\tau} &= 1 + f_1(\tau, \psi) \\ \dot{\psi} &= \bar{A}(\tau)\psi + f_2(\tau, \psi) \end{aligned} \tag{9}$$

wobei für alle $\tau \in [0, \omega)$ die folgenden weiteren Eigenschaften erfüllt sind:

$$f_1(\tau, 0) = 0\,, \qquad f_2(\tau, 0) = 0, \quad \text{und} \quad \frac{\partial f_2(\tau, 0)}{\partial \psi} = 0.$$

Die Linearisierung von (9) hat dann die Form

$$\dot{y} = \begin{bmatrix} 0 & \frac{\partial f_1(\tau,0)}{\partial \psi} \\ 0 & \bar{A}(\tau) \end{bmatrix} y. \tag{10}$$

Nach Konstruktion geht (10) aus (13) durch periodische lineare Koordinatentransformation hervor. Der durch (10) erzeugte Evolutionsoperator hat die Gestalt

$$\Phi(t,s) = \begin{bmatrix} 1 & * \\ 0 & \bar{\Phi}(t,s) \end{bmatrix},$$

wobei $\bar{\Phi}(t,s)$ den Evolutionsoperator zu $\bar{A}(\tau)$ bezeichnet. Das lineare periodische System

$$\dot{\bar{y}} = \bar{A}(\tau)\bar{y} \tag{11}$$

heißt *transversale Linearisierung* zur periodischen Lösung φ. Als Korollar zum Satz von Andronov-Witt erhält man nun leicht

Korollar 4 *Sei φ eine ω-periodische Lösung von* (7). *Ist das zu φ transversale lineare System (11) asymptotisch stabil, dann ist φ asymptotisch orbital stabil und hat asymptotische Phase.*

Wählt man nun eine Lyapunovfunktion $\bar{X}(t)$ für das System (11) als Lösung der Lyapunovgleichung (5), so ist die Funktion $V(x) := \psi(x)^T \bar{X}(\tau(x))\psi(x)$ eine Lyapunovfunktion bezüglich der orbitalen Stabilität von M, d.h. es gibt eine Umgebung von M, auf der gilt $\dot{V}(x) < -kd(x, M)$ für ein geeignetes $k > 0$. Nach Konstruktion gilt ferner $V_{|M} = 0$ sowie $V(x) > 0$ für $x \notin M$.

4 Stabilisierung im nichtlinearen Fall

In diesem Abschnitt wollen wir uns der Stabilisierung des periodischen Orbits φ des Systems (7) zuwenden, wobei wir die Linearisierung des Systems entlang der periodischen Bahn ausnutzen, um eine lokale Stabilisierung zu erreichen. Als ein grundlegendes auf nichtlinearen Methoden beruhendes Verfahren sei noch das Jurdjevic-Quinn Stabilisierungsverfahren erwähnt, das in [3] auf die Stabilisierung periodischer Lösungen erweitert wurde. Es bietet den Vorteil eine explizite Abschätzung des stabilisierten Einzugsbereichs mitzuliefern, setzt dazu allerdings die Kenntnis einer Lyapunovfunktion für das nichtlineare System voraus. Ferner ist noch zu erwähnen, daß in [5],[4] die Methode der Feedback-Linearisierung entlang periodischer Orbits untersucht wurde. Diese hat jedoch den Nachteil kein robustes Verfahren zu liefern. Es soll daher hier nicht näher auf sie eingegangen werden. Wir betrachten im folgenden das Ausgangssystem (7) mit einer affinen Kontrollstruktur

$$\dot{x} = f(x) + G(x)u. \tag{12}$$

Hierbei ist $G : \mathbb{R}^n \to \mathbb{R}^{n\times m}$ eine stetig differenzierbare Funktion und die Kontrollparameter erfüllen $u \in \mathbb{R}^m$. Wir nennen einen Feedback $u : \mathbb{R}^n \to \mathbb{R}^m$ *orbital stabilisierend*, wenn der Orbit M für das System $\dot{x} = f(x) + G(x)u(x)$ orbital asymptotisch stabil ist. Ein zeitvarianter Feedback $u : \mathbb{R} \times \mathbb{R}^n \to \mathbb{R}^m$ heißt asymptotisch stabilisierend, wenn die Lösung $\varphi(t)$ für das System $\dot{x} = f(x) + G(x)u(t,x)$ asymptotisch stabil ist. Es folgt aus den Bemerkungen am Beginn des Abschnitts 3, daß zeitunabhängige Feedbacks nicht asymptotisch stabilisierend sein können. Unter der Annahme, daß wir Feedbacks u verwenden, die den periodischen Orbit nicht verändern, für die also gilt $u_{|M} = 0$, ist die zu dem System (12) gehörige Linearisierung entlang der periodischen Lösung φ gegeben durch

$$\dot{y}(t) = f_x(\varphi(t))y(t) + G(\varphi(t))u(t). \tag{13}$$

Das System (13) ist ein spezieller Fall von (1). Ist nun (13) stabilisierbar durch ein periodisches Feedback $u(t) = K(t)y(t)$, so stabilisiert dieses Feedback auch lokal das nichtlineare System (12).

Theorem 5 *Ist das periodische Feedback $K(t)$ stabilisierend für (13) , d.h. ist das System*

$$\dot{y} = (f_x(\varphi(t)) + G(\varphi(t))K(t))\, y(t)$$

asymptotisch stabil, so ist die periodische Lösung φ asymptotisch stabil für das System

$$\dot{x}(t) = f(x(t)) + G(x(t))K(t)\,(x(t) - \varphi(t))\,. \tag{14}$$

Man beachte hierbei, die Aussage, daß φ *aymptotisch stabil* ist. Das rückgekoppelte System (14) ist nicht zeitinvariant, und daher können durchaus periodische Lösungen im gewöhnlichen Sinne asymptotisch stabil sein. In der Tat führt das Regelgesetz $u(t) = K(t)(x(t) - \varphi(t))$ dazu, daß auch eine Regelkraft erzeugt wird, wenn das System sich auf dem periodischen Orbit M befindet, jedoch nicht im erwünschten Ort zur Zeit t, der durch $\varphi(t)$ gegeben ist. Diese Regelvorschrift erzwingt also, daß auch Anfangszustände, die sich auf dem periodischen Orbit befinden, aber zu $\varphi(0)$ phasenverschoben sind, sich an die Phase von φ annähern. Dieses Zerstören einer der wesentlichen Eigenschaften des Systems verbunden mit der Wahl eines zeitvarianten Feedbacks kann unerwünscht sein. Der folgende Satz aus [2] gibt ein Kriterium für die Existenz eines orbital stabilisierenden Feedbacks. Dies impliziert, daß wir nicht anstreben dürfen, die Linearisierung (13) zu stabilisieren. Wir nennen daher ein periodisches Feedback $K(t)$ *transversal stabilisierend* für (13), wenn für die Monodromiematrix $\Phi_K(\omega, 0)$ des Systems

$$\dot{y} = (f_x\,(\varphi(t)) + G(\varphi(t))K(t))\, y(t)$$

die folgenden beiden Eigenschaften zutreffen:

1. Der Vektor $\dot{\varphi}(0)$ ist Eigenvektor zum Eigenwert 1 von $\Phi_K(\omega, 0)$.
2. Die Monodromiematrix $\Phi_K(\omega, 0)$ hat $n - 1$ Eigenwerte, deren Betrag echt kleiner als 1 ist.

Mit Hilfe derartig transversal stabilisierender Feedbacks erhält man nun orbital stabilisierende Feedbacks.

Theorem 6 *Sei φ eine periodische Lösung von (7). Ist $K(t)$ transversal stabilisierend für (13), so ist (12) orbital stabilisierbar durch jede stetig differenzierbare Funktion $v : \mathbb{R}^n \to \mathbb{R}^m$, für die gilt $v_{|M} = 0$ und $v_x(\varphi(t)) = K(t)$.*

5 Abschliessende Bemerkungen

In diesem Artikel wurde versucht eine kurze Einführung in die Stabilitätstheorie periodischer Systeme zu geben. Bei Durchsicht der entsprechenden Literatur fällt auf, daß es sich bei dem Thema dieses Beitrags um ein relativ junges Gebiet handelt, in dem etliche Resultate erst in den letzten 10 Jahren erzielt worden sind, obwohl sie ganz dem entsprechen, was man als Verallgemeinerung der Linearisierungstheorie an Fixpunkten erwartet. Nach wie vor ist die Stabilisierung von Ruhelagen ein weitaus wichtigeres Thema in der Forschung. Vom Standpunkt der

Optimierung sind jedoch periodische Bewegungen oftmals dem stationären Betrieb vorzuziehen, so daß die Untersuchung des periodischen Falls auch in der Stabilisierungstheorie weiter von Interesse sein wird.

Zur Robustheit der vorgestellten Stabilisierungsverfahren sei noch bemerkt, daß in realen Systemen bereits die exakte Bestimmung des zu stabilisierenden periodischen Orbits nicht möglich sein wird. Man wird also immer mit einer numerischen Approximation arbeiten, so daß bereits im linearisierten Modell notwendig Fehler beinhaltet sind. Die entworfenen Regelung wird insbesondere nicht der Eigenschaft genügen, daß der periodische Orbit unter der Regelung erhalten bleibt. Allgemeine Resultate der Störungstheorie zeigen jedoch, daß bei hinreichend guter Näherung ein periodischer Orbit "in der Nähe" des ursprünglichen Orbits stabilisiert werden wird, siehe dazu auch [9].

Literatur

[1] H. Al-Rahmani und G. Franklin. A new optimal multirate control of linear periodic and time-invariant systems. *IEEE Trans. Automat. Contr.*, 35:406–415, 1990.

[2] A. Bacciotti und L. Mazzi. Floquet theory and stabilization of periodic solutions. *Rev. Roum. Math. Pures Appl.* 39(4):285-293, 1994.

[3] A. Bacciotti und L. Mazzi. Stabilizability of closed orbits. *Syst. Control Lett.* 24(2):97-101, 1995.

[4] A. Banaszuk und J. Hauser, Feedback linearization of transverse dynamics for periodic orbits. *Syst. Control Lett.* 26(2):95-105, 1995.

[5] A. Banaszuk und J. Hauser. Feedback linearization of transverse dynamics for periodic orbits in $\mathbf{R}^3$ with points of transverse controllability loss. *Syst. Control Lett.* 26(3):185-193, 1995.

[6] S. Bittanti und P. Bolzern. Stabilizability and detectability of linear periodic systems. *Syst. Control Lett.* 6:141-145, 1985.

[7] S. Bittanti, P. Colaneri und G. de Nicolao, The periodic Riccati Equation. Chapter 6 in S. Bittanti, A.J. Laub, J.C. Willems (Eds.) *The Ricatti Equation*, Springer-Verlag, Berlin, 1991.

[8] E. Coddington und N. Levinson. *Theory of Ordinary Differential Equations*. McGraw-Hill, New York, 1955.

[9] M. Farkas. *Periodic motions*, volume 104 of *Applied Mathematical Sciences*. Springer-Verlag, New York, 1994.

[10] J. Hauser und C.C. Chung. Converse Lyapunov functions for exponentially stable periodic orbits. *Syst. Control Lett.* 23(1):27-34, 1994.

[11] A. Ilchmann, D. Owens und D. Prätzel-Wolters. Sufficient conditions for stability of linear time-varying systems. *Syst. Control Lett.* 9:157-163, 1987.

[12] P. Kabamba. Monodromy eigenvalue assignment in linear periodic systems. *IEEE Trans. Automat. Contr.*, AC-31:950–952, 1986.

[13] V.N. Laptinskij. Optimal stabilization of periodic equation systems. *Differ. Equations* 24(12):1398-1405, 1988.

[14] K. Nam und A. Araposthatis. A sufficient condition for local controllability of nonlinear systems along trajectories along closed orbits. *IEEE Trans. Automat. Contr.*, AC-37:378–380, 1992.

[15] R. Neimeier. Oszillationen bei Reaktionen 1. Ordnung durch Wärmekopplung im CSTR. *In diesem Band* B. Lohmann, Hg., Shaker Verlag, Aachen, 1999.

[16] A. Tornambè und P. Valigi. Asymptotic stabilization of a class of continuous-time linear periodic systems. *Syst. Control Lett.*, 28(4):189-196, 1996.

[17] K. Yoshii und K. Hakomori, Characteristic multiplier assignment in continuous-time linear periodic systems. *Int. J. Control*, 50(6):2349-2363, 1989.

Reglerentwurf für den Antriebs- und Detektionskreis von mikromechanischen Drehratensensoren

Wei Lange-Mao
Universität Bremen, Institut für Automatisierungstechnik
FB1, Kufsteinerstraße, NW1, D-28359 Bremen
Email: wmao@iat.uni-brmen.de

Abstract

Mikromechanische Drehratensensoren zur Messung von Winkelgeschwindigkeiten (Drehraten) kommen heute aufgrund ihrer geringen Abmessungen, ihrer hohen Sensitivität und ihrer Zuverlässigkeit in verstärktem Maße im Automobilbereich bei der Fahrdynamikregelung und bei der Fahrzeugnavigation, sowie auch in der Unterhaltungselektronik z.B. als Verwacklungsschutz für Videokameras zum Einsatz. Durch die Verwendung eines elektrischen Kraftrückkopplungsbetriebs in den geschlossenen Regelkreisen, bei dem die Auslenkungen der seismischen Massen geregelt werden, werden Einflüsse von Temperaturschwankungen und technisch bedingten Toleranzen bei der Herstellung des Sensors eliminiert. Als Ergebnis erhält man eine verbesserte Sensordynamik und eine größere nutzbare Bandbreite. Zusätzlich zum Entwurf der konventionellen Regler auf diesem Anwendungsgebiet wird eine robuste Regelung nach dem Verfahren von Horowitz (QFT) entworfen, um die Unempfindlichkeit der Sensorstruktur gegenüber Stör- und Umgebungseinflüssen sowie gegenüber großen Parameterschwankungen zu sichern.

1. Einleitung

Das generelle Funktionsprinzip der mikromechanischen Drehratensensoren beruht auf der Ausnutzung der Corioliskraft $F_c = 2 \cdot m \cdot v \times \Omega$ zum Nachweis von Winkelgeschwindigkeiten, wobei m die Masse der Detektionsstruktur, v die Geschwindigkeit der Antriebsschwingung und Ω die Drehrate ist. Dazu wird die seismische Masse des Sensors elektrostatisch in Resonanz als Antriebsschwingung in der X-Richtung angetrieben. Durch die Drehrate wird eine Detektionsschwingung in Y-Richtung des Sensors induziert, welche orthogonal zur Antriebsschwingung ist. Die Detektionsschwingung wird über eine entsprechende Auswerteschaltung erfaßt und ausgewertet.

Aufgrund der technologisch bedingten sehr kleinen Auswertekapazitäten und Kapazitätsänderungen bei den Drehratensensoren wird als Auswertekonzept das analoge Verfahren der Amplitudenmodulation verwendet, was eine sehr hohe Auflösung und Empfindlichkeit verspricht. Das Nutzsignal (Meßsignal) wird durch Amplitudenmodulation in einen Frequenzbereich verlagert, in dem die Störeinflüsse unwirksam bzw. unschädlich für die Auswertung sind. Die notwendige Offset- und Driftunterdrückung läßt sich durch differenzielle Auslesung erzielen.

Die Drehratensensoren werden im Vakuum betrieben, um eine hohe Güte und Sensitivität zu erreichen. Weiterhin ist die mechanische Dämpfung der Sensorstruktur sehr gering, was im schlimmsten Fall unter der Einwirkung von Störeinflüssen sogar zu ihrer Zerstörung führen kann. Im Detektionskreis der Drehratensensoren wird häufig der Open-Loop-Betrieb verwendet, wobei aber Drift und Abweichungen bei Detektion der Drehrate auftreten können. In dieser Arbeit werden Regelkreise für Antriebs- und Detektionskreis entworfen, um die Sensordynamik zu verbessern und die Genauigkeit bei der Detektion der Drehrate zu erhöhen.

2. Modellbildung

Die mikromechanischen Drehratensensoren bestehen aus zwei seismischen Massen (Bild 1), eine für den Antrieb (äußere Masse m_i) und eine für die Detektion (innere Masse m_d), welche über Federn gekoppelt sind. Bei der Modellbildung werden die Drehratensensoren als gekoppeltes Feder-Masse-System dargestellt. Das Modell wird für die Bewegung entlang der X- und Y-Achse aus dem Kräftegleichgewicht abgeleitet. Die seismischen Massen der jeweiligen Schwingungsrichtung sind über die Federkraft und die Reibungskraft miteinander verbunden. Die Kopplung zwischen X- und Y-Achse wird dabei ebenfalls berücksichtigt. Die Dynamik der Drehratensensoren läßt sich mit den Gleichungen 1. bis 4. beschreiben:

$$Y_i(s)\left[\frac{m_i}{(k_{yi}+k_{yd})}\cdot s^2+\frac{(b_i+b_{id})}{(k_{yi}+k_{yd})}\cdot s+1\right]=\frac{1}{(k_{yi}+k_{yd})}\left[F_{giy}(s)+Y_d(s)\cdot\left(b_{id}\cdot s+k_{yd}\right)\right] \quad (1)$$

$$Y_d(s)\left[\frac{m_d}{k_{xd}}\cdot s^2+\frac{(b_d+b_{id})}{k_{yd}}\cdot s+1\right]=\frac{1}{k_{yd}}\left[F_{gdy}(s)+Y_i(s)\cdot\left(b_{id}\cdot s+k_{yd}\right)\right] \quad (2)$$

$$X_i(s)\left[\frac{m_i}{(k_{xi}+k_{xd})}\cdot s^2+\frac{(b_i+b_{id})}{(k_{xi}+k_{xd})}\cdot s+1\right]=\frac{1}{(k_{xi}+k_{xd})}\left[F_{gix}(s)+X_d(s)\cdot\left(b_{id}\cdot s+k_{xd}\right)\right] \quad (3)$$

$$X_d(s)\left[\frac{m_d}{k_{xd}}\cdot s^2+\frac{(b_d+b_{id})}{k_{xd}}\cdot s+1\right]=\frac{1}{k_{xd}}\left[X_i(s)\cdot\left(b_{id}\cdot s+k_{xd}\right)\right], \quad (4)$$

wobei F mit den verschiedenen Indizes die Corioliskraft, elektrostatische Kraft und Störung sein kann. Die Dynamik der Drehratensensoren wird durch die equivalente Masse m, den Reibungsfaktor b und die Federkonstante k bestimmt.

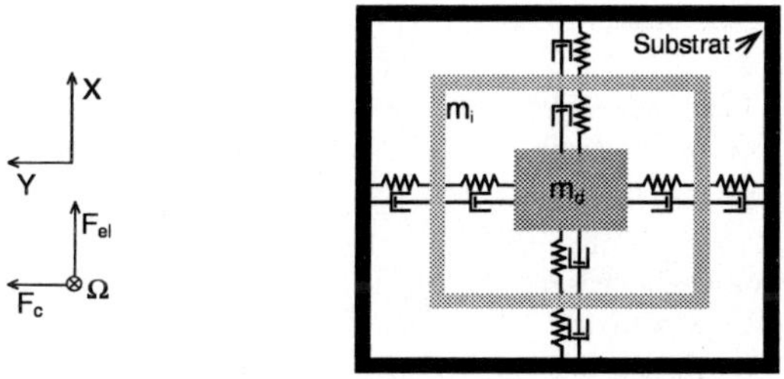

Bild 1. Prinzipskizze des mikromechanischen Drehratensensors

Die Gleichungen 1. bis 4. sind gültig für Schwingungen mit einer Auslenkung kleiner als 10% der Länge der Federbalken, da die mechanischen Aufhängungen in diesen Fällen mit linearen Gleichungen angenähert werden können.

Die Modellbildung mit dem gekoppelten Feder-Masse-System bietet die Möglichkeit, das dynamische Verhalten und das Regelkreisverhalten der mikromechanischen Drehratensensoren zu simulieren und bei Systemuntersuchungen sowie dem anschließenden Entwurf der Regelkreise wertvolle Hilfestellung zu leisten.

3. Entwurf der Regelkreise

Die Aufgabe des Drehratensensors liegt in der Detektion einer auf den Sensor einwirkenden Drehrate. Wird vom Antriebskreis eine stabile Antriebsschwingung mit konstanter Amplitude erzeugt, so kann die Drehrate anhand der Auslenkung der Detektionsmasse bestimmt werden.

Im idealen Fall liegen die mechanischen Resonanzfrequenzen von Antriebs- und Detektionskreis sehr nah nebeneinander. Da sich der Herstellungsprozeß von mikromechanischen Drehratensensoren aber nur schwer kontrollieren läßt, sind Variationen bzgl. der Strukturdimensionen innerhalb der Mikrosensoren nicht vermeidbar. Aufgrund dieser technologisch bedingten Toleranzen in der Dimensionierung der mikromechanischen Sensorstrukturen und aufgrund der Temperaturschwankungen verschieben sich in der Praxis die Resonanzfrequenzen von Antriebs- und Detektionskreis. Die mechanischen Parameter variieren bei hinzukommenden Störungen in weiten Bereichen.

3.1 Regelung für den Antriebskreis

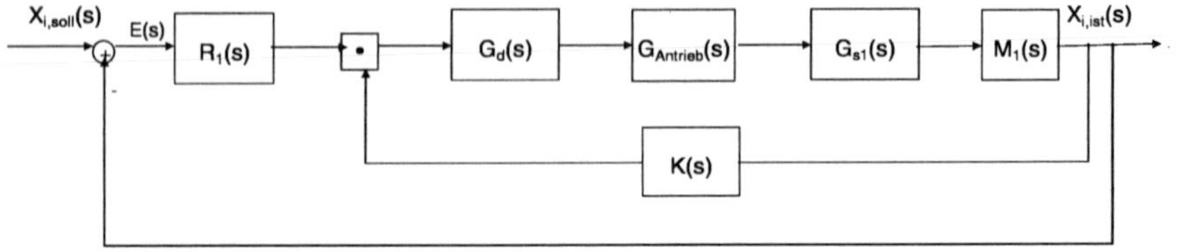

$R_1(s)$: Regler
$G_{Antrieb}(s)$: Feder-Masse-System
$M_1(s)$: Auswerteelektronik
$G_d(s)$: Antriebselektroden
$G_{s1}(s)$: Detektionselektroden
$K(s)$: Kompensationselektronik

Bild 2. Blockschaltbild der Regelung des Antriebskreises

Die Antriebsschwingung im Drehratensensor spielt eine sehr wichtige Rolle bei der Detektion der Drehrate. Um die Sensitivität des Drehratensensors zu erhöhen, soll die Antriebsschwingung mit der Resonanzfrequenz der mikromechanischen Strukturen betrieben werden, wobei die Amplitude der Resonanzschwingung konstant gehalten wird. Die Amplitudenstabilisierung der Antriebsschwingung ist die Voraussetzung für eine genaue Detektion der Drehrate.

Der in Bild 2 dargestellte Regelkreis des Antriebskreises besteht aus zwei Schleifen. Die innere Schleife besteht aus einer positiven Rückkopplung, mit der die Resonanzschwingung der seismischen Antriebsmasse induziert wird. Die Amplitude und die Phase der Rückkopplung müssen so eingestellt werden, daß die Oszillationsbedingung erfüllt wird. Zur Erzeugung der Antriebsspannung für das Feder-Masse-System wird das weiße Rauschen ausgenutzt, welches an den Eingängen der für die Hardware-Realisierung verwendeten Operationsverstärker auftritt. Aufgrund des Filtercharakters der mikromechanischen Strukturen ist die Schwingung bei der Resonanzfrequenz der Strukturen trotz der Verschiebung der mechanischen Resonanzfrequenz gesichert, insbesondere bei Systemen mit sehr geringer Dämpfung. Eine Regelung der Frequenz der Antriebsschwingung ist daher nicht mehr notwendig.

Die äußere Schleife dient zur Regelung der Amplitude der Antriebsschwingung. Statt die Auslenkung direkt zu regeln, wird hier die Einhüllende der Auslenkung geregelt. Dies erleichtert den Entwurf der Regelung bei Systemen mit sehr geringer Dämpfung. Durch die Bildung des Spitzenwertes der Antriebsschwingung kann ein frequenzunabhängiger Soll-/Istwertvergleich durchgeführt werden.

Für die Amplitudenstabilisierung des Antriebskreises in der äußeren Schleife wird ein PI-Regler entworfen. Durch die Verwendung der oben vorgestellten Zwei-Schleifen-Struktur ist die Robustheit der Regelung gegenüber Ungenauigkeiten in der Regelstrecke sowie Störeinflüssen gewährleistet.

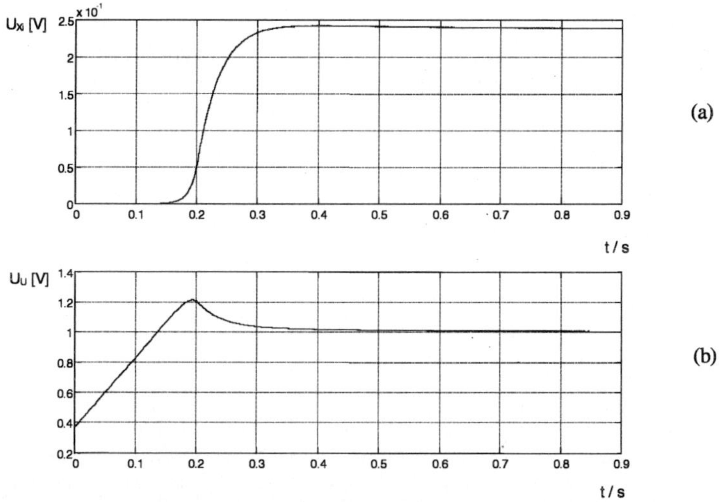

Bild 3. (a) Regelgröße $U_{Xi}(t)$ und (b) Stellgröße $U_U(t)$ bei einer sprungförmigen Änderung des Sollwertes von W=0V auf 0,24 V zum Zeitpunkt t=0s

Bild 3 zeigt als Beispiel das Simulationsergebnis der Regelung im Antriebskreis mit einem PI-Regler:

$$R_1(s) = K_r(1+\frac{1}{T_I s}) = 1550\,(1+\frac{1}{0{,}08\,s})\,. \tag{5}$$

Zum Zeitpunkt t=0s wurde eine sprungförmige Spannung als Sollwert $U_{Xi,Soll}$=0,24V (entspricht einer Auslenkung von 1,88µm) angelegt. Nachdem die seismische Masse in die Resonanzschwingung versetzt ist, wird die Amplitude der Antriebsschwingung auf den geforderten Sollwert geregelt.

3.2 Regelung für den Detektionskreis

Ziel der Regelung im Detektionskreis ist es, die Auslenkung der seismischen Masse im Detektionskreis mit einer elektrostatischen Kraftrückkopplung zu Null zu regeln. Durch einen Kraftrückkopplungsbetrieb wird die Linearität des Drehratensensors verbessert und die Sensitivität erhöht. Außerdem wird das System durch eine robuste Regelung unempfindlich gegenüber Stör- und Umgebungseinflüssen sowie Parameterschwankungen.

Dabei soll die durch die Corioliskraft und durch Störungen verursachte Schwingung der Detektionsmasse durch eine elektrostatische Gegenkraft, die von einem entsprechenden Regler erzeugt wird, kompensiert werden. Das Blockschaltbild in Bild 4 stellt die Regelung des Detektionskreises dar.

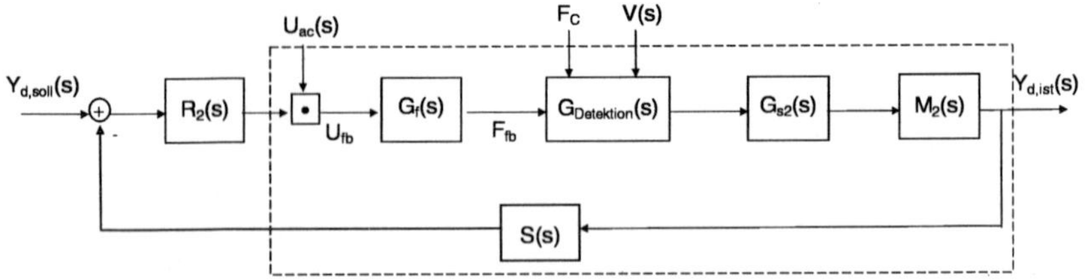

$R_2(s)$: Regler	$U_{ac}(s)$: Antriebsschwingung	$G_f(s)$: Feedback-Elektroden
F_C: Corioliskraft	$G_{Detektion}(s)$: Feder-Masse-System	$G_{s2}(s)$: Detektionselektroden
$V(s)$: Störung	$M_2(s)$: Auswerteelektronik	$S(s)$: Signalverarbeitung

Bild 4. Blockschaltbild der Regelung des Detektionskreises

In einer früheren Arbeit wurde ein Standard-PID-Regler für den Kraftrückkopplungsbetrieb entworfen. Der PID-Regler eignet sich sehr gut für Drehratensensoren ohne bzw. mit nur kleinen Parametertoleranzen. Die Einhüllende der Auslenkung der seismischen Masse wird in kurzer Zeit zu Null geregelt, wie in Bild 6a dargestellt ist. Für die Regelstrecke mit großen Parametervariationen tritt im Gegensatz zur Regelung bei der Regelstrecke ohne große Parametervariationen eine große Schwingung bei der Regelung auf.

Da technologisch bedingte Toleranzen in der Dimension der mikromechanischen Sensorstrukturen und auch Temperaturschwankungen nicht vermeidbar sind, ist es erforderlich, einen robusteren Regler für den Kraftrückkopplungsbetrieb zu entwerfen.

Die Quantitative Feedback Theory (QFT) ist ein Reglerentwurfsverfahren im Frequenzbereich, welches die gewünschten robusten Systemeigenschaften trotz Ungenauigkeiten in der Regelstrecke und Störeinflüssen gewährleistet.

Für den Reglerentwurf mit QFT wird das Blockschaltbild in Bild 4 umgeformt. Der durch die gestrichelte Linie eingerahmte Teil wird hierzu durch eine Menge von Übertragungsfunktionen

$$\mathcal{P} = \left\{ P(s) = \frac{k_r \omega_0^2}{s^2 + 2d\omega_0 s + \omega_0^2} : \quad k_r \in [0{,}5e-9, \ 1e-9], \ \omega_0 \in [30, \ 55], \ d \in [0{,}34, \ 1] \right\} \quad (6)$$

als Regelstrecke mit unsicheren Parametern beschrieben. Der Regler wird mit G(s), die Drehrate inklusive der Eingangsstörung mit V(s) bezeichnet.

Die Entwurfsanforderungen zur Kompensation der Corioliskraft und der Störungen werden für die Regelung mit QFT im Frequenzbereich aufgestellt und durch die robuste Stabilität und die robuste Reduzierung der Eingangsstörung formuliert:

- Robuste Stabilität

$$\left| \frac{P(j\omega)G(j\omega)}{1 + P(j\omega)G(j\omega)} \right| \leq \mu, \qquad \text{für alle } P \in \mathcal{P}, \ \omega \in [0, \infty) \quad (7)$$

- Robuste Reduzierung der Eingangsstörung (hier Drehrate)

$$\left| \frac{Y_d(j\omega)}{V(j\omega)} \right| \leq \left| G_{d,\max}(j\omega) \right|_{dB}, \qquad \text{für alle } P \in \mathcal{P}, \ \omega \in [0, \ 8] \quad (8)$$

Die Entwurfsanforderung an die robuste Stabilität $\mu \leq 1{,}2$ stellt die Vorgabe der Phasenreserve $\phi_r \geq 50°$ und gleichzeitig auch die Begrenzung der Empfindlichkeit dar. Die Entwurfsanforderung an die robuste Reduzierung der Eingangsstörung definiert die zulässigen Gebiete für die Sprungantwort Y_d im Zeitbereich. Wie bei der Regelung im Antriebskreis wird im Detektionskreis ebenso die Einhüllende der Auslenkung der Detektionsmasse geregelt. Um die Anforderung an die Sprungantwort Y_d vom Zeitbereich in den Frequenzbereich zu transformieren, wird ein Modell 2. Ordnung verwendet

$$G_R(s) = \frac{Y_d(s)}{R(S)} = \frac{\omega_n^2}{s^2 + 2\xi\omega_n s + \omega_n^2}, \quad (9)$$

welches den geschlossenen Regelkreis beschreibt. Die Sprungantworten mit allen Parametervariationen der Regelstrecken, die innerhalb des zulässigen Gebiets liegen (Bild 5a), werden mit Störübertragungsfunktionen

$$G_d(s) = \frac{Y_d(s)}{V(S)} = P(s)\frac{s^2 + 2\xi\omega_n}{s^2 + 2\xi\omega_n s + \omega_n^2} \qquad \text{für alle } P \in \mathcal{P} \quad (10)$$

approximiert. Deren obere Einhüllende $\left| G_{d,\max}(j\omega) \right|_{dB}$ stellt die Entwurfsanforderung für die robuste Reduzierung der Eingangsstörung dar (Bild 5b).

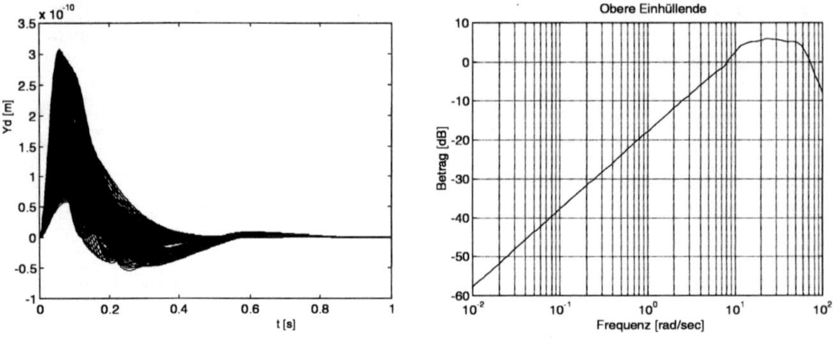

Bild 5a. Sprungantwort $Y_d(t)$ Bild 5b. Übertragungsfunktion $\left|G_{d,\max}(j\omega)\right|_{dB}$

Nachdem die Grenzkurven für die robuste Stabilität und die robuste Reduzierung der Eingangsstörung im Nicholsdiagram berechnet sind, liegt die Aufgabe des Reglerentwurfs darin, den Frequenzgang des nominalen offenen Kreises durch das Hinzufügen von Polen und Nullstellen so zu verformen, daß für jede Frequenz ω der dazugehörige Punkt im Nicholsdiagram auf bzw. oberhalb der offenen Grenzkurven und ebenso auf bzw. außerhalb der geschlossenen Grenzkurven liegt. Dabei muß beachtet werden, daß die hochfrequente Verstärkung des Reglers nicht zu groß sein darf, da sonst die Störsignale im hochfrequenten Bereich ungedämpft übertragen werden. Der dadurch resultierende Regler ergibt sich zu:

$$G(s) = 2{,}268e6\frac{(s^2+6{,}14s+435{,}14)(s^2+47{,}21s+498{,}63)}{(s^2+250{,}24s+6{,}06)(s^2+6{,}35s+469{,}16)(s^2+105{,}21s+120895{,}29)} \quad (11)$$

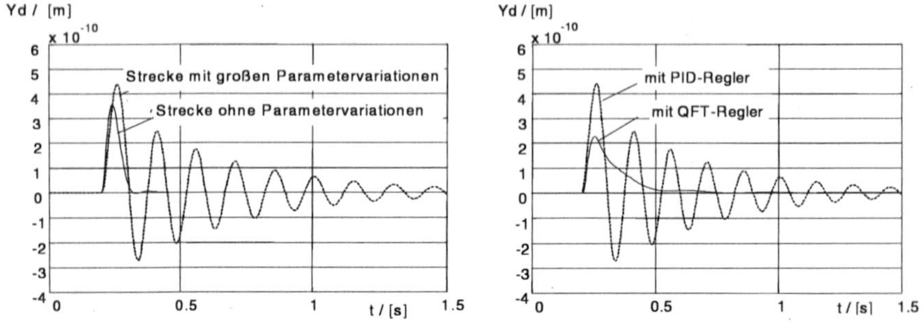

(a) (b)

Bild 6. Vergleich der Einhüllenden

a) mit PID-Regler b) für die Regelstrecke mit großen Parametervariationen

(Auslenkungen der seismischen Masse im Detektionskreis bei sprungförmiger Drehrate 12,5°/s ab 0,2s für den worst case mit $k_r = 0{,}86e\text{-}9$, $\omega_0=30$ und $d=0{,}34$.)

Das Simulationsergebnis in Bild 6b) zeigt, daß die Auslenkung der seismischen Masse im Detektionskreis bei der Regelung mit dem QFT-Regler schneller und stabiler zu Null geregelt wird als bei der Regelung mit dem PID-Regler.

4 Zusammenfassung

In dieser Arbeit wurde der Reglerentwurf für den Antriebs- und Detektionskreis der mikromechanischen Drehratensensoren vorgestellt. Dazu wurden die Modelle der mikromechnischen Sensorstrukturen gebildet, wobei die sehr geringe Dämpfung des Systems sowie die Parametervariationen aufgrund der Herstellungstoleranzen und die Änderung der Sensorumgebung berücksichtigt wurden. Die Regelung für die Amplitudenstabilisierung im Antriebskreis ist robust gegenüber der Verschiebung der Resonanzfrequenz des Antriebskreises. Weiterhin wurde das Reglerentwurfsverfahren QFT auf dem Gebiet der mikromechanischen Drehratensensoren angewendet. Im Vergleich mit dem PID-Regler zeigt der mittels QFT entworfene Regler im Detektionskreis eine bessere Robustheit gegenüber großen Parametervariationen, wobei die Komplexität des QFT-Reglers mit höheren Anforderung steigt.

5 Literatur

[CLA 96] William A. Clark, Roger T. Howe, Roberto Horowitz; *Surfaced micromachined Z-Axis vibratory rate gyroscope*; Solid-state Sensor and Actuator Workshop Hilton Head; 1996; S. 283 - 287

[GRE 91] P. Greiff, B. Boxenhorn, T. King, L. Niles; *Silicon monolithic micromechanical gyroscope*; The Charles Stark Draper Laboratory; IEEE; 1991

[HOR 92] I. M. Horowitz; *Quantitative Feedback Design Theory (QFT) Vol. 1*; ASME Oldenburger Award, 1992

[JUN 96] Thor Juneau, A. P. Pisano; *Micromachined dual input axis angular rate sensors*; Solid-State Sensor and Actuator Workshop Hilton Head,; 1996; S. 299 - 302

[KUE 95] Wolfgang Kuehnel; *Modelling of the mechanical behaviour of a differential capacitor acceleration sensor*; Sensors and Actuators A48; 1995; S. 101 - 108

[KUR 96] R. Kurzawa; *Modellbildung, Reglerentwurf und Simulation von mikromechanischen Drehratensensoren*, Studienarbeit, Institut für Automatisierungstechnik, Universität Bremen, 9/1996

[MAT 94] *Quantitative Feedback Theory Toolbox for use with MATLAB*; The MathWorks, Inc.; 1994

[NYU94] C. T.-N. Nyugen, *Micromechanical Signal Processors*, PhD thesis, UC Berkeley, 1994

[RIS 94] Ljubisa Ristic; *Sensor technology and devices*, Artech

[SHE 95] Wolfgang Kuehnel, Steven Sherman; *A surface micromachined silicon accelerometer with on-chip detection circuitry*; Sensor and Actuators A45; 1994; S. 7 - 16

Modellgestützte Erkennung von Materialfehlern mittels optischer Sichtprüfung durch Bildsynthese und aktiver Laständerung

Frank Elandaloussi
Bremer Institut für angewandte Strahltechnik
Klagenfurter Str. 2, D-28359 Bremen
E-Mail: fe@elanda.bias.uni-bremen.de

Abstract

Die Vielfalt und die vorhandenen Mehrdeutigkeiten, von sowohl fehlerfreien als auch fehlerbehafteten Interferenzmustern, sind als wesentliche Ursache für die Nichtverfügbarkeit automatischer Prüfsysteme zu nennen. Die Ausprägung der Muster wird durch zahlreiche Faktoren wie Material, Konstruktion, Einspannung, Belastung und Kraftwirkung signifikant beeinflußt, so daß starre Erkennungsstrategien wie z.B. Fehlerkataloge nur dann erfolgreich sind, wenn die Randbedingungen des Prüfprozesses in einer für die Praxis unzulässigen Weise eingeschränkt werden. Das hier vorgestellte Forschungsvorhaben hat deshalb die Zielstellung, eine flexible Prüfstrategie zu untersuchen und zu implementieren, die das vorhandene Wissen über den Musterentstehungsprozeß mit den Möglichkeiten moderner Berechnungsverfahren der experimentellen Festkörpermechanik über einen iterativen Bildsynthese- und Erkennungsprozeß verbindet. Angestrebt wird auf diesem Wege eine verbesserte Klassifikation von sowohl Oberflächenfehlern als auch unter der Oberfläche befindlichen Materialfehlern hinsichtlich Typ, Lage und Ausdehnung. Charakteristisch ist weiterhin die verwendete aktive Belastungsartänderung, um dem Mangel an Wissen bei der Deduktion der Materialfehler aus den beobachteten Interferenzmustern (Inverses Problem) begegnen zu können.

Einleitung

Die holografische Interferometrie ist ein kohärent optisches Verfahren zur Messung von Oberflächenverschiebungen opaker Objekte [1], ebenso können aber auch optische Verfahren wie ESPI (Electronic-Speckle-Interferometrie) oder Schearographie, die sich in Auflösung und Robustheit unterscheiden, eingesetzt werden. Gemeinsam haben all diese Verfahren, daß sie Streifenbilder erzeugen, welche die Oberflächenverschiebung des Objektes durch z.B. Belastung widerspiegelt. Das Streifenbild, im folgenden Interferenzmuster genannt, wird mit Hilfe einer CCD-Kamera und einem PC quantitativ oder auch qualitativ analysiert.
Für ein digitalisiertes Interferenzmuster kann im Falle der Holografischen Interferometrie für jedes Pixel (x,y) des Bildes die Intensität $I(x,y,t)$ durch die folgende Grundgleichung angegeben werden:

$$I(x,y,t) = a(x,y,t) + b(x,y,t) \cdot \cos(\Delta\delta(x,y)) \,. \tag{1}$$

In (1) beschreibt der Term $a(x,y,t)$ die additiven Störungen wie beispielsweise elektronisches Rauschen, Hintergrundintensität etc.. Der Term $b(x,y,t)$ beschreibt die multiplikativen Störungen wie z.B. lokal abhängige Streifenmodulation, Speckelrauschen. Die eigentliche Meßinformation ist in der Phasendifferenz $\Delta\delta(x,y)$ enthalten.

Die Grundgleichung der holografischen Interferometrie

$$\Delta\delta(P) = \mathbf{d}(P) \cdot \mathbf{s}(P) \tag{2}$$

verbindet die Information über die Oberflächenverschiebung bei definierter Laständerung $\mathbf{d}(P)$ und die Kenntnis über den Meßaufbau und Objektgeometrie $\mathbf{s}(P)$, den sogenannten Sensitivitätsvektor.

Die holografische zerstörungsfreie Werkstoffprüfung (HNDT) macht sich die qualitative Untersuchung der Interferenzmuster zu nutzen, indem die Muster hinsichtlich fehlerindikativer Regionen untersucht werden, um eine Aussage über die Qualität eines gefertigten Teils machen zu können.

Satellitentank einer Arianerakete

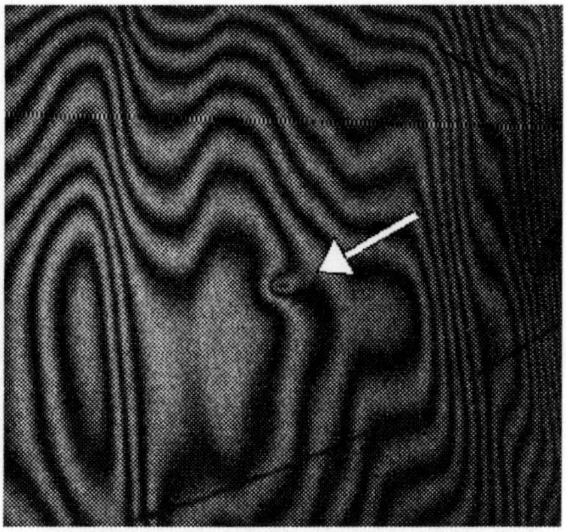

Interferenzmuster mit fehlerindikativen Region

Abbildung 1 Qualitative Untersuchung von Interferenzmustern

In der Vergangenheit wurden bereits diverse Versuche unternommen, die qualitative Untersuchung von Interferenzmuster zu automatisieren, um zum Beispiel die Testzeiten der Satellitentanks drastisch zu reduzieren [2]. Leider haben die Untersuchungen mit künstlichen Neuronalen Netzen und Wissensbasierten Systemen keine zufriedenstellenden Ergebnisse erbracht. So ist ein künstliches Neuronales Netz nur in der Lage zu signalisieren, daß ein fehlerindikatives Muster vorliegt; das Wissensbasierte System ist hingegen fähig eine Aussage zu treffen was für ein Muster vorliegt, um hierdurch auf einen möglichen Fehlertyp zu schließen. Um jedoch die Kritikalität eines detektierten Fehlers bewerten zu können, ist neben der Kenntnis des Fehlertyps noch die Kenntnis über Lage und Ausdehnung erforderlich, und dieses ist mit den bereits bekannten Methoden nicht möglich.

Der Grund für die beschränkte Aussagefähigkeit liegt bei den genannten Methoden darin, daß man durch die Oberflächenverschiebung auf den Zustand im Inneren des Objektes schließen muß und dieses nicht eindeutig ist. Es liegt ein *Inverses Problem* vor. Hinzu kommt, daß das Interferenzmuster nicht nur durch die fehlerindikative Region beeinflußt wird, sondern auch noch durch das Objekt selbst (Material, Konstruktion) und den verwendeten Prüfvorgang (Optischer Aufbau, Belastung, Umgebungsbedingungen, etc.).

Ein neuer Ansatz: Recognition by Synthesis

Der neue Ansatz zur automatisierten Erkennung von Materialfehlern hat im Gegensatz zu den oben genannten Verfahren das Ziel den Entstehungsprozeß der Interferenzmuster nachzubilden, um dann durch Simulation des Objektes und gleichzeitiges experimentelles Prüfen mehr Information zur Lösung des Inversen Problems zu sammeln. Hierdurch ergibt sich der entscheidende Vorteil, daß der Prüfprozeß auch unter industriellen Randbedingungen durchgeführt werden kann, da das System diese in die Simulation und Analyse einbeziehen kann.

Die Arbeitsweise des hier verfolgten Verfahrens ist in Abbildung 2 zu sehen [3][4]. Das gesamte System läßt sich in drei Hauptteile zerlegen: dem *Experiment*, der *Simulation* und der *Analyse*.

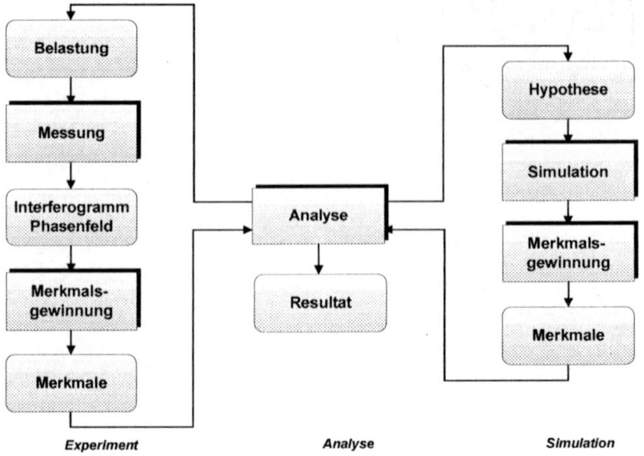

Abbildung 2: Regelkreis nach dem Prinzip „Erkennung durch Synthese"

Der Prüfprozeß beginnt mit der praktischen Erzeugung von Interferenzmustern des Prüfobjekts (Holografische Interferometrie, ESPI oder Schearographie), die dann nach bestimmten fehlerindikativen Merkmalen untersucht werden. Aufgrund dieser Merkmale wird eine Hypothese über das Objekt angefertigt (z.B. das Objekt besitzt einen kugelförmigen Einschluß unter der Oberfläche). Die anschließende Simulation nutzt nun die Kenntnis des Musterentstehungsprozesses aus, und simuliert das belastete Objekt unter Anwendung der bekannten Randbedingungen wie Material, Konstruktion des Objektes, experimenteller Aufbau, Last, etc.. Als Simulationsergebnis stehen nun, wie im Experiment, die Oberflächenverschiebung bzw. die Interferogramme des belasteten Objektes zur Verfügung. Beide Oberflächenverschiebungen werden in der Analyse verglichen . Korrelieren die Merkmale gut, so kann davon ausgegangen werden, daß die zur Simulation herangezogene Hypothese über den Fehler zutrifft, während bei einer Dekorrelation der Ergebnisse die Hypothese verändert werden muß. Neben der Variation der Hypothese bietet das System auch noch den großen Vorteil, durch kontrollierte Laständerung zusätzliche Informationen über das Objekt und einen möglichen Fehler zu gewinnen.

Experimenteller Teil des Verfahrens

Als praxisnahes Objekt zur Untersuchung des o. g. Verfahrens wurde die Nachbildung eines Satellitentanks gewählt, da die Prüfung des Tanks in der Praxis eine zeit- und kostenintensive Aufgabe darstellt, die sich zur Automatisierung besonders gut eignet. Pro Jahr werden ca. 20 Satellitentanks unterschiedlicher Bauart gefertigt, deren manuelle Prüfung jeweils 2-4 Wochen erfordert.

Die Nachbildung des Satellitentanks (i.a. auch Halbschale genannt) wurde aus zwei Aluminiumteilen zusammengeschweißt. Die erste Komponente besteht aus einer aus Aluminiumlegierung (AlMg1) gedrehten Halbschale, die aufgrund ihrer Fertigung eine Wanddickenvariation von 2.0 mm - 1.3 mm aufweist. Die zweite Komponente der Nachbildung ist eine 15 mm dicke Aluminiumplatte (Grundplatte), die mit einer verschließbaren Öffnung versehen ist, um modulare Belastungsplattformen in das Modell einzubringen.

Durch die herstellungsbedingte Wandstärkenänderung von ca. 30%, ist ein ähnliches Verhalten der Oberflächenverschiebungen zwischen dem Originaltank und seiner Nachbildung gewährleistet. Zwar gibt es laut [5] eine analytische Beschreibung der Halbschale um die Oberflächenverschiebung bei Innendruck zu berechnen, jedoch scheidet diese Berechnung in unserem Fall aufgrund der Wandstärkenvariation aus.

Durch langjährige Erfahrung in der manuellen Prüfung von Satellitentanks kann das BIAS direkt auf das Wissen der Prüfer zurückgreifen. Hierbei wurde festgestellt, daß sich der am meisten auftretende Fehlertyp, die *Wandschwächung*, an der Innenseite der Schale befindet. Dieser Fehler läßt sich durch eine starke, lokal begrenzte Wanddickenabnahme beschreiben. Bei einer pneumatischen Druckbelastung im Inneren des Tanks kommt es zu einer stärkeren Verformung bzw. Verschiebung der Oberfläche direkt über diesem Fehler. Im Interferogramm ist dieses als ein Muster mit der Charakteristik eines *Auges* zu sehen [6] (s. Abb. 1). Das Satellitentankmodell wurde nun mit diesem Fehlertyp in Form eines Rotationsellipsoiden präpariert, indem die innere Seite der Halbschale lokal abgefräst wurde; im Anschluß wurden die 5 fehlerbeschreibenden Parameter wie :

- Lage des Fehlers auf der Kugelschale,
- Tiefe des Fehlers unter der Oberfläche,
- Ausdehnung des Fehlers in X und Y,
- und Orientierung des Fehlers ermittelt.

Simulation des Satellitentankmodells

Im allgemeinen liegen genaue Daten über das zu untersuchende Objekt vor, so wird bei technischen Objekten die Form als eine CAD- oder CNC-Datei vorliegen, und die Kennwerte der verwendeten Materialien aus Tabellen ersichtlich sein. Auf Basis dieser Daten können dann mit einem kommerziellen Finite-Elemente-Programm z.B. ANSYS 5.4 und der Kenntnis über die auf das Objekt einwirkenden Kräfte die Oberflächenverschiebungen berechnet werden. Die Finite-Elemente-Methode [7] zerlegt das zu modellierende Objekt in kleine Elemente, und berechnet deshalb die Verschiebung nur an bestimmten Punkten dieser Elemente, was dazu führt, daß man als Ergebnis ein feines, aber diskretisiertes Verschiebungsfeld erhält. Da die zeitgleiche Inspektion des realen Objektes visuell durchgeführt wird, liegt als Ergebnis der Messung ein Kamerabild (Interferogramm) vor, welches auch durch die Simulation geliefert werden muß. Zu diesem Zweck wurde ein Verfahren der Computergrafik adaptiert - das *Raytracing*. Diese Technik erlaubt es, mit einem

Computer die Lichtstrahlen von virtuellen Lichtquellen über virtuelle Objekte auf ein virtuelles Kameratarget zu verfolgen. Genau wie bei der Modellierung des Objektes für die Finite-Elemente-Analyse liegt hier die Beschreibung des Objektes in Form von diskreten Elementen bzw. Polygonflächen vor. Um jedoch auch aus den diskret vorliegenden Verschiebungsdaten das synthetische Interferogramm zu erzeugen, wurde das Verfahren des *Raytracens* von Lichtstrahlen zur Interpolation von Verschiebungsfeldern der Objektoberfläche erweitert. Besonderes Merkmal ist nun, daß zu jedem Pixel der virtuellen Kamerabilder eine Aussage über die Verschiebung des Objektes an diesem Punkt gemacht werden kann. Durch diese entwickelte Methode ist es jetzt möglich, die Ansicht eines beliebigen Objektes virtuell im Rechner zu modifizieren, und gleichzeitig die durch ein kommerzielles Programm berechnete Verschiebung zu visualisieren.
Der nächste Schritt in der Simulation ist nun die Anwendung von einfachen Gleichungen, um aus den Geometriedaten und den Verschiebungsdaten ein Interferogramm zu berechnen. Im Falle der holografischen Interferometrie wird die detektierte Phasendifferenz $\Delta\delta$ durch den Zusammenhang in Gleichung (2) beschrieben.
Die Kamera kann jedoch keine Phasendifferenzen sondern nur Intensitätsverteilungen erfassen, die durch den Ausdruck (1) beschrieben sind. Zur Zeit sind die in (1) beschriebenen Rauschanteile wie das zeitabhängige elektronische Rauschen, das Speckle-Rauschen und die Schwankungen der Hintergrundintensität in der Simulation vernachlässigt, sollen aber zur realistischeren Erzeugung von synthetischen Interferogramme hinzugefügt werden.

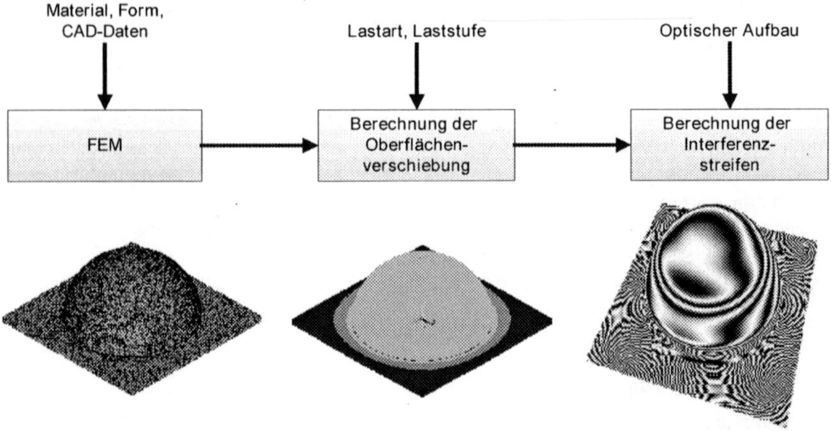

Abbildung 3 Simulation von Interferogrammen technischer Objekte

Wie oben beschrieben, wird durch einen "iterativen Bildsyntheseprozeß" und "dem Verhalten des Musters bei aktiver Laständerung" eine verbesserte Detektion und Klassifikation von Materialfehlern angestrebt. Dieses bedeutet aber, daß der Zweig der Simulation des Objektes eventuell sehr häufig durchlaufen wird, und deshalb ein zeitkritischer Punkt darstellt, dessen Optimierung hinsichtlich der Rechenzeit ein besonderes Augenmerk verdient.

Analyse der Ergebnisse

Der Teil der Analyse (s Abb. 2) des Verfahrens kombiniert die Ergebnisse aus dem Experiment und der Simulation, und kontrolliert den gesamten iterativen Prozeß. Hierbei kann die Analyse in folgende sequentielle Schritte unterteilt werden:

1. Kontrolle der Laststufe im Experiment um gute Interferogramme zu erhalten, die sich für eine Merkmalsgewinnung eignen [8].
2. Detektion einer fehlerindikativen Region durch den Vergleich zwischen experimentellen Daten und den Daten aus der Simulation [9].
3. Bewertung der Merkmale aus dem experimentellen Prüfvorgang und der Merkmale aus der Simulation für eine folgende Hypothesengenerierung.
4. Vergleich der Ergebnisse aus dem experimentellen Prüfvorgang und der Simulation um bei gute Korrelation ein Prüfergebnis zu formulieren, oder die Hypothesengenerierung über den Fehler zu verbessern.

Die Punkte 1 und 2 wurden bereits in [8][9] beschrieben, Punkt 3 und 4 stellen derzeit den Schwerpunkt der Untersuchungen dar. Nachdem ein Fehler detektiert wurde muß eine Hypothese über Typ, Lage und Ausdehnung erfolgen. Hierzu werden die Interferogramme sowohl qualitativ (Interferenzmuster), als auch quantitativ (Phasenverteilung) analysiert. Abb. 4 zeigt die Interferenzmuster aus dem Experiment und der Simulation basierend auf dem detektierten Fehler (kleiner weißer Kreis im linken Bild) und der anschließenden Formulierung der Fehlerhypothese. Beide Bilder zeigen eine gute Übereinstimmung in bezug auf ihr Muster müssen jedoch für einen quantitativen Vergleich verbessert werden. Die Parameter für die getroffene Fehlerhypothese waren:

Es handelt sich um einen kugelförmigen Einschluß mit dem Durchmesser 4.9 mm, der 1.3 mm unter der Oberfläche liegt. Bei der Lastart handelte es sich um Überdruck von 0.5 bar.

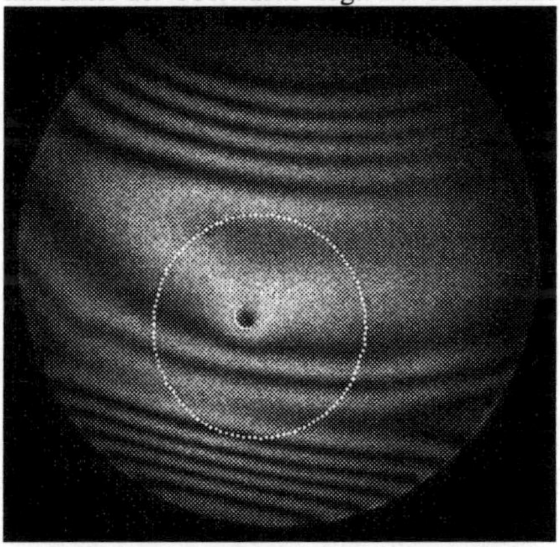

Reales Interferogramm mit detektiertem Fehler

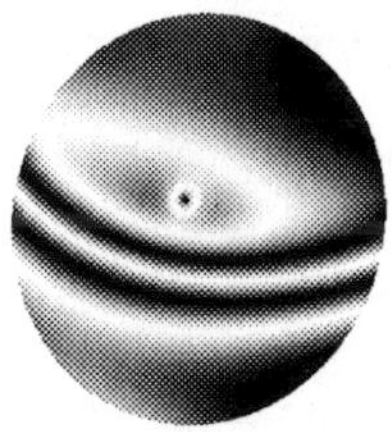

Simuliertes Interferogramm mit Fehler (gepunkte Region im realem Bild entspricht dem simuliertem Ausschnitt)

Abbildung 4 Vergleich eines realen Interferogramms mit dem simulierten Interferogramm

Zusammenfassung und Ausblick

In diesem Artikel wurde eine Strategie präsentiert (*Recognition by Synthesis*), welche sich dazu eignet das Inverse Problem in der HNDT in einer sehr flexiblen Art zu lösen. Anhand eines praktischen Beispiels, der zerstörungsfreien holografischen Prüfung einer Satellitentanknachbildung wurde die Funktionsweise und die Vorteile diese Methode gegenüber bisherigen Lösungsansätzen, in bezug auf Stabilität der Detektion und der Klassifikation von Fehlern, aufgezeigt. Der entscheidende Vorteil des vorgestellten Verfahrens ist jedoch die Tatsache, das neben dem Fehlertyp auch noch eine Aussage über die Parameter des Fehlers getroffen wird, und man so in der Lage ist den detektierten Fehler hinsichtlich seiner Kritikalität zu bewerten.

In der Zukunft müssen noch weitere Untersuchungen zur Formulierung einer Starthypothese über den detektierten Fehler folgen, und die Frage nach der Stabilität des gesamten Systems geklärt werden. Um näher an industrielle Prüfbedingungen zu kommen, müssen die Simulationszeiten weiter gesenkt werden, indem man z.B. die Oberflächenverschiebungen des Objektes in einer Art Look-Up-Tabelle im Vorfeld berechnet und anschließend einfach herausgreift.

Literatur

[1] Kreis, Th.: *Holographic Interferometry*, Akademie Verlag series in optical metrology; vol. 1, Akademie Verlag Berlin, 1996

[2] Jüptner, W.; Kreis, T.; Mieth, U.; Osten, W.: *Application of neural networks and knowledge based system for automatic indentification of fault indicating fringe patterns*, Proc. SPIE Interferometry '94, Vol. 2342, pp 16-26, 1994

[3] Osten, W.; Elandaloussi, F.; Jüptner W.: *Recognition by synthesis - a new approach for the recognition of material faults in HNDE*, Proc. SPIE Interferometry '96, Vol. 2861, pp 220-224, 1996

[4] Elandaloussi, F.; Jüptner, W.; Osten, W.: Automatic Flaw detection using Recognition by Synthesis: Practical Results, Proc. SPIE Interferometry '98, Vol. 3479, pp 228-234, 1998

[5] Heymanns; Beuth: *AD-Merkblätter*, Arbeitsgemeinschaft Druckbehälter, 1993

[6] Mieth, U.; Osten, W.; Jüptner, W.: *Knowledge assisted fault detection based on line features of skeletons*, in Jüptner, W.; Osten, W.: Proc. Fringe '93. 2nd International Workshop on Automatic Processing of Fringe Patterns, Akademie Verlag, pp 367-337, 1993

[7] Bathe, K.: *Finite-Elemente-Methoden*, Springer Verlag, 1990

[8] Merz, T.: *Feature Extraction from Interferograms for Phase Distribution Analysis*, Proc. SPIE Interferometry '98, Vol. 3478, pp 181-191, 1998

[9] Merz, T., Elandaloussi, F.: *Automatic Fringe Analysis for Model Based Flaw Recognition*, in Jüptner, W.; Osten, W.: Proc. Fringe '97. 3nd International Workshop on Automatic Processing of Fringe Patterns, Akademie Verlag, pp 132-135, 1997

Agenten – ein Konstrukt der Informatik betrachtet aus der Sicht der Automatisierungstechnik

Axel Gräser
Institut für Automatisierungstechnik
Universität Bremen
AG@IAT.UNI-BREMEN.DE

1. Kurzfassung

Die Automatisierung großer, komplexer Systeme stellt weiterhin eine Herausforderung für die Automatisierungstechnik dar. Die Forschungsrichtungen AI – Artificial Intelligence, DAI – Distributed Artificial Intelligence, AL – Artificial Life der Informatik propagiert seit einigen Jahren agentenorientierte Techniken (AOT) als Lösungskonzept. Dabei wurden viele neue Begriffe wie reaktive, deliberative, intentionale Agenten, subsumption-Architektur und Multiagentensysteme gebildet, deren Bedeutung, wie schon der Begriff des Agenten selbst unscharf ist. In der vorliegenden Arbeit werden Agenten aus automatisierungstechnischer Sicht betrachtet und der Versuch unternommen, das Potential dieser Technologie für unser Fachgebiet abzuschätzen und notwendige Forschungsziele und Abgrenzungen zwischen der Automatisierungstechnik und Informatik aufzuzeigen. Als Beispiel für ein komplexes Automatisierungssystem dient ein Rehabilitationsroboter, der aus einem Rollstuhl mit einem Roboterarm besteht und der eine behinderte Person bei ihren täglichen Aufgaben unterstützen soll. Dazu ist eine Vorgabe von Handlungen durch die behinderte Person auf einem hohen Abstraktionsniveau erforderlich. Das Automatisierungssystem muß daraus eine Handlungsfolge erzeugen, die weitgehend ohne Eingriff des Nutzers in einer unstrukturierten Umgebung das angestrebte Ziel erreicht.

2. Einleitung

Die Informatik und hier insbesondere die Forschungsrichtungen AI – Artificial Intelligence DAI- Distributed Artificial Intelligence und AL – Artificial Life propagieren als neue Lösungsmethode zur Automatisierung komplexer Systeme agentenorientierte Techniken als zuverlässige, einfache, erweiterbare, kostengünstige Strukturen, mit denen sich auch große, bisher nur schwer beherrschbare Systeme automatisieren lassen. Obwohl der Begriff des Agenten selbst nicht klar definiert ist, hat sich dieser Begriff aufgespalten in eine Vielzahl weiterer, oft ebenso unscharfer Untergliederungen wie *reaktive, intentionale, autonome, lernende/adaptive, kommunikative/soziale, mobile, zielorientierte Agenten*. Als weitere Struktur sind Multiagentensysteme zu nennen. Je nach Autor werden Agenten unterschiedlich definiert und eine Taxonomie wird aufgebaut. Im allgemeinen Sprachverständnis ist ein Agent *eine Person, die im Auftrag und Interesse eines anderen tätig ist.* Diese Definition des Agenten legt einen Bezug zu einem menschlichen Problemlösungs- und Reaktionsverhalten nahe. Folgt man dagegen der Definition in [1] – *An autonomous agent is a system situated within a part of an environment that senses that environment and acts on it overtime in pursuit of its own agenda and so as to affect what it senses in the future* – so stellt am unteren Ende der Funktionalität bereits ein Thermostat, also ein einschleifiger Temperaturregelkreis, einen Agenten dar. Aus automatisierungstechnischer Sicht kann man diese Assoziation sicher nicht akzeptieren. Dagegen ist der Begriff eines Agenten sicher dann angebracht, wenn die Funktionalität des Systems am oberen Ende der Definition angesiedelt ist und mit der Problemlösungskompetenz eines Menschen oder einer höheren Tierart vergleichbar ist. Wenn also mehrfache, eventuell widersprüchliche Antriebe, mehrfache Sinne/Sensoren, mehrfache Aktoren und hochentwikkelte Kontrollstrukturen vorliegen.

Die Automatisierungstechnik hat zur Behandlung umfangreicher Systeme im wesentlichen zwei Grundstrukturen, die meist kombiniert eingesetzt werden, zur Verfügung. Die offene Steuerungskette und den geschlossenen Regelkreis. Innerhalb dieser Untergliederung haben sich viele Lösungsprinzipien herausgebildet, wovon die beiden Grundprinzipien aber nicht tangiert werden. Erinnert sei an dieser Stelle an die wesentlichen Tatsachen bei dem Einsatz von Steuerungen und Regelungen.

- Eine Steuerung ist vorteilhaft, wenn das Systemverhalten und eventuell auftretende Störungen ausreichend genau bekannt oder meßbar sind. Unbekannte Abweichungen von den als bekannt oder meßbar vorausgesetzten Größen werden in ihren Auswirkungen nicht reduziert und beeinflussen das Ausgangssignal des Systems ohne Veränderung durch die Steuerung.
- Eine Regelung also ein geschlossener Wirkungskreis ist bei nur näherungsweise bekanntem Systemverhalten, großen Parametervariationen oder nicht meßbaren Störungen von Vorteil, da zumindest niederfrequente Abweichungen vom Sollwert reduziert werden. Für die Verbesserungen, die durch eine Regelung erzielt werden, ist ein Preis zu errichten, der in der Gefahr der Instabilität, der Erhöhung der Bandbreite und der Verstärkung hochfrequenter Störungen besteht.

Agentenorientierte Systeme realisieren ebenfalls diese Grundstrukturen, wenn sie auch anders benannt werden und sind somit den gleichen Einschränkungen unterworfen die auch Automatisierungssysteme betreffen. Aus automatisierungstechnischer Sicht sind agentenorientierte Systeme dann äußerst reizvoll, wenn sie Softwarestrukturen bereitstellen, die die Strukturierung großer automatisierungstechnischer Systeme erlauben und die es gestatten, die bekannten automatisierungstechnischen Verfahren einfach, strukturiert, erweiterbar und wartbar innerhalb einer Softwareumgebung zu realisieren. Dazu ist eine klare Abgrenzung der automatisierungstechnischen Begriffe und der Begriffe agentenorientierter Systeme und eine Kenntnis und ein Vergleich der jeweiligen Strukturmerkmale notwendig. In den folgenden Kapiteln werden diese Abgrenzungen und Gemeinsamkeiten untersucht und dargestellt. Kapitel 3 behandelt die Begriffswelt reaktiver Agenten und zugehörige Strukturen. Kapitel 4 beschreibt den Aufbau reflexiver Agenten und vergleicht typische Strukturen und Lösungsprinzipien der Automatisierungstechnik, die sich hier anwenden lassen. In Kapitel 5 werden Multiagentensysteme und die damit entstehenden Probleme und Lösungsmechanismen, die insbesondere die Kommunikationsaspekte und die Entscheidungsfindung bei der Koordination von Agenten mit unterschiedlichen Zielen umfassen, behandelt. Kapitel 6 beschreibt ein Beispielszenario, die Aufgabenstellung und eine mögliche agentenorientierte Struktur für einen Rehabiliationsroboter. In Kapitel 7 erfolgt schließlich eine Bewertung der AOT aus Sicht der Automatisierungstechnik und der Versuch, daraus gemeinsame Aufgabenstellungen für die Informatik und Automatisierungstechnik abzuleiten, bei denen sich die Fachrichtungen sinnvoll ergänzen.

3. Reaktive Agenten

Als reaktiver Agent wird ein System bezeichnet, das nach einem vorgegebenen Gesetz direkt auf Sensordaten reagiert, also eine enge Sensor-Aktor-Kopplung realisiert. Es ergibt sich ein einschleifiger Regelkreis wie er in der Automatisierungstechnik Standard ist. In agentenorientierten Darstellungen wird der Soll-Istwert-Vergleich jedoch meist dem Regler zugeschlagen und nicht explizit aufgeführt.

Das Regelgesetz kann sehr einfach oder auch beliebig nichtlinear ausgelegt sein. Entscheidend ist aber, daß eine Reaktion in Realzeit erfolgt. In der Literatur finden sich für dieses System noch eine Vielzahl weitere Bezeichnungen, die die Struktur aber mehr verschleiern als

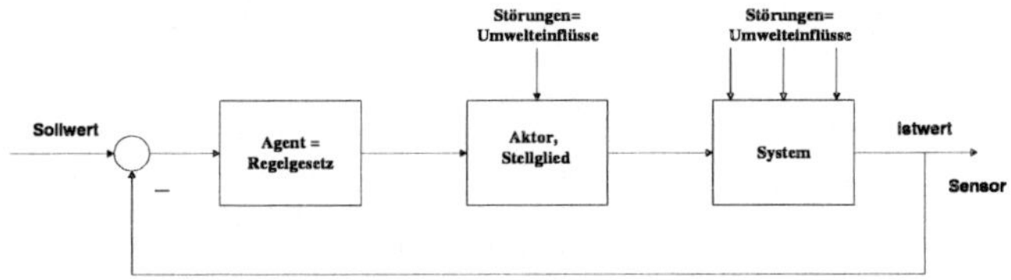

Bild 1: Reaktiver Agent dargestellt als einschleifiger Regelkreis.

erhellen. So gibt es die Bezeichnungen Ein-schritt Planung [13], Neuronale Agenten [6] bei dem Einsatz künstlicher neuronaler Netze als Regler, intentionale Agenten und subsumption-Architektur [19]

Der letztgenannte Begriff wurde von Brooks geprägt, um die von ihm betrachteten Systeme von den Planungsverfahren der AI zu unterscheiden. Jeder einzelne einfache Agent verfügt über ein sehr geringes Repertoire an möglichen Reaktionen. Die übergeordnete, festprogrammierte Kontrollebene kann

- die Eingangssignale einzelner Agenten unterdrücken – Suppression
- die Ausgangssignale einzelner Agenten unterdrücken – Inhibition

Bild 2 zeigt eine mögliche Kontrollstruktur. Die einzelnen, in Bild 2 als Agent # bezeichneten Regler sind meist nichtlinear und realisieren ein einfaches „Verhalten". Zum Beispiel wird ein Antrieb angehalten, sobald ein Sensorsignal eine Schwelle überschreitet oder der Lenkwinkel in Abhängigkeit vom Signal eines Hindernisdetektors wird verstellt. Dabei können mehrere Agenten auf einen Aktor einwirken. Erst in Verbindung mit der Kontrollebene wird eine Gesamtstruktur erreicht, die ein komplexes Verhalten zeigt. Dieses komplexe Verhalten des Systems in einer realen Umwelt spiegelt dabei aber die Komplexität der Umwelt wider und beruht nicht notwendigerweise auf einer komplexen inneren Struktur der Agenten. Die Kontrollstruktur ist in den ursprünglichen Arbeiten fest programmiert, der Designer muß also alle im praktischen Betrieb wesentlichen Interferenzen voraussehen. Neuere Arbeiten verwenden als Kontrollstruktur neuronale Karten und streben so eine Verallgemeinerung gelernter Interferenzen an. Kennzeichnend für reaktive Agenten, die diese Bezeichnung auch verdienen und die über das Verhalten eines einschleifigen Regelkreises hinausgehen, ist eine robuste Problemlösungsstrategie in einer komplexen Umwelt. Um dies zu erreichen werden sowohl für die primitiven Verhaltensweisen als auch für die Kontrollebene Vorbilder aus der Natur herangezogen. Zum Beispiel werden Erkenntnisse über die Navigation von Bienen, Ameisen und Fledermäusen oder die Partnersuche von Grillen nachgebildet. Die Analyse des daraus resultierenden Verhaltens führt oftmals zu erstaunlichen Fähigkeiten auch einfacher Systeme in einer realitätsnahen Umwelt, wie sie auch die Lebewesen vorfinden, die den Agenten zugrundeliegen.

Vergleich mit automatisierungstechnischen Standardsystemen

Die Regelungstechnik hat in den vergangenen Jahrzehnten das Verhalten von Rückkopplungsstrukturen bei allen Arten von linearen, nichtlinearen, kontinuierlichen und diskreten Reglern untersucht und stellt eine breite Palette von Hilfsmitteln für den gezielten, aufgabenorientierten Entwurf bereit. Die typische Aufgabenstellung eines Ingenieurs, eine Lösung für ein abgegrenztes Ziel zu erarbeiten und eine hohe Sicherheit in der Ausführung zu garantieren, stand dabei im Vordergrund.

Bewertet man reaktive Agenten aus Sicht der Automatisierungstechnik so ist anzumerken, daß die reaktiven Agenten im wesentlichen einen Aspekt der Rückkopplungsstruktur heraus-

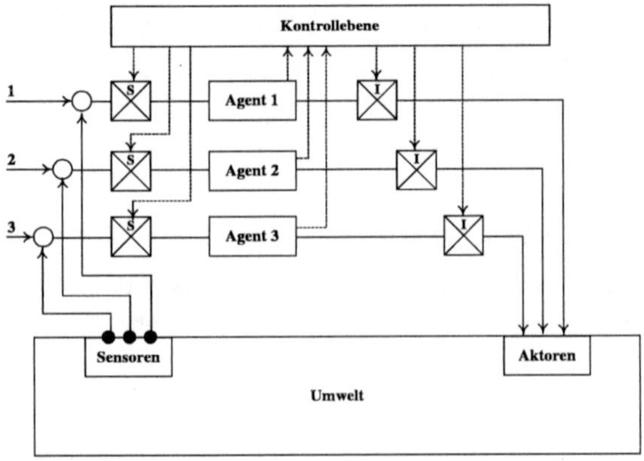

Bild 2: Prinzipieller Aufbau einer subsumption-Struktur

stellen. Es wird das Verhalten bei großen Änderungen des Führungs- oder Istsignals untersucht und ein Regelgesetz zugrundegelegt, das entweder an menschliche Entscheidungsregeln angenähert ist oder der Natur nachempfundene künstliche neuronale Syteme realisiert.

Untersucht man Lösungsvorschläge, die den Einsatz von Agenten für klassische automatisierungstechnische Aufgabenstellungen behandeln, so zeigt sich, daß bei den veröffentlichten Vergleichen unzulässige Vergleichskriterien herangezogen werden. Als Beispiel ist [17] zu nennen. Dort wird die Temperaturregelung eines Gebäudes mit PT_1-Dynamik bei bekanntem Störgrößenverlauf und bei geringen statistischen Störungen betrachtet. Verglichen werden die Leistungsfähigkeit der Temperaturregelung bei Einsatz eines einfachen I-Reglers in jedem Raum mit den Ergebnissen eines Multiagentensystems. Dabei kann jeder Agent auf einem virtuellen Markt Energie an- oder verkaufen. Die Ergebnisse des Multiagentensystems werden als wesentlich besser bewertet, als die der einzeln agierenden Integralregler. Aus automatisierungstechnischer Sicht wird hier allerdings ein unzulässiger Vergleich angestellt worauf bereits in [16] hingewiesen wurde. Denn die Multiagenten-Lösung geht von einem globalen Informationsstand aus, während in dem gewählten automatisierungstechnischen Standardregler jeder Regler nur die lokal verfügbare Information, also nur die in jedem Raum gemessene Temperatur, verarbeitet. In beiden Veröffentlichungen werden zudem die in der Gebäudeautomatisierung üblichen Strukturen mit Störgrößenaufschaltung und Energieoptimierung nicht herangezogen. Auffallend bei vielen Reglern, die als Beispiele in der AI publiziert werden, ist weiterhin, daß nur ein sehr einfaches dynamisches Verhalten der Strecke mit kleinen Zeitkonstanten betrachtet wird, was die Gefahr einer Instabilität des geschlossenen Regelkreises ausschließt oder zumindest deutlich verringert.

4. Reflexive/deliberative Agenten

Die Namensgebung, deliberativ = bedenken, beraten, abwägen, deutet bereits an, daß bei diesem Agententyp eine Planungsstruktur zugrunde liegt. Aus automatisierungstechnischer Sicht handelt es sich um einen Agenten, der eine offene Steuerungskette realisiert. Grundlagen für die Modellvorstellungen eines deliberativen Agenten finden sich in der kognitiven Psychologie, die die Entstehung von menschlichen Aktionen aus zum Teil widersprüchlichen Motivationen untersucht und diese Prozesse modelliert,. Um von einer agentenorientierten Lösung sprechen zu können, ist von einer flexiblen Planung, die sich situationsabhängig der Umwelt anpaßt, auszugehen. In einer dynamischen Umgebung können weder die Ziele noch die Pläne, um Ziele zu erreichen starr vorgegeben werden, sondern diese müssen sich ebenfalls den Umgebungsbedingungen anpassen. Um die dazu notwendigen Prozesse abgrenzen und beschreiben zu können, hat das BDI-Modell (BDI –Belief, Desire, Intention) nach Georgeff [3] eine gewisse Bedeutung erlangt. Dieser Struktur liegt die Hypothese zugrunde, daß der Agent über einen „mentalen Zustand“ verfügt, der symbolisches Wissen über den Umweltzustand enthält und der durch Schlußfolgerungsmechanismen und den Abgleich mit Kenntnissen aus der Umwelt verändert werden kann. Die direkte Assoziation der Begriffe belief – Wissen, Glauben, desire – Ziele, Wünsche, Verlangen, intention – Absicht, Vorsatz, mit den umgangssprachlichen Inhalten legt aber eine zu große Assoziation zu den menschlichen Antrieben und Verhaltensweisen nahe. Die Modellvorstellungen, die diesen Begriffen zugrunde liegen, werden im Folgenden zusammengefaßt. Für eine exakte Definition sei jedoch auf vertiefende Literatur [2, 3, 8] verwiesen.

Belief: Weltmodelle mit zusätzlichen Informationen über mögliche eigene Aktionen und die Auswirkung auf die Umwelt.
Desire: Abstrakte, möglicherweise inkonsistente Beschreibung des zukünftigen eigenen und des Umweltzustandes.
Intentions: Ein konkret verfolgtes Ziel einschließlich des erreichten Zustandes.

Für eine konkrete Realisierung deliberativer Agenten haben sich noch weitere Elemente als notwendig und nützlich erwiesen [2].

Situations: Eine strukturierte Untermenge der Beliefs die als Auslösekriterium für Aktivitäten dienen.
Goals: Konsistente Untermenge der in Desire zusammengefaßten Informationen. Die darin spezifizierten Ziele werden als erreichbar vorausgesetzt.
Plans: Eine für die Realisierung eines Agenten zentrale Struktur, da hier konkrete sequentielle Abläufe geplant werden.
Scheduling: Informationen über die zeitliche Kopplung der Ausgangssignale

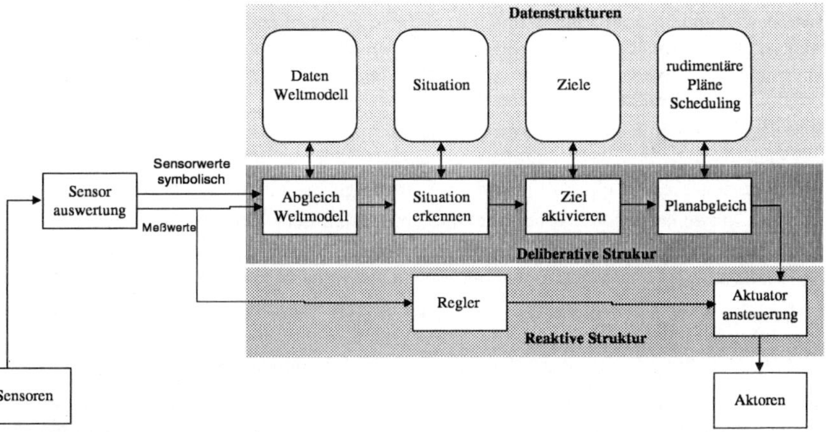

Bild 3 Struktureller Aufbau eines Agenten in Anlehnung an [2] mit deliberativer und integrierter reaktiver Struktur.

Eine Agentenstruktur, die auf diesem erweiterten BDI-Modell aufbaut und auch die Integration reaktiver Agenten ermöglicht, zeigt Bild 3. Die Datenbank enthält die Informationen der erweiterten BDI-Struktur, rudimentäre Pläne und die zur Ausführung wesentliche Informationen. Zur Umwelt besteht die Anbindung durch Sensoren, Aktoren und Kommunikationskanäle. Die konkrete Realisierung eines deliberativen Agenten erfordert eine Reihe umfangreicher Abgleichvorgänge, um ausgehend von den Sensordaten über Situationen, Ziele und Pläne schließlich zu ausführbaren Aktionen zu gelangen. Die Abgleichvorgänge können, je nach der Ebene in der die Modifikationen stattfinden, durch direkte logische Verknüpfungen oder durch Methoden der AI – also die Verarbeitung symbolischen Wissens – erfolgen. Ein sehr kritischer Punkt dabei ist die Auswertung der Sensordaten und die Zuordnung symbolischer Daten zu den Sensordaten, um diese mit den symbolischen Informationen des Weltmodells abgleichen zu können. Die Erkennung spezifischer Situationen aus den Umweltdaten, in Bild 3 mit Sensorauswertung, in der AI als Wahrnehmung/Perception bezeichnet und dort oft als vorhanden vorausgesetzt, ist ein Gegenstand vielfältiger Forschungsbemühungen und nur für wenige Spezialfälle gelöst. Deliberative Agenten sind hier auf sehr zuverlässige Informationen angewiesen, da sonst häufige Revisionsvorgänge ausgelöst werden. Diese ziehen wiederum umfangreiche Berechnungen nach sich. Eine Änderung, die auf der Ebene der Weltmodelle auftritt, erfordert umfangreiche Berechnungen und Modifikationen auf allen folgenden Ebenen der Situationserkennung, Zieldefinition, Planung und der Ausführungskontrolle.

Vergleich mit automatisierungstechnischen Standardsystemen.

In der Automatisierungstechnik haben nur ein Teil der Strukturen, die dem erweiterten BDI-Modell zugrunde liegen, weite Verbreitung erlangt. Auf der untersten Automatisierungsebene werden Ablaufsteuerungen und endliche Automaten genutzt. Speicherprogrammierbare Steuerungen (SPS) und Prozeßleitsysteme (PLS) bieten Strukturelemente zur einfachen Realisierung der Steuerungen. Höhere Automatisierungsebenen werden üblicherweise mit Petri-Netzen spezifiziert. Methoden zur flexiblen Planung werden bei der automatischen Generierung und Anpassung von Montageplänen für komplexe Werkstücke eingesetzt. Dabei haben sich AND/OR-Graphen [9] und Petri-Netze als nützliche und tragfähige Modellierungs- und Entwurfshilfsmittel bewährt.

Um die Situationserkennung möglichst einfach zu gestalten, werden in der Automatisierungstechnik normalerweise zusätzliche Sensoren eingesetzt und möglichst einfache Sensorverknüpfungen verwendet. Das bedeutet aber, daß der deliberative Anteil der Erkennung verringert wird zugunsten eines höheren reaktiven Anteils.

Bei einer typischen technischen Aufgabenstellung der Automatisierungstechnik schränkt man die Vielfalt möglicher Systemreaktionen dadurch weiter ein, indem man

- eine abgegrenzte, eindeutig beschreibbare Aufgabenstellung erstellt ,
- die Umweltzustände klar definiert und eine strukturierte Umgebung anstrebt,
- vorhersehbare Ausnahmesituationen definiert, auf die das Automatisierungssystem definiert reagiert, so daß auch in diesen Fällen ein vorhersagbares Verhalten eintritt,
- grundlegende Strategien zur Beherrschung nicht im voraus bekannter Ausnahmesituationen definiert,
- dem Ausfall von Hardware-Komponenten durch Redundanz vorbeugt.

Liegen eine oder mehrere dieser Voraussetzungen nicht vor, so bietet die erweiterte BDI-Struktur eine formale Beschreibungsstruktur zur Modellierung der Lösungen. Dieses Hilfsmittel kann verglichen werden mit dem ISO/OSI-Konzept zur Beschreibung von Netzwerken das entscheidend zum Verständnis und der Modellierung von Netzwerkverbindungen beigetragen hat.

5. Multiagentensysteme

Bei den bisherigen Betrachtungen wurde immer das Zusammenspiel zwischen einem Agenten und der Umwelt betrachtet. Unerheblich ist dabei ob es sich um einen reaktiven oder um einen reflexiven Agenten handelt. Die Änderungen des Umweltzustands gehen immer auf die Handlungen des Agenten zurück oder sind durch die Umwelt selbst bedingt.

Bei einem Multiagentensystem sind mehrere Agenten aktiv und wirken auf die Umwelt und aufeinander ein. Dabei können diese Einwirkungen direkt erfolgen, durch einen Kontakt zwischen den Agenten oder indirekt infolge der Einwirkungen auf die Umwelt und die daraus auftretenden Rückwirkungen auf die Agenten.

Durch den Einsatz mehrerer Agenten ergeben sich auch für die Struktur der Agenten neue Problemstellungen, die sowohl die Software-Struktur als auch die verwendeten Problemlösungsprinzipien betreffen. Die Basis eines Agenten in einem Multiagentensystem bilden die zuvor beschriebenen reaktiven und deliberativen Strukturen.

Darüberhinaus muß ein Multiagentensystem eine Beschreibung der Aufgabenaufteilung und der jeweiligen Verantwortlichkeit der einzelnen Agenten für die Aufgaben enthalten. Diese Aufgabenteilung und Verantwortlichkeit kann den anderen Agenten bekannt sein, dann läßt sich eine Dienstleistungsstruktur erzeugen, oder sie kann unbekannt sein, so daß der einzelne Agent ein Modell des Verhaltens der anderen Agenten mitführen und aktualisieren muß. In diesem Zusammenhang wird in der einschlägigen Literatur zwischen kooperativen Agenten, also anderen Agenten, die die jeweils eigenen Ziele unterstützen und nicht kooperativen Agenten unterschieden.

Ein zusätzliches entscheidendes Merkmal von Multiagentenstrukturen ist die Möglichkeit der Kommunikation, die zwischen den einzelnen Agenten eröffnet wird. Bei der Konstruktion der Agenten muß dabei eine Vereinbarung über Syntax und Semantik des Nachrichtenaustausches getroffen werden. Diesem Aspekt kommt eine besondere Bedeutung zu, denn dadurch sind die Wartbarkeit und Erweiterbarkeit eines Systems berührt. Bei mehreren Agenten können Erweiterungen der Syntax und Semantik der Kommunikationskanäle Auswirkungen auf alle Agenten haben und damit einen erhöhten Wartungsaufwand nach sich ziehen..

Ein weiterer interessanter Aspekt von Multiagentensystemen entsteht, wenn man das Zusammenspiel mehrerer Agenten als soziales System betrachtet. Aus einfachen Verhaltensansätzen jedes Agenten kann infolge des Zusammenwirkens mehrerer Agenten, ein neuartiges Problemlösungsverhalten entstehen. Dies wird auch als emergentes Verhalten bezeichnet. Ergibt sich diese Eigenschaft nicht zufällig aufgrund der Komplexität der Umwelt und der Eigenschaften der eingesetzten Agenten, liegt also dem Zusammenwirken der Agenten eine Kommunikation und eine Abstimmung der Ziele und die Festlegung auf gemeinsame Ziele (commitment) zugrunde, so ist dieser gesamte Prozeß zu modellieren und zu strukturieren [5]. Auch dies ist ein noch sehr neues aktives Feld der AI-Forschung. Hier entstehen Kopplungen zur Soziologie und es bilden sich gemeinsame Forschungsgebiete zwischen Informatik und Soziologie, für die der Begriff Sozionik gebildet wurde [12]. Aus automatisierungstechnischer Sicht bieten Multi-Agenten-Systeme günstige Perspektiven um eine Aufteilung großer Automatisierungssysteme in günstig wartbare Einheiten zu spezifizieren und zu realisieren. Modelle des sozialen Verhalten werden die Benutzerschnittstellen beeinflussen. Software-Agenten können Modelle der Zielsetzung des Nutzers mitführen und so adaptiv auf Nutzereingaben reagieren. Bei technischen Systemen ist in die Betrachtungen die Zuverlässigkeit Sicherheit des Systemverhaltens zu integrieren.

6. Einsatz agentenorientierter Techniken am Beispiel eines Rehabilitationsroboters

Betrachtet wird ein Rehabilitationsroboter – der Roboterarm MANUS an einem Rollstuhl. MANUS dient zur Unterstützung von Personen mit schwerwiegenden Behinderungen der Arme und Finger, so daß die Steuerung des Roboters über die bisher vorgesehene Tastatur nicht möglich ist. Vielmehr muß eine Steuerungsstruktur eingesetzt werden, die nach der Vorgabe eines Befehls auf einem sehr hohen Abstraktionsniveau diesen Befehl situationsabhängig in eine Reihe ausführbarer Roboterbefehle zerlegt und das mit dem Befehl angestrebte Ziel in einer unstrukturierten Umwelt erreicht. Als Beispiel wird hier die Unterstützung beim Essen und Trinken betrachtet, die dem behinderten Nutzer einen deutlichen Anstieg der Autonomie geben soll. Um die Komplexität der Aufgabenstellung zu begrenzen, wird davon ausgegangen, daß am Rollstuhl ein Tablett angebracht ist, auf dem sich ein Glas, eine Getränkeflasche und die Nahrungsmittel in weitgehend festen Positionen befinden. Als Sensoren werden Kameras in Kopfnähe und am Robotergreifer montiert. Über einen Sensor kann die Greifkraft der Hand erfaßt werden. Der Nutzer teilt dem System auf einer hohen Abstraktionsebene, mit einem an die Behinderung angepaßten Interface, z.B. den Wunsch zu trinken mit. Ein möglicher Ablauf nach dem Trinkkommando besteht darin, daß ein vorbereiteter Plan ausgeführt wird, der eine bestimmte Konfiguration, z.B. ein Glas und eine Flasche auf dem Tablett, voraussetzt. Diese Informationen sind Teil des Weltmodells.

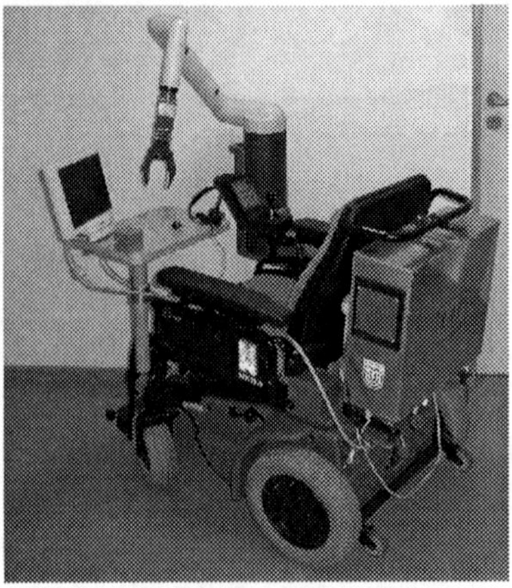

Bild 4: Rehabilitationsroboter FRIEND

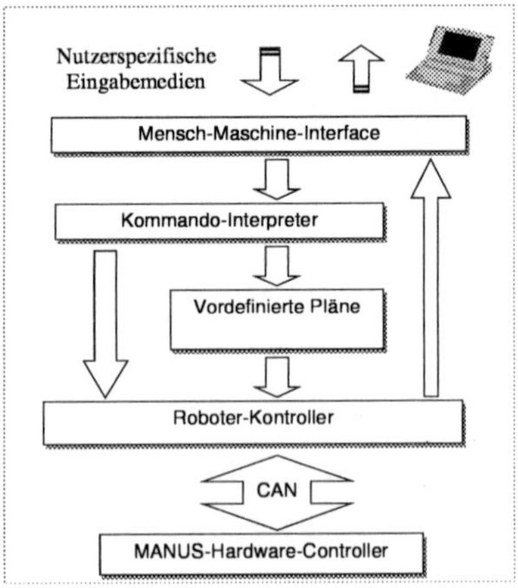

Bild 5: Mensch Maschine Interface FRIEND [18]

Stimmen die Voraussetzungen mit der erfaßten Situation überein, so kann eine weitere Teilstruktur eines deliberativen Agenten ausgeführt werden. Diese könnte zum Beispiel in einer ersten Zerlegung des Befehls in die lineare Befehlsfolge für die Steuerung des Roboters bestehen:

Annähern des Greifers an die Flasche
Greifen der Flasche
Annähern der Flasche an das Glas
Füllen des Glases
Flasche zurück in die Ausgangsposition bringen
Annähern des Greifers an das Glas
Greifen des Glases
Glas an den Mund des Nutzers führen

Bei der Durchführung jeder dieser Operationen müssen Voraussetzungen überprüft werden, zum Beispiel ob Glas und Flasche in der richtigen Position stehen, ob das Glas leer ist, usw. Die erfaßten Daten müssen aufbereitet und mit dem Modellwissen des Agenten abgeglichen werden. Jede Abweichung vom Sollzustand führt auf eine Ausnahmesituation und erfordert eine unter Umständen umfangreiche Planmodifikation oder vollkommene Neuplanung der Abläufe. Denn wenn zum Beispiel kein Glas auf dem Tablett vorhanden ist, müssen Revisionen ausgehend von der Ebene der Weltmodelle vorgenommen werden, um entweder ein Glas an einer anderen Stelle der Umgebung zu greifen oder eine andere Lösung zu konstruieren. Parallel dazu muß bei allen Bewegungen des Roboters eine kollisionsvermeidende Trajektorie geplant werden.

Bei einem deliberativen Agenten treten sehr viele Überprüfungen und Planmodifikationen in einer variablen Umwelt auf, die nur mit sehr leistungsfähigen Hilfsmitteln automatisch zu lösen sind und die eine hohe Rechnerbelastung und eine hohe Ausführungszeit bedeuten. Schon geringfügige Änderungen können ein deliberatives System an den Rand der Nutzbarkeit bringen. Ändert sich zum Beispiel die Zuordnung des Roboterarms zu dem Tablett um wenige Millimeter oder Winkelgrade, was bei dem Rehabilitationsroboter aufgrund der gewichtsparend ausgelegten Mechanik einfach geschehen kann, müssen alle Robotertrajektorien neu geplant werden und das Bildverarbeitungssystem muß die Positionen der Gegenstände neu erfassen. Hat sich gleichzeitig die Zuordnung der Kamerasysteme zu der Roboterbasis verändert, so ist eine sehr zeitaufwendige Neukalibrierung notwendig.

Verlagert man Teilaufgaben auf einen reaktiven Agenten, also auf eine Regelkreisstruktur, so entfallen viele Probleme, die aufgrund der offenen Wirkungskette entstehen. Ein visual-servoing Regelkreis bei dem die Bewegungen aufgrund der Bilddaten des Kamerasystems erfolgen und dauernd korrigiert werden, ist unempfindlich gegen Fehler in der Kalibrierung des Kamerasystems und der Zuordnung von Kamerasystem, Roboter und Tablett. Für die Ausführung der Bewegung wird immer der Abstand des Greifers von der Zielposition ausgenutzt, also eine Regelkreisstruktur herausgebildet. In [14, 15] werden derartige reaktive Strukturen beschrieben und die erreichten Vorteile dargestellt.

Einzelne Aufgaben erfordern den flexiblen Einsatz der Sensorik, um z. B. die erfaßte Szene über eine Pan/Tilt–Lagerung der Kamera, den Bildausschnitt über eine Zoomfunktion und die Bildschärfe über die Fokussierung zu verändern. Um das Automatisierungssystem überschaubar zu gliedern, können diese Teilaufgaben in einen eigenen Agenten verlagert werden, der mit den anderen Agenten kommuniziert und Teilaufgaben wiederum autonom durchführt. Gleiches gilt für die Benutzerschnittstelle.

7. Bewertung agentenorientierter Techniken aus automatisierungstechnischer Sicht

Ein autonomes System, das aus Sicht der Automatisierungstechnik diese Bezeichnung zu Recht trägt, muß mindestens die Lösung für mehrere der folgenden Problemstellungen beherrschen [4]:

Allgemeine Bewertungskriterien	**Beispiele für Fehlerzustände und Unsicherheiten beim Einsatz eines Rehabilitationsroboters**
Unempfindlichkeit gegenüber Änderungen der Umwelt	Zuordnung der Koordinatensysteme Verschiebung von Gegenständen
Unempfindlichkeit gegenüber unmodellierter Dynamik	Flexibilität des Roboterarms Abhängigkeit der Roboterdynamik von der Last

Reduktion stochastischer Störeinflüsse	Strömungsvorgänge beim Füllen des Glases Vibrationen, Schwingungen der Sensorbefestigungen
Unempfindlichkeit gegen Sensorrauschen	Pixelrauschen der Kamerasysteme
Unempfindlichkeit gegen Kopplungen in der Umwelt	Änderungen des freien Arbeitsbereiches für den Roboter
Unempfindlichkeit gegen Aktionen anderer Agenten, die sowohl unterstützend als auch störend wirken können	Eingriff des Benutzers Eingriff von Betreuern Eingriff von „spielenden" Personen, die das Systemverhalten testen.
Beherrschung von Zuständen bei unvollständiger Information	teilweise Verdeckung von Gegenständen.

Tabelle1: Anforderungen an ein Autonomes System und Beispiele aus der Rehabilitationsrobotik, die beherrscht werden müssen

Dient eine Agentenstruktur zur Steuerung eines technischen Systems, so sind weiterhin ingenieurtechnische Fragen von Bedeutung, die die Sicherheit, Zuverlässigkeit und Vorhersagbarkeit des Verhaltens betreffen. Um agentenorientierte Techniken bewerten zu können, sind zwei Kriterien von Bedeutung:

a) Bieten agentenorientierte Techniken einen Rahmen, um mit bestehenden Methoden bessere Lösungen zu erzielen?
b) Stellen agentenorientierte Techniken neue Lösungsmethoden für die oben genannten Problemkreise bereit?

Bewertungskriterium a) läßt sich bedingt mit „ja" beantworten, da zunehmend Softwarestrukturen geschaffen werden, die die Integration reaktiver und deliberativer Strukturen zusammen mit Kommunikationseinheiten erlauben. Als Beispiele seien hier INTERRAP [2] und SIMAGENT[10] genannt. Es gibt allerdings noch keine Werkzeuge zur Konstruktion allgemeiner Agentensysteme auf dem Markt, sondern sie sind bisher nur als F&E Systeme realisiert.

Kriterium b) kann nach gegenwärtigem Kenntnisstand und für die Automatisierungstechnik klar mit „nein" beantwortet werden. Sowohl bei reaktiven als auch bei deliberativen Agenten kommen bereits in anderen Disziplinen ausgearbeitete Lösungsprinzipien zum Einsatz oder es wird vorausgesetzt, daß andere wissenschaftliche Disziplinen diese Lösungen liefern werden. Letzteres gilt z.B. bei der Sensordatenauswertung.

Sehr positive Beurteilungen von Agentenstrukturen bei der Realisierung von Standardaufgaben der Automatisierungstechnik gehen von unzulässigen Vergleichen aus [16]. Bezüglich deliberativer Agenten ist weiterhin festzuhalten, daß damit Steuerungsstrukturen, also offene Wirkungsketten realisiert werden. Durch wiederholte Planungsvorgänge treten zwar auch hier letztendlich Rückkopplungsstrukturen auf. Infolge der langen zeitlichen Abstände kann das System aber nur auf langsame Änderungen reagieren. Das hat, wie aus der Theorie dynamischer Systeme bekannt, zur Folge, daß die Punkte 1–6 nicht erreicht werden. Dabei zielen autonome Systeme wie Agenten sie darstellen sollen, gerade auf sichere Problemlösungsstrategien in einer variablen Umwelt. Verlangt man, daß autonomes Verhalten auch das Erreichen eines definierten Ziels bedeutet, so ist es notwendig, geschlossene Kreise/reaktive Agenten zu realisieren. Das läßt sich zum Beispiel dadurch erreichen, daß man über entsprechende Messungen und Kennzeichnungen einen großen Anteil der Aufgaben reaktiv durchführt. Sowohl bei autonomen, mobilen Systemen als auch bei Robotern wird dieser Gedanke in sehr vielen

Arbeiten verfolgt. Durch die Verwendung künstlicher oder natürlicher Marken gelingt es, die Navigation und Bewegungssteuerung reaktiv also in einem geschlossenen Regelkreis durchzuführen und damit die Planungsebenen des deliberativen Agenten zu reduzieren und gleichzeitig die Robustheit zu erhöhen. Gelingt es andererseits nicht, eine ausreichende Anzahl zuverlässiger Messungen für den Aufbau reaktiver Agenten zur Verfügung zu stellen, so bietet die erweiterte BDI-Struktur einen sehr guten Rahmen zur Strukturierung der Aufgaben und der Lösungsprinzipien.

Ein zentraler Punkt bei dem Aufbau autonomer Systeme ist die Situationserkennung, also die Messung und Bewertung des Umweltzustandes. Der Grad an Autonomie, den man erreichen kann, hängt entscheidend von den Messungen und den darauf aufbauenden Algorithmen zur Umwelterkennung ab. Wie in der Automatisierungstechnik, wo viele sehr ausgefeilte Verfahren letztendlich nur deshalb notwendig sind, weil keine ausreichenden Messungen zur Verfügung stehen, sind auch bei der Konstruktion autonomer Systeme viele Aufgaben, speziell für deliberative Agenten auf mangelnde Meß- und Auswertemöglichkeiten zurückzuführen.

8. Zusammenfassung

Die Konstruktion von Systemen, die zu Recht als autonom bezeichnet werden, ist nach bisherigem Wissensstand nur durch eine Kombination reaktiver und deliberativer Agenten, also von Regelungs- und Steuerungsstrukturen erreichbar. Die Aufspaltung auf mehrere Agenten bzw. Kontrollsysteme kann dabei die Erweiterbarkeit und Wartbarkeit erhöhen. Die erweiterte BDI-Struktur stellt ein sehr gutes Hilfsmittel dar, um die Aufgaben zu strukturieren. Dieses Hilfsmittel kann verglichen werden mit dem ISO/OSI-Konzept zur Beschreibung von Netzwerken. Durch agentenorientierte Techniken wird ein Rahmen vorgegeben, um autonome Systeme, bei denen viele Lösungskonzepte zusammengeführt werden, zu konstruieren. Bei den einzelnen Lösungskonzepten kann dabei problemabhängig auf die Kenntnisse der Systemtheorie, der Regelungstechnik, der Steuerungstechnik aber auch auf Verfahren anderer Fachrichtungen wie der Mathematik, Biologie und der Soziologie zurückgegriffen werden. Eine zentrale offene Aufgabenstellung ist die Auswertung der Sensordaten und die Schlußfolgerungen, die daraus bezüglich des Umweltzustandes zu ziehen sind, also das was als „machine perception“ bezeichnet wird. Hier sind Anstrengungen aller Fachrichtungen aus Biologie, Informatik, Elektrotechnik und Physik vonnöten, um Fortschritte zu erzielen. Für den Einsatz agentenorientierter Techniken ist die Entwicklung von Software-Strukturen von hoher Bedeutung, die es dem Automatisierungstechniker erlauben, die Vielzahl der vorhandenen und theoretisch sehr weit durchdrungenen Verfahren einfach zu kombinieren und zu integrieren, ohne jeweils das Gesamtsystem, also die gesamte Agentenstruktur neu zu programmieren. Nur so ließen sich die Kompetenzen der Informatik und der Automatisierungstechnik problemlos bündeln.

Literatur

[1] S. Franklin, A. Graesser: Is it an agent or just a programm? A taxonomy for autonomous agents. Proceedings of the Third International Workshop on Agent Theories, Architectures, and Languages, Springer-Verlag, 1996

[2] J. P. Müller: The design of intelligent agents. LNAI, 1177, Springer Verlag

[3] D. Kinny, M. Georgeff: Modelling and design of multiagent systems, in Intelligent agents, LNAI 1193

[4] M. Patcher, P. R. Chandler: Challenges of autonomous control. IEEE control systems, August 1998, S. 92–97

[5] T. J. Norman, N. R. Jennings: Generating of Joint Commitment Between Autonomous Agents, in Agents and Multiagent Systems, LNAI 1441

[6] S. Franklin: Artificial Minds, MIT Press

[7] S. Levy: Artificial Life, Vintage Books, NY

[8] J. Müller: Kontrollarchitekturen für autonome, kooperierende Agenten, iT-Ti 4/98

[9] L. S. de Mello, A. C. Sanderson: AND/OR-Graph Representation of Assembly Plans, Robotics, S. 1113–1119

[10] A. Sloman, R. Poli: SIM-Agent: A toolkit for exploring agent designs, Lecture Notes in Computer Sciences, 1996, 1037, S. 392-407

[11] E. de Jong: Multi-Agent Coordination by Communication of Evaluations, LNAI 1193, S. 63–78

[12] T. Malsch et al.: Sozionik, Expeditionen ins Grenzgebiet zwischen Soziologie und künstlicher Intelligenz. Download von http//www.tu-harburg.de/tbg/SPP/spp-antrag.html

[13] S. Kurihora, S. Aoyagi, R. Onai, Adaptive Selection of reaktive/deliberative Planning for the dynamic environment

[14] T. Trittin, A. Gräser: Methode der virtuellen Punkte zur autonomen, bildbasierten Roboterregelung, AMS 1998

[15] O. Lang, A. Gräser: Regelung eines teilautonomen Roboters mittels Zoomkamera, AMS 1998

[16] F.Ygge, H. Akkermans: Making a Case for.Multi-Agent-Systems, LNAI 1193

[17] B.A. Huberman, S. Clearwater: A Multi-Agent System for Controlling Building Environments. Proceedings of the first International Conference on Multi-Agent-Systems ICMAS'95, P. 171-176

[18] B. Borgerding, O.Ivlev, C. Martens, N. Ruchel, A. Gräser: FRIEND - Functional Robot Arm with User Friendly Interface for Disabled People. To be Published

[19] R. Brooks: A robust layered control system for a mobile robot, IEEE Journal on Robotics and Automation, RA-2, April 1986

Visual-Servoing für Servicerobotikaufgaben

Thomas Trittin
Universität Bremen, Institut für Automatisierungstechnik
Kufsteiner Str., NW 1, 28359 Bremen
trittin@iat.uni-bremen.de

Kurzfassung

Die Ausrüstung eines Rollstuhls mit einem Leichtbauroboter dient der Erhöhung der Autonomie des hilfsbedürftigen Anwenders. Der teilautonome Manipulator wird für Interaktionen mit der Umgebung genutzt. Serviceroboter benötigen Sensoren zur autonomen Ausführung von Aufträgen in unbekannter und dynamischer Umwelt. In den folgenden Abschnitten wird die Methode der virtuellen Punkte vorgestellt, mit der die bildbasierte Regelung eines teilautonomen Serviceroboters für Manipulationsaufgaben in unbekannter Umgebung realisiert wurde. Dargestellt wird die Realisierung für einen Industrie-Knickarmroboter, der durch ein externes Stereokamerasystem geregelt für Manipulationsaufgaben mit drei Freiheitsgraden eingesetzt wird. Der Roboter ist in der Lage unbekannten Hindernissen durch die Vorgabe virtueller Punkte – als Zwischensollwerte – auszuweichen.

1 Einleitung

Der Einsatz sensorgeführter Roboter gewinnt zunehmend an Bedeutung. Nur durch die Einbeziehung von Sensorinformationen kann ein Serviceroboter, in nicht roboteradaptierter Umwelt, autonom Aufträge ausführen. Eine von Weltmodellen unabhängige Trajektorienplanung kann durch die Verwendung des *Visual-Servoing*-Ansatzes erfolgen, bei dem vorab keine Angaben über die Ausgangsposition des Manipulators und des Zielpunktes in Weltkoordinaten gegeben werden müssen. Durch Nutzung der visuellen Sensorinformation als Rückkopplungsgröße in einem geschlossenen Regelkreis zur Positionsregelung von Robotern, mit bis zu sechs Freiheitsgraden, wird die Genauigkeit unabhängig von Kalibrierungsfehlern [Hag95]. Aus den visuellen Informationen des Kamerasystems werden Bildmerkmale extrahiert um die Roboterbewegung relativ zu seiner Umgebung zu bestimmen [Cha93]. Der Visual-Servoing Ansatz kombiniert Verfahren aus den Gebieten: schnelle low-level Bildverarbeitung, Kinematik, Dynamik, Robotik, Regelungstheorie, und Realzeit-Anwendungen [Hut96]. Das Visual-Servoing Verfahren kann als low-level Kurzschlußverbindung in einem hierarchischen Bildverarbeitungssystem angesehen werden, charakterisiert durch hohe Bandbreite aber moderate Bildverarbeitung [Cor96].

Bisher setzt das bildbasierte Visual-Servoing-Verfahren Bildmerkmale voraus, die eine Entsprechung in der realen Szene haben. Durch die Erweiterung des bildbasierten Visual-Servoing-Verfahrens mit der Methode der virtuellen Punkte – diese Punkte haben kein mit der Bildverarbeitung detektierbares Merkmal in der realen Szene – können Serviceroboter komplexe Manipulationsaufgaben autonom in unbekannter Umgebung ausführen. Um unabhängig von Kalibrierungsfehlern zu sein, wird der gesamte Ablauf der Roboteraktion bildbasiert definiert. Die Bewegung des Manipulators wird in Abschnitte aufgeteilt; wobei jedes Ende eines Bewegungsschritts dem bildbasierten Positionsregler durch einen virtuellen Punkt vorgegeben wird. Dadurch ist die Bearbeitung einer komplexen Manipulationsaufgabe mit der Lokalisation des zu manipulierenden Gegenstands, der bildbasierten Greifpunktberechnung, der bildbasierten Kollisionsvermeidung unbekannter Hindernisse und dem bildbasiertem Anfahren der Greifpunkte, mit den Vorteilen des bildbasierten Visual-Servoings möglich.

Die Manipulationsaufgabe des Serviceroboters besteht aus einer Sequenz mehrerer Schritte der Sensorik und der Aktorik. Es ist nicht notwendig, die gesamte Sequenz vorab zu planen, denn bereits durch die erste Aktion beeinflußt der Roboter seine Umwelt, so daß eventuell die nachfolgenden Aktionen nicht wie geplant ausgeführt werden können [Bri96]. Der Roboter muß jede Aktion der Sequenz mit den jeweils aktuellen Sensorwerten bearbeiten. Solange die Sensoren nicht in der Lage sind alle notwendigen Informationen der Szene zu liefern, sollten Informationen über die Szene und die zu manipulierenden Gegenstände verwendet werden um die Szenenkomplexität zu beschränken.

2 Bildbasierte Manipulationsaufgaben

Die Einbeziehung von Sensorinformationen ermöglicht es, einen Roboter in einer nicht roboteradaptierten, unbekannten, dynamischen Umwelt einzusetzen. Die Aufgabe, die vom Robotersystem ausgeführt werden soll, bestimmt, welche Sensorinformationen in welcher Genauigkeit benötigt werden. Um die geforderte Aktion ausführen zu können, muß das Robotersystem online entscheiden, was beobachtet wird und wie die Beobachtungen durchgeführt werden [Hag90]. Bei reaktiven Planungssystemen werden Aktionen durch Reflexe ausgelöst. Das bedeutet, daß nicht das System selbst entscheidet was ausgeführt wird, sondern durch die aktuellen Sensorwerte werden programmierte Aktionen ausgewählt [Bri94]. Der Serviceroboter muß mit seiner Sensorik die zu manipulierenden Gegenstände identifizieren und lokalisieren. Mit der Bildverarbeitung wird der Zielgegenstand detektiert und seine charakteristischen Punkte, wie Anfahr- und Greifpunkte bestimmt [Lan98].

Mit dem Visual-Servoing-Verfahren kann ein Manipulator von einer beliebigen Position aus, basierend auf visuellen Informationen, an einen beliebigen Zielpunkt überführt werden. Beim bildbasierten Visual-Servoing Verfahren sind Ist- und Sollpunkt der Roboterpositionierungsaufgabe in den Kamerabildern definiert. Zur Durchführung der bildbasierten Roboterpositionsregelung müssen die Ist- und Sollpositionen immer in beiden Kamerabildern sichtbar sein [Hut96]. Die Trajektorie des Manipulators dazwischen ist weder in Bild- noch in Weltkoordinaten geplant, sie wird bestimmt durch die Berechnung des bildbasierten Fehlers, dieser ist definiert als der Abstand zwischen Ist- und Sollposition in den jeweiligen Kamerabildern. Die Verwendung virtueller Punkte als Zwischensollwerte ermöglicht die bildbasierte Aufteilung der Trajektorie des Manipulators in Teilabschnitte; dadurch kann für den Manipulator eine beliebige Trajektorie in den Kamerabildern vorgegeben werden.

Zusätzlich zur primären Aufgabe der bildbasierten Roboterregelung wird ein reaktives Verhalten [Bri96] angestrebt. Die Implementierung einer Kleinhirnfunktionalität mit vorgegebenen Reflexen (Ausführungskontrolle) ermöglicht es, unbekannten Hindernissen auszuweichen und bekannte Gegenstände zu greifen. Das reaktive Verfahren arbeitet ohne ein Weltmodell und nutzt nur die Informationen, welche durch die Sensorik geliefert werden. Wird anhand der aktuellen Sensorinformationen z.B. die Gefahr der Kollision mit einem Hindernis erkannt, so wird eine überwachte Ausweichbewegung eingeleitet. Die Zielmotorik der Ausführungskontrolle sorgt trotz der Ausweichbewegung dafür, daß der Manipulator in die geforderte Zielposition überführt wird (vgl. Abschnitt 4.2).

Soll ein Roboter z.B. als Unterstützungshilfe für ältere oder behinderte Menschen [Kaw95] dienen, sind neben Umweltunsicherheiten weitere Aufgabenstellungen durch die Integration einer Ausführungskontrolle realisierbar. So muß z.B. das kollisionsfreie Erreichen der Zielposition [Hos95] gewährleistet sein. Eine Gefährdung des Menschen ist auszuschließen.

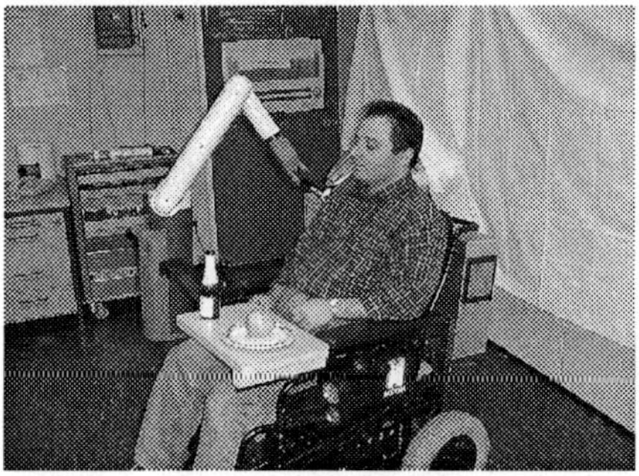

a)

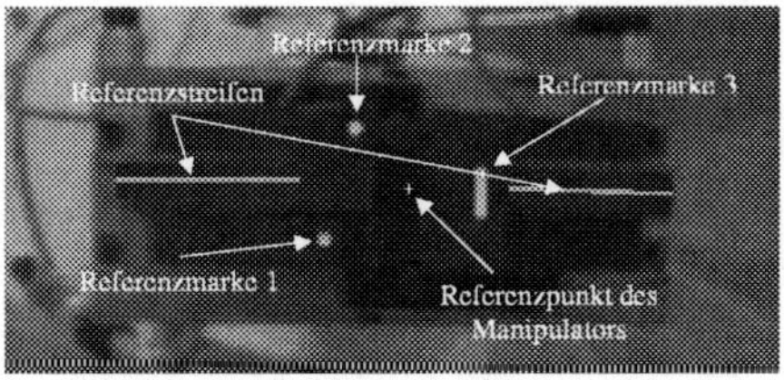

b)

Bild 1: a) Rollstuhl mit Manipulator, IAT, Universität Bremen
b) Referenzmarken und Referenzpunkt des Manipulators

2.1 Bestimmung der Bildmerkmale der Istposition

Für Manipulationsaufgaben stellt die Position des Endeffektors, die Istposition des Roboters dar. Diese wird bei jedem Regelschritt in den Bildern des Stereokamerasystems bestimmt. Zur Unterstützung der Bildverarbeitung ist der Endeffektor mit leicht detektierbaren Referenzmarken versehen. Die Referenzmarken sind so am Endeffektor angebracht, daß sie während der gesamten Manipulationsaufgabe von den Kameras eingesehen und durch die Bildverarbeitung extrahiert werden können.

Bei Verwendung eines Stereokamerasystems, wird für die Positionsregelung des Roboters in drei Freiheitsgraden eine Referenzmarke benötigt. Mit zusätzlichen Referenzmarken wird der Arbeitsbereich und die Zuverlässigkeit des Systems vergrößert. Zusätzliche Referenzmarken bedeuten redundante Bildinformationen, d.h. ist die eindeutige Identifikation der Referenzmarken gewährleistet, müssen nicht alle Referenzmarken im Sichtfeld der Kameras vorhanden sein. Bei Verdeckung oder erfolgloser Detektion einer Referenzmarke kann die Roboterpositionsregelung mit der verbliebenen Anzahl der Referenzmarken durchgeführt werden.

Die drei Referenzmarken sind so am Greifer angebracht, daß aus jeder Kameraperspektive, sowohl bei geschlossenem, als auch bei geöffnetem Greifer, über das geometrisches Verhältnis der Referenzmarken zueinander, der Referenzpunkt des Manipulators berechnet werden kann. Der Referenzpunkt des Manipulators wird, bei der bildbasierten Roboterpositionsregelung mit drei Freiheitsgraden, als bildbasierter Istwert des Manipulators verwendet.

2.2 Bestimmung der Bildmerkmale des zu manipulierenden Gegenstands

Die Abbildung des zu manipulierenden Gegenstands muß in den Kamerabildern identifiziert werden; um den Aufwand einer bildbasierten Objekterkennung gering zu halten wird ein markenbasiertes Identifikationssystem verwendet. Die Erkennung der Gegenstände wird dadurch auf die Erkennung einer Markierung reduziert. Aufgrund des Einsatzfelds des Serviceroboters zur Behindertenunterstützung sind die zu manipulierenden Gegenstände bekannt. Der Serviceroboter muß im wesentlichen nur Gegenstände manipulieren (anheben, transportieren, abstellen, usw.), die sich in der Wohnung des Behinderten befinden. Weitere oder neue Gegenstände können dem System, durch weitere Marken, bekannt gemacht werden.

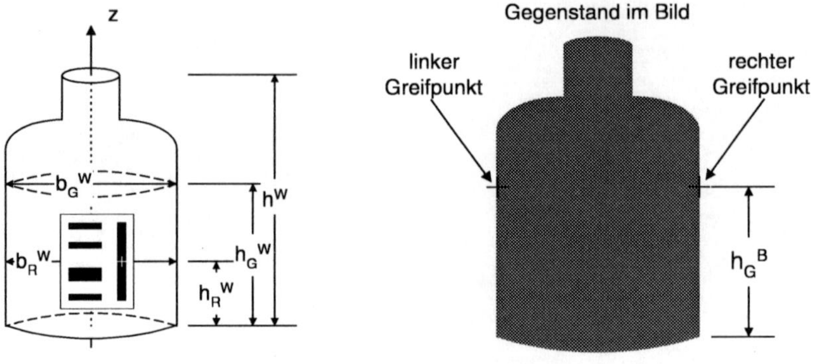

Bild 2: Definition der Greifpunkte

Informationen über Position und Ausrichtung der Marke innerhalb der Kamerabilder werden, gemeinsam mit den bekannten geometrischen Eigenschaften des identifizierten Gegenstands, zur Berechnung von Greifpunkten am Gegenstand verwendet. Bei einem Zweibackengreifer werden je Kamerabild zwei Greifpunkte bestimmt. Die Greifpunkte liegen auf den jeweils sichtbaren Gegenstandskanten der Kamerabilder, d.h. es werden vier Bildkoordinatenpaare bestimmt. Die Greifpunkte sind das Ziel der bildbasierten Manipulationsaufgabe, zu denen die bildbasierte Roboterpositionsregelung die Istposition überführt (vgl. [Tri98]).

3 Bildbasierte Hindernisdetektion

Der Einsatz von Servicerobotern in unbekannter Umwelt bedeutet, daß unbekannte Hindernisse im Arbeitsbereich des Roboters zwischen dem Start- und dem Zielpunkt einer Manipulationsaufgabe auftreten können. Das Robotersystem muß über eine geeignete Sensorik verfügen, diese Hindernisse online zu detektieren. Damit der Roboter unbekannten Hindernissen ausweichen kann, wird bei der Hindernisdetektion nicht die geometrische Form der Hindernisse verwendet, sondern die Annahme gefordert, daß sich die Hindernisse durch ihren Grauwert deutlich von der Umgebung abheben. Alle dunklen Gegenstände der beiden Kamerabilder werden mit der Bildverarbeitung extrahiert. Um die extrahierten Gegenstände der beiden Kamerabilder des Stereokamerasystems einander zuordnen zu können, wird das skalierungsinvariante Merkmal – Höhen-/Breitenverhältnis – verwendet.

In den Bildern des Stereokamerasystems (Bild 3) befindet sich ein schwarzer Zylinder, der nicht an der gleichen Bildposition abgebildet wird. Die unterschiedliche Abbildung resultiert aus der Anordnung der Kameras. Im rechten Kamerabild befindet sich zudem ein Gegenstand, der ein potentielles Hindernis darstellt. Der Gegenstand wird nur in einem der Kamerabilder abgebildet, d.h. er befindet sich nicht im Arbeitsbereich des Roboters; und wird somit nicht als Hindernis klassifiziert.

Können die Bildmerkmale eindeutig in beiden Kamerabilder zugeordnet werden, stellen diese Gegenstände potentielle Hindernisse dar, die bei einer Bewegung des Roboters mit dem Endeffektor kollidieren können. Die Ergebnisse der Hindernisdetektion werden der Ausführungskontrolle der Roboterkontrollstruktur übergeben, um gegebenenfalls eine Ausweichbewegung auszuführen. Die Ausführungskontrolle ermittelt virtuelle Punkte als Zwischensollwerte der Roboterpositionsregelung.

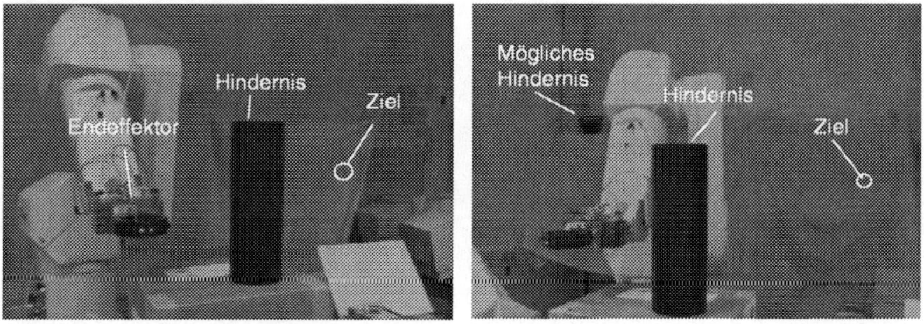

Bild 3: Sicht des Stereokamerasystems

4 Einführung von Zwischensollwerten

Zwischensollwerte sind Bildkoordinaten virtueller Punkte, denen kein bestimmtes Bildmerkmal zugeordnet werden kann. Sie dienen als Zwischenziel bei der Roboterpositionsregelung, wenn das Ziel nicht direkt angefahren werden kann. Dieser Fall tritt ein, wenn ein Hindernis zwischen der aktuellen Roboterposition und dem Zielpunkt detektiert wird, oder wenn eine komplexe Manipulationsaufgabe bildbasiert ausgeführt werden soll (vgl. [Tri98]).

4.1 Schrittweise Zielannäherung

Bildbasierte Visual-Servoing-Systeme gehen davon aus, daß sich keine Hindernisse zwischen den Ist und dem Zielpunkt befinden. Dem Visual-Servoing-Verfahren sind der Ist- als auch der Zielpunkt in den Kamerabildern bekannt; d.h. es existiert ein mit digitaler Bildverarbeitung detektierbares Merkmal in der Szene.

Eine Hindernisdetektion soll die Kollision mit einem eventuell auftretenden unbekannten Hindernis auf dem Weg zum Zielpunkt ausschließen. Für eine online Kollisionsvermeidung wird die Überführung des Roboters zum Zielpunkt in Abschnitte aufgeteilt. Am Ende jeden Abschnitts ist die Hindernisdetektion durchzuführen und ein neuer Zwischensollwert zu berechnen, bis der Zielpunkt erreicht wird. Bei dieser schrittweisen Zielannäherung werden Zwischensollwerte berechnet, die in der realen Szene kein mit digitaler Bildverarbeitung detektierbares Merkmal haben.

Die Bewegung des Roboters wird in direkter Richtung zum Zielpunkt ausgeführt; bis innerhalb der Suchfenster um den Referenzpunkt des Greifers in den Bildern des Stereokamerasystems ein Hindernis detektiert wird. Für den virtuellen Punkt zur Generierung des Zwischenziels bei der schrittweisen Zielannäherung wird gefordert, daß er in beiden Kamerabildern innerhalb der Suchfenster liegt. Es wird die Gerade berechnet, die durch den Referenzpunkt des Manipulators und dem gewünschten Zielpunkt geht. Auf die aktuelle Position des Referenzpunktes (Istposition des Manipulators) wird zur X-Komponente die maximale Distanz aufaddiert, die sich der Referenzpunkt im Kamerabild bewegen soll. Mit diesem Wert wird die Y-Komponente der Geraden bestimmt; dieses Wertepaar stellt den virtuellen Punkt des Zwischensollwertes dar, der im nächsten Regelungsschritt angefahren werden soll.

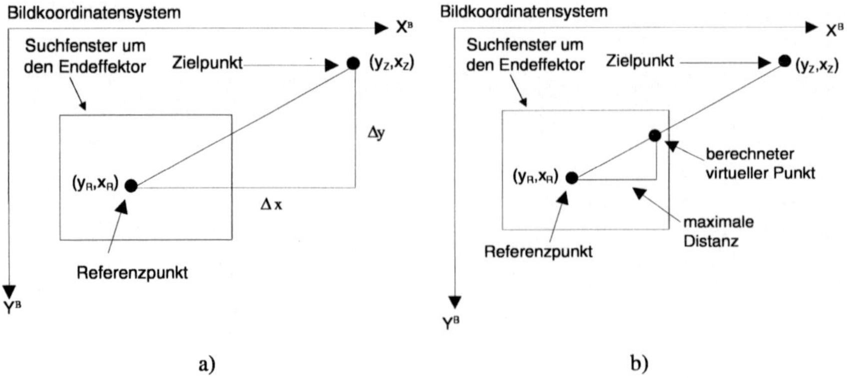

Bild 4: a) Bestimmung der Geradengleichung
b) Berechneter Zwischensollwert innerhalb des Suchfensters

Nach Berechnung des virtuellen Punktes wird untersucht, ob seine Y-Komponente innerhalb des Suchfensters liegt. Ist dies nicht der Fall, dann wird auf die Y-Komponenten der aktuellen Position des Referenzpunktes die maximale Distanz aufaddiert und die Geradengleichung nach X aufgelöst. Durch dieses Verfahren ist in jedem Fall garantiert, daß sich der virtuelle Punkt des Zwischensollwertes im linken Kamerabild innerhalb des Suchfensters befindet.

Durch Bildung der Differenz zwischen dem berechneten Zwischensollwert und der aktuellen Position des Referenzpunktes des Manipulators im linken Kamerabild werden die Offsets für die X- und die Y-Komponenten des virtuellen Punktes bestimmt. Diese Werte werden auf die aktuelle Position des Endeffektors im rechten Kamerabild aufaddiert. Liegt dieser Wert auch im rechten Kamerabild innerhalb des Suchfensters, dann wird das Wertepaar des Offsets auf die Istposition des Manipulators in beiden Kamerabildern aufaddiert und der Regelung als Zwischensollwert übergeben. Für den Fall, daß der Zwischensollwert in dem rechten Kamerabild nicht innerhalb des Suchfensters liegt, wird die maximale Distanz um einen konstanten Wert reduziert. Die Bestimmung des Zwischensollwertes wird dann mit dem reduzierten Wert nochmals durchgeführt. Befindet sich der Sollwert, d.h. die gewünschte Zielposition in Bildkoordinaten innerhalb eines Suchfensters, dann werden keine weiteren Zwischensollwerte berechnet. In diesem Fall wird der Regelung der Sollwert übergeben, der vom Manipulator direkt angefahren wird.

Der Endeffektor wird in Richtung des Ziels in einer Ebene bewegt, der Ansatz der schrittweisen Zielannäherung mit Verwendung von virtuellen Punkten als Zwischensollwerte baut auf der Definition der Disparität auf. Die Disparität zwischen einem Bildpunkt des einen Kamerabilds und dem korrespondierenden Punkt des anderen Kamerabilds des Stereokamerasystems hängt umgekehrt proportional mit der Entfernung eines Weltpunktes zusammen. D.h. je weiter ein Weltpunkt entfernt ist, desto kleiner ist die Disparität in beiden Kamerabildern. Wird die Disparität bei der Generierung eines Zwischensollwertes nicht verändert, dann befindet sich dieser virtuelle Punkt in der gleichen Tiefenebene wie die aktuelle Istposition des Referenzpunktes des Manipulators. Die schrittweise Zielannäherung mit der Methode der virtuellen Punkte beruht darauf, daß die Bewegung des Endeffektors nur in einer Ebene verläuft, die durch die X- und Z-Achse des Weltkoordinatensystems aufgespannt wird. Bild 5 b stellt die Bewegungsebene des Endeffektors dar, in [Tri99] ist der Zusammenhang zwischen Bildtiefe und berechnetem Offset dargestellt.

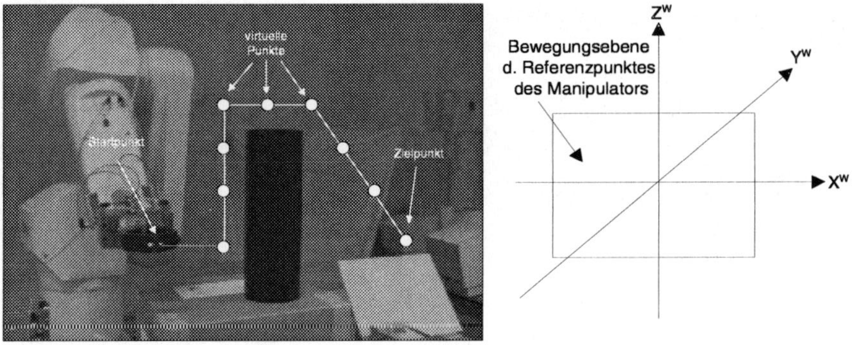

a) b)

Bild 5: a) Zielannäherung mit virtuellen Punkten als Zwischensollwerte
b) Bewegungsebene des Referenzpunktes des Manipulators

4.2 Ausweichbewegung zur Kollisionsvermeidung

Ist durch das Bildverarbeitungssystem ein Hindernis zwischen der aktuellen Position des Manipulators und der Zielposition detektiert worden, kann die direkte Bewegung des Endeffektors in Zielrichtung nicht durchgeführt werden, sondern es ist eine Ausweichbewegung einzuleiten. Die Forderung, daß sich der Endeffektor in einer Ebene bewegt, berücksichtigt die Randbedingung „keine Verdeckung der Referenzmarken". Der Manipulator fährt nicht hinter ein Hindernis, auch wenn diese Bewegung den kürzesten Weg darstellt, um einem Hindernis auszuweichen. Die Verdeckung der Referenzmarken mit dem Hindernis verhindert eine Erkennung der Referenzmarken durch die Bildverarbeitung.

Durch die Abbildung des dreidimensionalen Raums mittels des Stereokamerasystems sind in den Kamerabildern vier Hauptrichtungen – entlang der Achsen der Bildkoordinatensysteme – für die Ausweichbewegung des Manipulators möglich. Eine Kombination der Ausweichrichtungen ist generell möglich, wird hier aber nicht betrachtet; denn die Definition dieser vier Bewegungsrichtungen genügt, um einem unbekannten Hindernis ausweichen und den gewünschten Zielpunkt anfahren zu können. Die Berechnung eines virtuellen Punktes als Zwischensollwert erfolgt in Abhängigkeit der Ausweichrichtung. Auf eine Komponente der aktuellen Position des Referenzpunktes des Manipulators wird, wie bei der schrittweisen Zielannäherung, die maximale Distanz die der Endeffektor im Kamerabild zurücklegen soll addiert.

In beiden Kamerabildern wird geprüft ob die Ausweichbewegung kollisionsfrei ausgeführt werden kann. Zur Bestimmung der Ausweichbewegung werden zwei Bewegungsrichtungen, die erste und die zweite Zielrichtung, definiert. Diese Richtungen sind abhängig von der Lage der aktuellen Position des Referenzpunktes des Manipulators und dem gewünschten Zielpunkt. Die erste Zielrichtung enthält zunächst die Richtung, in die sich der Endeffektor entlang der X-Achse in Bildkoordinaten bewegen muß, um das Ziel zu erreichen. In der zweiten Zielrichtung ist die Richtung entlang der Y-Achse des Bildkoordinatensystems enthalten. Bei den beiden definierten Zielrichtungen handelt es sich um alternative Ausweichrichtungen, die zur Berechnung des Zwischensollwertes verwendet werden, um eine Kollision mit einem auftretenden unbekannten Hindernis zu vermeiden.

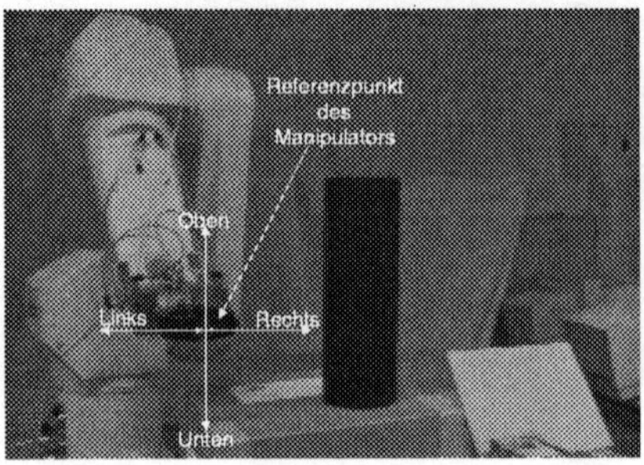

a)

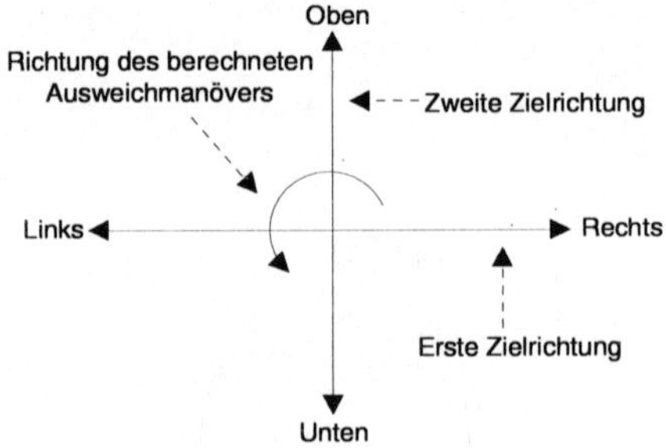

b)

Bild 6: a) Hauptrichtungen der Ausweichbewegung
b) Berechnung einer neuen Ausweichrichtung

Im ersten Schritt wird eine Ausweichbewegung generiert, die der ersten Zielrichtung entspricht. Dafür werden, ausgehend von der aktuellen Position des Referenzpunktes des Manipulators, in beiden Kamerabildern die der Ausweichrichtung entsprechenden virtuellen Punkte berechnet. Mit diesen Punkten wird anschließend überprüft, ob die Ausweichbewegung mit einem detektierten Hindernis kollidiert bzw. ob der Weg dorthin kollisionsfrei angefahren werden kann. Um zu vermeiden, daß sich der Endeffektor am Ende einer Ausweichbewegung zu dicht an einem Hindernis befindet, wird um alle Hindernisse ein Sicherheitsabstand definiert, der die detektierten Hindernisse vergrößert.

Kann der virtuelle Punkt der ersten Zielrichtung nicht angefahren werden, dann wird im zweiten Schritt eine Ausweichbewegung generiert, die der zweiten Zielrichtung entspricht. Auch hier wird untersucht, ob der Weg zum berechneten virtuellen Punkt kollisionsfrei durchgeführt werden kann. Ist ein Ausweichmanöver in Richtung der ersten und zweiten Zielrichtung in beiden Kamerabildern nicht möglich, dann muß im dritten Schritt eine neue Ausweichbewegung berechnet werden. Die neu berechnete Ausweichbewegung ergibt sich aus der Reihenfolge, in der die erste und zweite Zielrichtung eingetragen sind. Für Bild 6 b ergibt sich die berechnete Ausweichbewegung nach links. Mit dieser neuen Ausweichbewegung werden die virtuellen Punkte berechnet und anschließend wird überprüft, ob der Weg dorthin kollisionsfrei möglich ist. Ist auch diese Bewegung nicht möglich, dann wird in der Reihenfolge der ersten und zweiten Zielrichtung die nächste zur Verfügung stehende Richtung verwendet; in Bild 6 b ist dies eine Ausweichbewegung nach unten. Kann auch diese letzte Ausweichbewegung nicht ausgeführt werden, ist es dem System nicht möglich, ein Ausweichmanöver durchzuführen. Für den Fall, daß die erste oder zweite Zielrichtung übernommen wird, muß eine zusätzliche Abfrage erfolgen. Die aktuelle Ausweichbewegungsrichtung darf nicht entgegengesetzt der im vorherigen Regelungsschritt verwendeten Ausweichbewegungsrichtung sein, damit der Manipulator nicht zwischen zwei virtuellen Punkten schwingt.

Vor Generierung eines Ausweichmanövers wird überprüft, ob das erste Ziel erreicht worden ist. D.h. es wird untersucht, ob der Endeffektor den Zielpunkt entsprechend der ersten Zielrichtung bereits überschritten hat. Im Fall, daß für die erste Zielrichtung die Richtung nach rechts definiert worden ist, wird die X-Koordinate der aktuellen Position des Referenzpunktes des Endeffektors in Bezug auf den Zielpunkt untersucht. Ist die X-Koordinate des aktuellen Referenzpunktes größer als die X-Koordinate des Zielpunktes, dann werden die erste und zweite Zielrichtung umdefiniert. Dazu wird zunächst die Bewegungsrichtung der ersten und zweiten Zielrichtung getauscht. D.h. verläuft die erste Zielrichtung entlang der X-Achse, dann wird die erste Zielrichtung so definiert, daß sie entlang der Y-Achse verläuft. Der zweiten Zielrichtung wird bei der neuen Definition der Zielrichtungen die Richtung der ersten Zielrichtung zugewiesen.

Im Anschluß wird die genaue Richtung der ersten Zielrichtung festgelegt. Dazu werden in Abhängigkeit von der neuen Richtung die X- oder Y-Koordinaten der aktuellen Position des Referenzpunktes und des Zielpunktes untersucht. Ist die X-Koordinate der Position des Referenzpunktes größer als die X-Koordinate des Zielpunktes, dann muß sich der Greifer nach links bewegen, um den Zielpunkt zu erreichen. Umgekehrt ist eine Bewegung nach rechts durchzuführen. Bei der Untersuchung der Y-Koordinaten wird die Bewegungsrichtung nach oben definiert, wenn die Y-Koordinate des Zielpunktes größer ist als die Y-Koordinate des Referenzpunktes. Diese Strategie zur Generierung der Ausweichbewegung mit der Methode der virtuellen Punkte ermöglicht es unbekannten Hindernissen, die auf dem Weg zum Ziel detektiert werden, auszuweichen.

5 Implementierung und Testläufe

Das vorgestellte Verfahren ist implementiert für den Industrieroboter Stäubli-RX90 mit sechs Freiheitsgraden. Für die bildbasierten Manipulationsaufgaben werden derzeit nur die drei Freiheitsgrade des Armes genutzt, die Orientierung des Greifers wird konstant gehalten. Der Knickarmroboter hat einen kugelförmigen Arbeitsbereich mit einem Radius von 90 cm. Das Stereokamerasystem mit 8 mm Weitwinkelobjektiven befindet sich in einer Entfernung von 1,5 m zum Roboter. Der Arbeitsbereich des Roboters ist auf den gemeinsamen Sichtbereich der Kameras beschränkt, dieser hat eine Ausdehnung von 0,3 m bis 1,5 m in der Tiefe. Die Bildverarbeitung ist mit dem industriellen Bildverarbeitungssystem COGNEX 5600 realisiert.

Zum Testen der Methode der virtuellen Punkte ist, im gemeinsamen Arbeitsraum des Roboters und des Stereokamerasystems, eine mit einem Barcode versehene Flasche zu finden, anzufahren und zu greifen. Zwischen der aktuellen Position des Manipulators und der Flasche befindet sich ein dunkler Gegenstand als Hindernis, dessen Position und Abmessungen dem System nicht bekannt sind. Das System erkennt zuverlässig das Hindernis und leitet eine Ausweichbewegung ein. Das bildbasierte Greifen der Flasche gelingt mit dem vorgestellten System im geforderten Arbeitsbereich, wobei die Positionierungsgenauigkeit des Systems bei einem mittleren Fehler von 5 mm in der Tiefe und 1 mm in den anderen Richtungen liegt. Das System ist robust gegenüber Kalibrierungsfehlern, denn das Verdrehen der Kameras um 30° zueinander bzw. 10° voneinander weg, gemessen bei parallelen optischen Achsen, bzw. das Verschieben der Kameras von 80 cm Basislänge bis zu 40 cm Basislänge entlang der Basislinie, ohne erneute Kalibrierung, beeinträchtigt nicht die Genauigkeit der Ausführung. Bei darüber hinausgehenden Verdrehungen der Kameras entspricht der gemeinsame Sichtbereich der Kameras nicht mehr dem geforderten Arbeitsbereich [Wal98]. Zum Lokalisieren des Gegenstands in beiden Kamerabildern, wird eine Zeit von ca. 8 sec benötigt; für die Hindernisdetektion und die Berechnung des Zwischensollwertes wird eine Zeit von ca. 2 sec benötigt. Das System hat eine Abtastzeit von 400 msec für den bildbasierten Regelkreis, bei der sich der Roboter kontinuierlich bewegt.

6 Bewertung und Ausblick

Das bildbasierte Visual-Servoing Verfahren ist für Roboteraktionen in unbekannter Umwelt sehr gut geeignet. Für autonome Roboteraktionen ist die vorgestellte Erweiterung notwendig, denn bisher konnten nur einfachste Bildmerkmale verwendet werden, um den Roboter von einer Start- in eine Zielposition zu überführen. Durch die Verwendung von virtuellen Punkten als Zwischensollwerte kann nicht nur eine schrittweise Zielannäherung realisiert werden, sondern die virtuellen Punkte können dazu verwendet werden, komplexe Manipulationsaufgaben in Abschnitte aufzuteilen, um die Trajektorie des Manipulators in den Kamerabildern vorgeben zu können. Jeder Abschnitt einer komplexen Manipulationsaufgabe stellt ein Zwischenziel der Roboterpositionsregelung dar. So können komplexe Manipulationsaufgaben, wie eine online-Hindernisvermeidung und das bildbasierte Greifen von Gegenständen an unbekannter Position, ausgeführt werden (siehe auch [Tri98]).

Die Methode der virtuellen Punkte zur autonomen Bearbeitung bildbasierter Manipulationsaufgaben ist zur Behindertenunterstützung auf einen Leichtbauroboter Typ Manus, der an einem Rollstuhl montiert ist, zu portieren. Damit die Gefährdung des Behinderten ausgeschlossen wird, kann die Trajektorie des Roboters in Bildkoordinaten, mit der Methode der virtuellen Punkte, vorgegeben werden. Durch die bildbasierte Hindernisdetektion und Vorgabe virtueller Punkte als Zwischenziele wird eine Kollisionsvermeidung mit unbekannten, dynamischen Hindernissen ermöglicht.

Literatur

[Bri94] Brill, F.Z., III: *Perception and action in a dynamic three - dimensional world,* Proc. of the Workshop on Visual Behaviors Los Alamitos, USA, 19 June 1994, p.60-7.

[Bri96] Brill, F.Z.: *Representation of Local Space in Perception/Action Systems: Behaving Appropriately in Difficult Situations*, Dissertation, Virginia Univ., VA, USA, 1996.

[Cha93] Chaumette, F.; Santos, A.: *Tracking a Moving Object by Visual Servoing*, Proc. of the 12th Triennial World Congress of the Int. Fed. of Automatic Control. 1993, p.643-8.

[Cor96] Corke, P.I.: *Visual Control of Robots: high-performance visual servoing*, Research studies press Ltd., 1996.

[Hag90] Hager, G.; Mintz, M.: *Sensor modeling and robust sensor data fusion,* Robotics Research. Fifth International Symposium, Tokyo, Japan, 28-31 Aug 1989, p.67-74.

[Hag95] Hager, G.D.; Wen-Chung Chang; Morse, A.S.: *Robot Hand-Eye Coordination Based on Stereo Vision*, IEEE Control Systems Magazine (Feb. 1995) vol.15, no.1, p.30-9.

[Hos95] Hosoda, K.; Moriyama, H.; Asada, M.: *Visual servoing utilizing zoom mechanism,* Proc. of 1995 IEEE Int. Conf. on Robotics and Automation, Nagoya, Japan, 21-27 May 1995.

[Hut96] Hutchinson, S.; Hager, G.D.; Corke, P.I.: *A tutorial on visual servo control*, IEEE Transactions on Robotics and Automation (Oct. 1996) vol.12, no.5, p.651-70.

[Kaw95] Kawamura, K.; Pack, R.T.; Iskarous, M.: *Design philosophy for service robots,* 1995 IEEE International Conference on Systems, Man and Cybernetics. Intelligent Systems for the 21st Century, Vancouver, BC, Canada, 22-25 Oct 1995, p.3736-41.

[Lan98] Langer, T.: *Bestimmen von 3D-Gegenstandsinformationen*, Diplomarbeit, Institut für Automatisierungstechnik, Universität Bremen, 1998.

[Tri96] Trittin, T. and Gräser, A.: "*Visual feedback in Automation*", Proceedings EUFIT'96 Fourth European Congress on Intelligent Techniques and Soft Computing Aachen, Germany, September 2-5, 1996, vol. 3 pp. 1716-1721.

[Tri98] Trittin, T.; Gräser, A: *Methode der virtuellen Punkte zur autonomen bildbasierten Roboterregelung,* AMS 1998, 14. Fachgespräch Karlsruhe, 30. Nov.-1.Dez. 1998, pp. 65-74.

[Tri99] Trittin, T.; Gräser, A: *The Method of Virtual Points for Autonomous, Image-Based Robot Control,* Proc. 14th IFAC World Congress, Beijing, P.R. China, 5-9.7.1999, to be publ.

[Wal98] Walter, V.: *Kalibrierungsrobustheit eines bildbasierten Visual-Servoing Systems zur Roboterpositionsregelung*, Diplomarbeit, Inst. f. Automatisierungstechnik, Uni.Bremen, 1998.

Visual Servoing - Ein Ansatz zur kalibrierungsrobusten visuellen Regelung von Robotern

Oliver Lang, Thorsten Lietmann
Universität Bremen, Institut für Automatisierungstechnik (IAT)
Kufsteiner Str. NW1, 28359 Bremen
E-Mail: {olang, lietmann}@iat.uni-bremen.de

Abstract

Durch die Verwendung eines geschlossenen visuellen Regelkreises zur Steuerung eines Manipulators oder eines mobilen Roboters läßt sich ein kalibrierungsrobustes System realisieren. In diesem Beitrag wird ein bildbasierter Regler unter Verwendung der Bild-Jacobi-Matrix hergeleitet und zur Regelung eines Manipulators und einer nichtholonomen mobilen Plattform verwendet. Bei der Regelung der mobilen Plattform wird ein Ansatz mit einer unterlagerten Trajektoriengenerierung entwickelt. Zur Adaption der Bild-Jacobi-Matrix wird ein Vergleich zwischen einer direkten Berechnung der Tiefe und einer Schätzung der Tiefe mit einem erweiterten Kalman-Filter durchgeführt.

1 Einleitung

Zur Autonomieerhöhung von Robotern im Industriebereich, aber vor allem im Servicebereich, werden mobile Plattformen und Manipulatoren häufig mit CCD-Kameras ausgestattet. Sie sollen eine Aktion des Roboters in einer natürlichen, unpräparierten Umgebung ermöglichen. Bild 1 zeigt einen Demonstrator des IAT aus dem Bereich der Rehabilitationsrobotik. An diesem Demonstrator werden die im folgenden vorgestellten Verfahren zum Einsatz kommen.

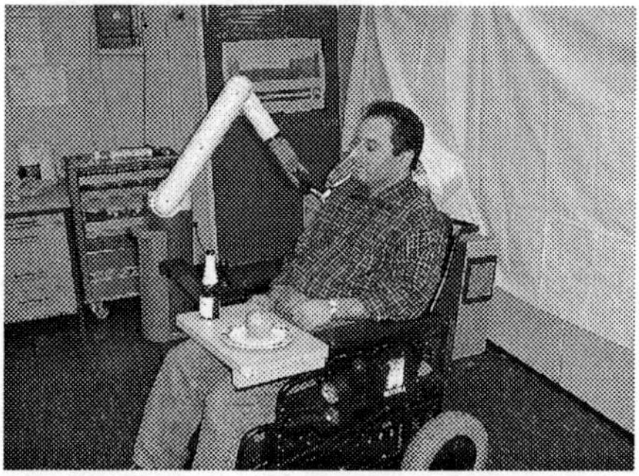

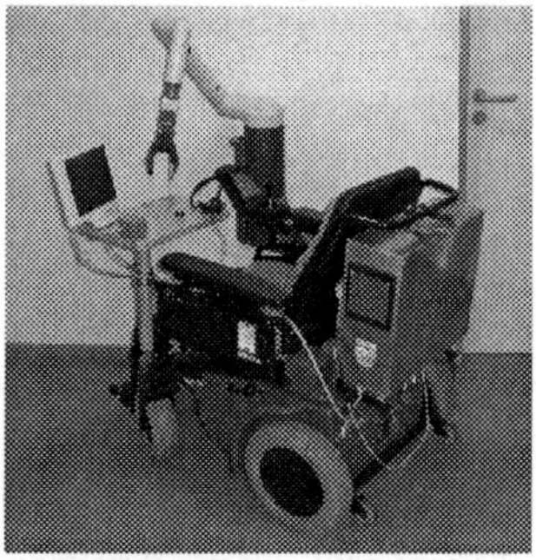

Bild 1: Mobile Plattform mit Manipulator

Neben der reinen Bildverarbeitung, d.h. dem Detektieren von Objekten im digitalisierten Bild der CCD-Kamera und der Zuordnung von denselben Raumpunkten in verschiedenen Bildern einer Kamera oder mehrerer Kameras, stellt die Kalibrierung des Systems ein zentrales Problem dar. So müssen neben dem Roboter auch die Kamera und das Gesamtsystem, bestehend aus Roboter und Kamera, kalibriert werden.

In die Reproduktion dreidimensionaler Rauminformationen aus zweidimensionalen Bildinformationen geht die Güte der Kalibrierung unmittelbar ein. Gerade bei der Verwendung von Kameras mit variabler Brennweite (Zoomkameras) hat sich gezeigt, daß die Kalibrierung des Systems mit großem Aufwand verbunden ist. Um robust gegenüber Kalibrierungsfehlern zu sein, bietet sich die Steuerung des Roboters in einem geschlossenen, bildbasierten Regelkreis an [1] - [5]. In Kapitel 2 wird ein solcher Regelkreis hergeleitet. Bei Verwendung einer Zoomkamera ändern sich zusätzlich die Kameramodellparameter in Abhängigkeit von der eingestellten Brennweite [6], [7]. In [8] wurde nachgewiesen, daß ein bildbasierter Regelkreis auch mit einer Zoomkamera kalibrierungsrobust arbeitet.

1.1 Manipulatoren

Im Servicebereich werden vermehrt flexiblere Manipulatoren eingesetzt, so daß die aus internen Sensoren ermittelte Lageinformation des Endeffektors mit großen Fehlern behaftet ist. Bei mechanisch komplexen Systemen (mobile Plattform mit Manipulator oder Pan-Tilt-System) variieren die Systemparameter stark. All diese Punkte haben einen negativen Einfluß auf die Güte der Systemkalibrierung. In Kapitel 3 wird die kalibrierungsrobuste Regelung eines Manipulators in drei Freiheitsgraden beschrieben. Mittels einer Simulation wird in Kapitel 4 nachgewiesen, daß sich bei einer Adaption der Bild-Jacobi-Matrix das Regelergebnis verbessert. Zur Adaption wird ein erweitertes Kalman-Filter vorgeschlagen.

1.2 Mobile Plattformen

Ein typischer Ansatz zur Navigation autonomer mobiler Plattformen ist die Positionsbestimmung durch Informationen über die Radumdrehungen (Odometrie) unter Zuhilfenahme einer Umgebungskarte. Jedoch entsteht durch den Schlupf der Räder ein Fehler in der Positionsbestimmung, der mit der zurückgelegten Strecke anwächst. Aus diesem Grund und zur Navigation in unbekannter Umgebung werden zusätzlich externe Sensoren eingesetzt. In dem von uns gewählten Szenario befindet sich eine Kamera auf dem mobilen Roboter. Durch den Ansatz des Visual Servoing ist eine Bestimmung der absoluten Position des mobilen Roboters nicht mehr nötig, da die Regelung des Roboters nur aufgrund der Daten im Kamerabild erfolgt und somit eine relative Lage zu einem Objekt im Raum eingenommen wird. Bei der Steuerung eines nichtholonomen mobilen Roboters ergibt sich aber das Problem, daß die Anzahl seiner Zustandsgrößen größer ist, als die Anzahl seiner Stellgrößen. Aufgrund dieser nichtholonomen Eigenschaft des hier verwendeten mobilen Roboters (Rollstuhl) ist es nicht möglich, den Ansatz des Visual Servoing direkt zur Navigation der Plattform zu benutzen. Wie in Kapitel 5.1 gezeigt wird, führt dieser direkte Ansatz nicht zum Ziel. In [9] wird eine verwandte Problemstellung durch die Verwendung einer drehbaren Kamera gelöst. Die Bewegung der Kamera wird in [10] durch Befestigung an einem Manipulator erreicht. Ein Ansatz ohne die hier verwendete Bild-Jacobi-Matrix bei einem über die Vorderräder gelenkten Fahrzeug und mit vermessenen Landmarken wird in [11] beschrieben. In der hier vorliegenden Arbeit wird zur Planung der Fahrt des Rollstuhls eine Trajektoriengenerierung benutzt. Zuerst werden die Stellgrößen für den mobilen Roboter mit Hilfe des Visual Servoing ermittelt. Anschließend wird die von der Plattform auszuführende Bewegung von der unterlagerten Trajektoriengenerierung [12] geplant. Die genaue Beschreibung dieser Art der Regelung erfolgt in Kapitel 5.2.

2 Visual Servoing

Unter VISUAL SERVOING versteht man die allgemeine Aufgabe, einen Roboter aufgrund von visuellen Informationen einer Kamera zu bewegen [3]. Eine erste Klassifizierung wurde in [2] 1987 vorgestellt. Dort wurden bildbasierte und positionsbasierte Ansätze unterschieden. Die visuellen Informationen können durch eine am Roboter befestigte oder durch eine fest stehende Kamera gewonnen werden. In beiden Fällen ist auch die Verwendung mehrerer Kameras möglich. Häufig wird aber auch zwischen sogenannten *Look-and-Move* Systemen und *Visual Servoing* Systemen unterschieden, so daß an den Begriff Visual Servoing hierbei genauere Anforderungen gestellt werden.

Bei *Look-and-Move* Systemen wird zuerst mit der Kamera ein Bild von der Umgebung des Roboters aufgenommen. Daraufhin wird die nötige Roboterbewegung berechnet und ausgeführt. Da kein geschlossener Regelkreis vorhanden ist, besteht keine Möglichkeit eine eventuell vorhandene Ungenauigkeit in der Roboterpositionierung zu erkennen und zu beheben. Die Genauigkeit der resultierenden Bewegung hängt somit direkt von der Genauigkeit des visuellen Sensors (interne Kameraparameter), der Positioniergenauigkeit des Roboters (Roboterkalibrierung) und der Transformation Toolkoordinatensystem/Kamerakoordinatensystem (externe Kameraparameter) ab.

Eine Möglichkeit, die Genauigkeit des Systems zu erhöhen, ist die Verwendung eines geschlossenen visuellen Regelkreises. Im geschlossenen Regelkreis werden fortlaufend Bilder aufgenommen und der Roboter aufgrund der gewonnenen Bildinformationen bewegt. Dies geschieht solange, bis die gestellte Aufgabe erfüllt ist. Eine solche Struktur wird *Visual Servoing* System genannt. Wird zusätzlich die Stellgröße für den Roboter allein aus Bildinformationen berechnet, spricht man von einer sogenannten *Image-Based Visual Servoing* (*IBVS*) Struktur, welche im folgenden näher erläutert wird. Im Gegensatz dazu wird beim *Position-Based Visual Servoing* (*PBVS*) zusätzlich ein geometrisches Modell benutzt. Dadurch erhält die Güte der Kalibrierung wieder stärkeren Einfluß auf das Ergebnis der Regelung. Einen guten Einstieg in das Thema *VISUAL SERVOING* bieten [3] - [5].

Die bildbasierte Roboterregelung soll hier am Beispiel eines Manipulators mit einer am Endeffektor montierten Kamera dargestellt werden. Sie läßt sich aber genauso zur visuellen Steuerung der mobilen Plattform nutzen (vgl. Kapitel 5). Ziel der Regelung ist es, den Endeffektor des Manipulators aufgrund der visuellen Informationen der Kamera in eine geeignete Lage relativ zu einem Objekt zu bringen. Hierzu muß der Regler aus den Istwerten im zweidimensionalen Bildkoordinatensystem { I } Stellgrößen für den Manipulator im Roboterbasissystem {R} erzeugen.

Aus dem Kamerabild werden mit Hilfe einer Bildverarbeitung für den Regelkreis verwertbare Bildmerkmale (z. B. Objektschwerpunktkoordinaten (u, v)) gewonnen. Aus einem Vergleich zwischen momentanen und gewünschten Merkmalen berechnet der Regler eine Änderung der Roboterstellung. In der neuen Stellung wird dann wieder ein Bild aufgenommen und der Vorgang beginnt von vorn, solange bis die Aufgabe erfüllt ist.

Die gewünschten Merkmale müssen vorab definiert werden, was durch „Zeigen" (*Teaching-by-Showing*, [4]) geschehen kann. Dazu wird der Roboter in die Zielposition (z. B. eine relative Lage zu einem Objekt, in der das Objekt gegriffen werden kann) gefahren, das zugehörige Bild aufgenommen, die Merkmale extrahiert und als Sollwerte gespeichert. Vor dem Start der Regelung kann sowohl die Stellung des Manipulators geändert, als auch das Objekt in eine beliebige Lage im Arbeitsraum des Roboters und im Sichtbereich der Kamera gestellt werden.

Während der Regelung werden die momentanen Bildmerkmale in die Sollbildmerkmale überführt. Ist dies geschehen, befindet sich die Kamera (und damit der Greifer) in derselben relativen Lage zum Objekt wie beim *Teachen*, selbst wenn die Roboterkalibrierung und die interne und externe Kamerakalibrierung fehlerbehaftet sind. Hierbei zeigt sich die Kalibrierungsrobustheit des *IBVS* Systems im Gegensatz zu einem *Look-and-Move* System.

Ein bildbasierter Regelkreis mit einer Kamera (monokular) ist in Bild 2 dargestellt. Der Roboter wird hierbei in Basiskoordinaten angesteuert. Grundsätzlich besteht auch die Möglichkeit der Ansteuerung in Gelenkkoordinaten. Da aber die meisten kommerziell erhältlichen Industrie- und Serviceroboter über eine inverse Kinematik verfügen, bietet sich die von uns gewählte Struktur an.

Die Regelabweichung in Bildkoordinaten $\Delta^{I}\underline{x}$ wird unter Verwendung der internen Kameraparameter (vgl. Kapitel 2.1) auf eine Regelabweichung in Sensorkoordinaten $\Delta^{S}\underline{x}$ zurückgeführt. Die linkshochgestellten Buchstaben kennzeichnen das jeweilige Koordinatensystem. Unter Verwendung der Bild-Jacobi-Matrix (vgl. Kapitel 2.2) wird eine Stellgröße $\Delta^{C}\underline{p}$ berechnet, die in die neue Roboterlage ${}^{R}\underline{p}$ transformiert wird (vgl. Kapitel 3.1).

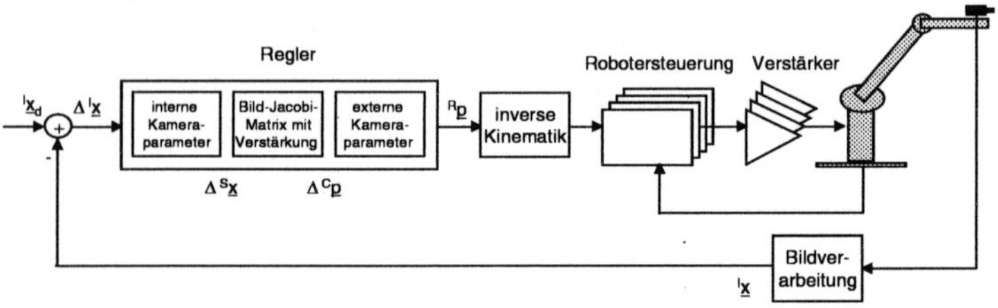

Bild 2: Bildbasierte Roboterregelung

2.1 Lochkameramodell

Zur Modellierung der Kamera wird das Lochkameramodell gemäß Bild 3 verwendet. Ein Punkt ${}^{C}\underline{x}$ beschrieben im Kamerakoordinatensystem {C} wird gemäß (1) auf der Sensorebene {S} abgebildet und mit Hilfe eines *Frame-Grabbers* nach (2) in den Bildbereich {I} transformiert.

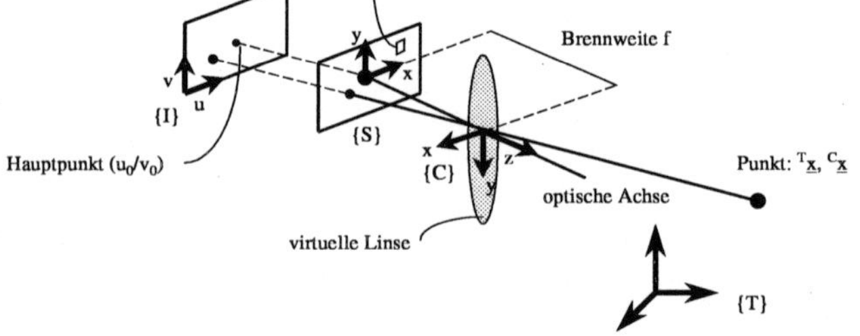

Bild 3: Lochkameramodell

$$\begin{bmatrix} {}^{S}x \\ {}^{S}y \end{bmatrix} = \frac{f}{{}^{C}z} \cdot \begin{bmatrix} {}^{C}x \\ {}^{C}y \end{bmatrix} \tag{1}$$

$$u = \frac{{}^{S}x}{S_x} + u_0, \qquad v = \frac{{}^{S}y}{S_y} + v_0 \tag{2}$$

2.2 Bild-Jacobi-Matrix

Der Regler hat die Aufgabe, aus einer Regelabweichung im Sensorkoordinatensystem {S} Bewegungen im Roboterkoordinatensystem {R} zu erzeugen. Betrachtet man die dynamischen Verhältnisse, läßt sich die Geschwindigkeit eines ruhenden Punktes im Raum in Bezug auf ein bewegtes Kamerakoordinatensystem {C} mit den Gleichungen (3) - (5) ausdrükken [4]. Hierbei entsprechen die t_i den translatorischen und die ω_i den rotatorischen Geschwindigkeiten des Kamerasystems gegenüber dem Basissystem, beschrieben in Kamerakoordinaten (i = x, y, z).

$${}^{C}\dot{x} = -\omega_y\,{}^{C}z + \omega_z\,{}^{C}y - t_x \tag{3}$$

$${}^{C}\dot{y} = -\omega_z\,{}^{C}x + \omega_x\,{}^{C}z - t_y \tag{4}$$

$${}^{C}\dot{z} = -\omega_x\,{}^{C}y + \omega_y\,{}^{C}x - t_z \tag{5}$$

Mit Hilfe dieser drei Gleichungen und der Projektionsgleichung (1) läßt sich die Bild-Jacobi-Matrix J aufstellen (6). Diese Matrix stellt eine lineare Transformation von einer Änderung der Kameralage ${}^{C}\underline{\dot{p}}$ (Ursache), beschrieben in Kamerakoordinaten, in eine entsprechende Änderung der Projektion eines ruhenden Punktes ${}^{S}\underline{\dot{x}}$ (Wirkung), beschrieben in Sensorkoordinaten, dar.

$$\underbrace{\begin{bmatrix} {}^{S}\dot{x} \\ {}^{S}\dot{y} \end{bmatrix}}_{{}^{S}\underline{\dot{x}}} = \underbrace{\begin{bmatrix} -\frac{f}{{}^{C}z} & 0 & \frac{{}^{S}x}{{}^{C}z} & \frac{{}^{S}x\,{}^{S}y}{f} & -\frac{f^2 + {}^{S}x^2}{f} & {}^{S}y \\ 0 & -\frac{f}{{}^{C}z} & \frac{{}^{S}y}{{}^{C}z} & \frac{f^2 + {}^{S}y^2}{f} & -\frac{{}^{S}x\,{}^{S}y}{f} & -{}^{S}x \end{bmatrix}}_{J} \cdot \underbrace{\begin{bmatrix} t_x \\ t_y \\ t_z \\ \omega_x \\ \omega_y \\ \omega_z \end{bmatrix}}_{{}^{C}\underline{\dot{p}}} \tag{6}$$

Die Bild-Jacobi-Matrix J ist eine Funktion der momentanen Sensorparameter ${}^{S}x$ und ${}^{S}y$, der momentanen Koordinate ${}^{C}z$ des Punktes im Kamerakoordinatensystem {C} und der momentanen Brennweite f der Kamera. Sie ist somit arbeitspunktabhängig. (6) stellt den Zusammenhang für einen Objektpunkt (zwei Merkmale) dar. Pro Objektpunkt wächst die Bild-Jacobi-Matrix um zwei Zeilen an. Wird die Kamera nicht in allen sechs Freiheitsgraden bewegt, fallen die entsprechenden Spalten der Bild-Jacobi-Matrix weg. Um robust gegenüber stets vorhandenem Meßrauschen zu sein, sollte die Anzahl der Bildmerkmale größer gewählt werden als die Anzahl der Freiheitsgrade. In diesem Fall ergibt sich aus (6) durch Bildung der Pseudoinversen J^+ folgende Näherungslösung für den gesuchten Vektor ${}^{C}\underline{\dot{p}}$:

$${}^{C}\underline{\dot{p}} = J^{+} \cdot {}^{S}\underline{\dot{x}} \tag{7}$$

2.3 Zeitdiskrete Regelung

Die Komponenten der Stellgröße ${}^{C}\underline{\dot{p}}$ und des Merkmalsvektors ${}^{S}\underline{\dot{x}}$ in (7) sind Geschwindigkeiten. Da es sich bei dem Regelkreis in Bild 2 um einen diskreten Abtastregelkreis handelt, ergibt sich ein Stellgesetz aus (7) unter Berücksichtigung einer Abtastzeit T_A. Mit einer diagonalen Verstärkungsmatrix K_M läßt sich der Einfluß der einzelnen Merkmale ändern. Untersuchungen haben gezeigt [15], daß bei einer Regelung in mehr als drei Freiheitsgraden, eine weitere diagonale Verstärkungsmatrix K_F, die eine Gewichtung der einzelnen Freiheitsgrade zuläßt, sinnvoll ist. Das Stellgesetz lautet dann:

$$\Delta^{C}\underline{p} = -K_F \cdot J^{+} \cdot K_M \cdot T_A \cdot \Delta^{S}\underline{x} \tag{8}$$

Problematisch ist die Bestimmung geeigneter Verstärkungsfaktoren für K_M und K_F. Besonders bei der Regelung in sechs Freiheitsgraden, ist ein geeignetes Verhältnis von Translations- zu Rotationsverstärkung schwer zu bestimmen und ist daher weiter Gegenstand unserer Forschung. Die Regelung in sechs Freiheitsgraden stellt gerade deshalb keine triviale Erweiterung der Regelung in drei Freiheitsgraden dar.

3 Visuelle Regelung eines Manipulators

In diesem Kapitel wird die Regelung eines Manipulators beschrieben. Zunächst muß die gemäß (8) bestimmte Stellgröße in Roboterbasiskoordinaten transformiert werden.

3.1 Berechnung der Stellgröße in Roboterbasiskoordinaten

Wie in Bild 2 dargestellt, muß die Stellgröße für den Roboter $\Delta^{C}\underline{p}$ von Kamerakoordinaten in Roboterbasiskoordinaten transformiert werden. In Bild 4 sind die relevanten Transformationen als homogene Matrizen dargestellt (Schreibweise gemäß [13]).

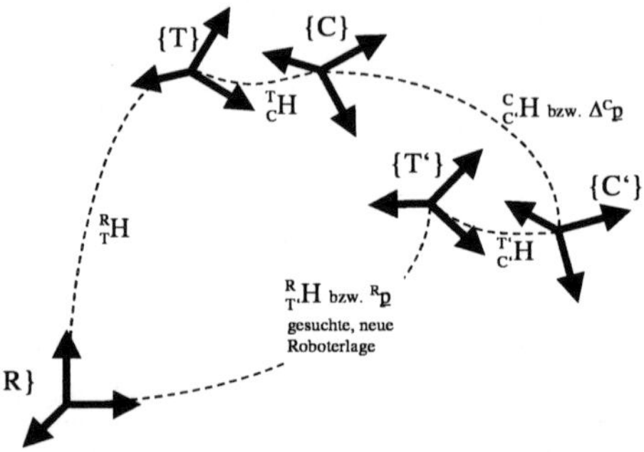

Bild 4: Transformation der Stellgröße in Roboterbasiskoordinaten

Der Regler berechnet eine Stellgröße $\Delta^{C}\underline{p}$, die die neue Lage des Kamerakoordinatensystems {C'}, beschrieben in der alten Lage des Kamerakoordinatensystems {C}, darstellt. Ursache der Bewegung von {C} ist eine Bewegung des Roboters, also der Übergang von {T} nach {T'}. Da das Kamerakoordinatensystem {C} starr mit dem Toolkoordinatensystem {T} verbunden ist (externe Kameraparameter), gilt:

$$ {}^{T}_{C}H = {}^{T'}_{C'}H \qquad (9) $$

Die neue Roboterlage läßt sich gemäß (10) aus der alten Roboterlage, den externen Kameraparametern und der Stellgröße berechnen.

$$ {}^{R}_{T'}H = {}^{R}_{T}H \cdot {}^{T}_{C}H \cdot {}^{C}_{C'}H \cdot {}^{C'}_{T'}H \qquad (10) $$

3.2 Anwendung

Das vorgestellte Verfahren wurde auf einem realen System getestet. Das System besteht aus einem Industrieroboter Stäubli RX 90 mit sechs Freiheitsgraden, der über eine Ethernetverbindung mit einem PC (Windows NT 4.0) verbunden ist. Das Videosignal der Zoomkamera Sony EVI-331 wird von einer im PC befindlichen Bildverarbeitungskarte Cognex 5600 verarbeitet. Als Bildmerkmale werden die Flächenschwerpunkte von dunklen Flächen (Objektpunkte) auf dem zu greifenden Objekt mittels Blobanalyse extrahiert.

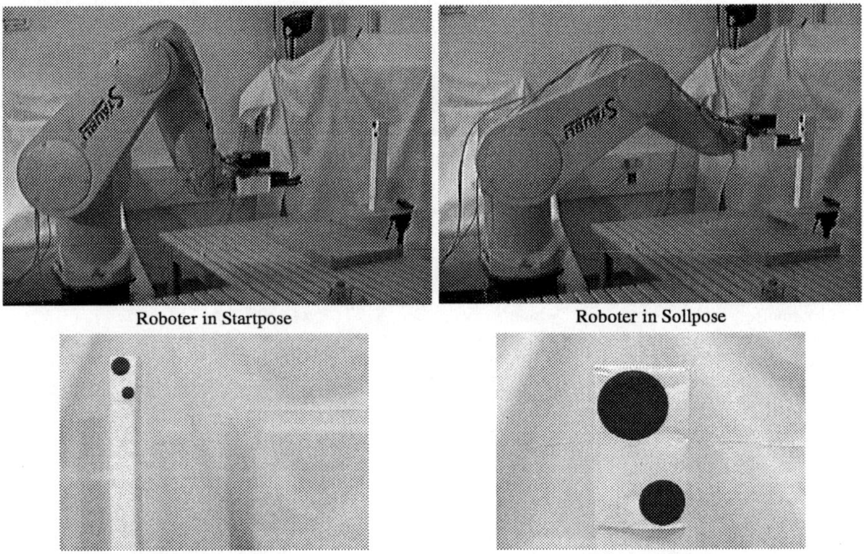

Roboter in Startpose — Roboter in Sollpose

Bild in Startpose — Bild in Sollpose

Bild 5: Start und Ende der Regelung in drei Freiheitsgraden

In Bild 5 ist die Regelung in den drei translatorischen Freiheitsgraden dargestellt. In diesem Beispiel werden vier Merkmale aus zwei Objektpunkten gewonnen. Die Bild-Jacobi-Matrix aus (6) wird daher um zwei Zeilen erweitert und die letzten drei Spalten werden gestrichen. Obwohl die Bild-Jacobi-Matrix arbeitspunktabhängig ist, wird mit einer konstanten Bild-Jacobi-Matrix gerechnet. Für die einzelnen Parameter werden die Werte aus der Soll-Lage eingesetzt, wobei die ${}^{C}z_i$ per Hand gemessen werden. Als Hilfsgröße wird ein Regelfehler e definiert. Er berechnet sich gemäß (11) aus den Regelabweichungen der aus den i Objektpunkten gewonnenen Bildmerkmale.

$$e = \sqrt{\sum_i \Delta u_i^{\,2} + \Delta v_i^{\,2}} \tag{11}$$

Der Regelfehler dient als Abbruchkriterium für die Regelung. Die Bildmerkmale werden in die „geteachten" Bildmerkmale und somit der Roboter in die Sollposition relativ zum Objekt überführt. Die Objektgröße im Bild ändert sich während der Regelung stark. Hierdurch werden hohe Anforderungen an die Bildverarbeitung gestellt. In [14] wird ein Verfahren zur Kompensation der Objektgrößenänderung mittels Zoomkamera beschrieben.

4 Monokulare Positionsschätzung

Ziel der Regelung ist ein möglichst schnelles Erreichen der Endlage. Die konstanten Verstärkungen im Regelkreis K_M und K_F müssen jedoch erfahrungsgemäß eher niedrig eingestellt werden, da sich sonst im Nahbereich Überschwingen einstellt [8], [15]. Zur Verbesserung der Schnelligkeit wird in diesem Kapitel eine Adaption der Bild-Jacobi-Matrix mit Hilfe eines erweiterten Kalman-Filters vorgeschlagen.

Die Bild-Jacobi-Matrix ist arbeitspunktabhängig. ${}^{s}x$ und ${}^{s}y$ sind Sensordaten und können direkt ermittelt werden. Bei bekannter Brennweite f ist die einzige unbekannte Größe in der Bild-Jacobi-Matrix der Abstand ${}^{C}z$ des jeweiligen Objektpunktes zur x-y-Ebene des Kamerakoordinatensystems. Der Abstand läßt sich aber aus den Bilddaten und der bekannten Bewegung der Kamera berechnen bzw. schätzen. Sind die ungefähren Werte von ${}^{C}z$ bekannt, kann die Bild-Jacobi-Matrix vollständig adaptiert werden. Um die Vorteile einer adaptiven Bild-Jacobi-Matrix zu untersuchen, wurde eine Simulation in sechs Freiheitsgraden durchgeführt. Die Ergebnisse sind in Bild 6 dargestellt.

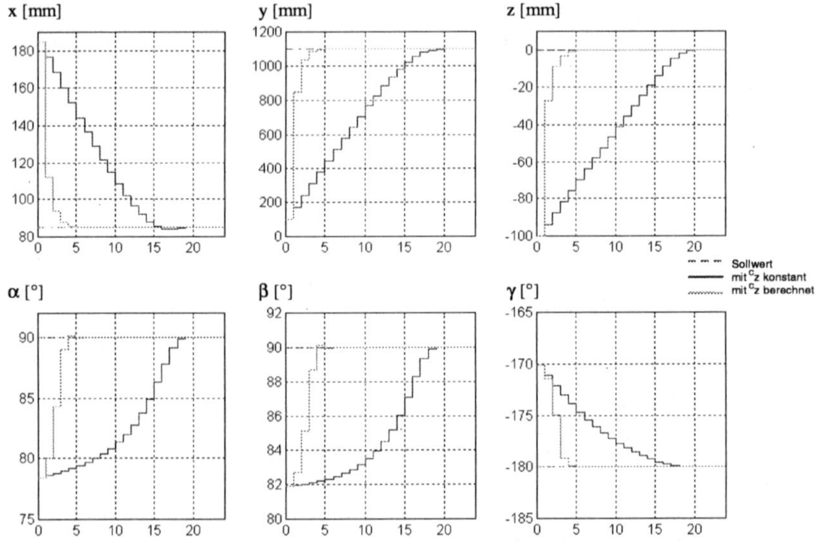

Bild 6: Regelung mit konstantem ${}^{C}z$ und exaktem ${}^{C}z$ (Simulation)

Die oberen drei Grafiken repräsentieren die Position und die unteren drei die Orientierung der Kamera, beschrieben in Roboterbasiskoordinaten (in z/y'/z''-Notation). Der Verlauf der Regelgrößen hat mit exaktem ${}^{C}z$ näherungsweise exponentiellen Verlauf. Die Anzahl der Regelschritte nimmt bei derselben Reglerverstärkung mit einer adaptiven Bild-Jacobi-Matrix etwa von 20 auf 5 ab.

In einer am IAT durchgeführten Diplomarbeit [15] wurden zwei Verfahren zur monokularen Positionsschätzung miteinander verglichen. Im folgenden wird jeweils nur die Schätzung der Position eines Merkmalspunktes im Raum betrachtet.

4.1 Quasi-Binokularsehen

In diesem Verfahren wird der Abstand ${}^{C}z$ durch zwei Bildaufnahmen des Objektpunktes aus zwei aufeinander folgenden Kameralagen p_1 und p_2 bestimmt. Dies entspricht dem Betrachten des Objektes mit zwei Kameras und wird daher im folgenden als Quasi-Binokularsehen bezeichnet. Für dieses Verfahren muß die genaue Änderung der Kameralage bekannt sein. α_{jk} sind die Komponenten der Rotationsmatrix und t_i die Komponenten des Verschiebungsvektors. Nach [16] läßt sich die z-Komponente eines Punktes gemäß (12) oder (13) ermitteln. Bei der Berechnung wird zunächst (12) verwendet. Nur falls der Zähler null ist, wird mit (13) gerechnet.

$$ {}^{C}z_{P_2} = \frac{f_2\left({}^{S}x_{P_1} t_z - t_x f_1\right)}{-\alpha_{31}\,{}^{S}x_{p_2}\,{}^{S}x_{p_1} - \alpha_{32}\,{}^{S}x_{p_1}\,{}^{S}y_{p_2} - \alpha_{33}\,{}^{S}x_{p_1} f_2 + \alpha_{11}\,{}^{S}x_{p_2} f_1 + \alpha_{12}\,{}^{S}y_{p_2} f_1 + \alpha_{13} f_1 f_2} \tag{12} $$

$$ {}^{C}z_{P_2} = -\frac{f_2\left({}^{S}y_{P_1} t_z - t_y f_1\right)}{\alpha_{31}\,{}^{S}y_{p_1}\,{}^{S}x_{p_2} + \alpha_{32}\,{}^{S}y_{p_1}\,{}^{S}y_{P_2} + \alpha_{33}\,{}^{S}y_{p_1} f_1 - \alpha_{21}\,{}^{S}x_{p_2} f_1 - \alpha_{22}\,{}^{S}y_{p_2} f_1 + \alpha_{23} f_1 f_2} \tag{13} $$

4.2 Erweitertes Kalman-Filter

Im realen System besitzen alle Meßwerte ein Meßrauschen, das die Bestimmung der Position des Objektpunktes behindert. Das auf nichtlineare Systeme erweiterte Kalman-Filter liefert bei ausreichend gutem Startwert, trotz Störungen, einen guten Schätzwert für den gesuchten Abstand zum Objekt. Als zu schätzender Zustandsvektor wird die gesuchte Lage des Objektpunktes im Raum, als Meßgröße die Bildkoordinaten im Sensorkoordinatensystem und als Beobachtungsmatrix die nichtlinearen Projektionsgleichungen verwendet.

4.3 Vergleich der Verfahren

Zum Vergleich der beiden Verfahren wird in einer Simulation eine Strecke im Raum abgefahren, deren x- und y-Koordinaten pro Abtastschritt um 5 mm abnehmen. Die Bildkoordinaten werden während des Versuches mit einem normalverteilten Rauschen von 1.5 Pixel überlagert. Für den Startwert des Kalman-Filters wird in allen drei Komponenten ein um jeweils 20 % falscher Wert verwendet.

In Bild 7 ist zu sehen, daß sich der Schätzwert des Kalman-Filters nach einer Einschwingphase sehr gut dem wahren Wert nähert. Im Vergleich zum Quasi-Binokularsehen zeigt das Filter trotz Störungen nach der Einschwingphase einen besseren Verlauf. Das Filter ist robust gegenüber Störungen in den Bildkoordinaten.

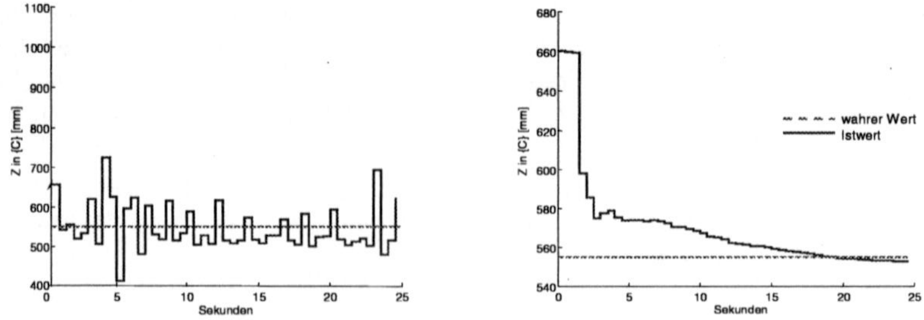

Bild 7: Vergleich Quasi-Binokularsehen (links) und erweitertes Kalman-Filter (rechts)

5 Visuelle Regelung einer nichtholonomen mobilen Plattform

Bei dem Entwurf eines visuellen Reglers für eine mobile Plattform sind, im Unterschied zur visuellen Regelung eines Manipulators, zusätzliche Nebenbedingungen zu beachten. Diese Nebenbedingungen werden in diesem Kapitel aufgezeigt und der visuelle Regler für eine mobile Plattform wird hergeleitet. Bei der mobilen Plattform handelt es sich um einen motorisierten Rollstuhl der Firma MEYRA, der am IAT zur Unterstützung von älteren oder behinderten Menschen weiterentwickelt wird (siehe Bild 1). Dieser Rollstuhl ist ein nichtholonomes mechanisches System, da in Richtung der Radachse der Antriebsräder keine Bewegungen ausgeführt werden können. Für dieses nichtholonome System wird ein visueller Regler entworfen und seine Leistungsfähigkeit anhand von verschiedenen Simulationen untersucht. Ziel ist es, den Rollstuhl aufgrund von Informationen aus dem Kamerabild in eine gewünschte Lage zu überführen. Diese gewünschte Lage muß vor Beginn der Regelung angelernt werden (*Teaching-by-Showing*, vgl. Kapitel 2). Mögliche Anwendungen sind z. B. Docking-Manöver an Tischen oder in Fahrstühlen.

Der Rollstuhl besitzt zwei unabhängig voneinander angetriebene Hinterräder zur Steuerung und zwei nichtangetriebene Vorderräder zur Stützung des Rollstuhls. Der Rollstuhl kann sich mit einer Vorwärtsgeschwindigkeit u_1 und einer Winkelgeschwindigkeit u_2 bewegen. Bei den Größen u_1 und u_2 handelt es sich um die Stellgrößen, die eine Bewegung des Rollstuhls in drei Freiheitsgraden auf ebenem Boden ermöglichen. Das System besitzt eine begrenzte kinematische Bewegungsfreiheit, da es sich nicht quer zur Fahrtrichtung bewegen kann. Das Modell des autonomen mobilen Rollstuhls wird nach [17] durch die folgenden Gleichungen beschrieben:

$$^{W}\dot{x} = u_1 \cdot \cos\left(^{W}\Theta\right) \tag{14}$$

$$^{W}\dot{y} = u_1 \cdot \sin\left(^{W}\Theta\right) \tag{15}$$

$$^{W}\dot{\Theta} = u_2 \tag{16}$$

Der Zustandsvektor $^{W}\underline{p} = [^{W}x, ^{W}y, ^{W}\Theta]^T$ wird durch die beiden kartesischen Koordinaten ^{W}x und ^{W}y in der Bewegungsebene, sowie den Drehwinkel $^{W}\Theta$ beschrieben. Dieser Drehwinkel entspricht dem Winkel zwischen Fahrtrichtung des Rollstuhls und der x-Achse des Weltkoordinatensystems. In den Simulationen wird angenommen, daß der Rollstuhl den Stellgrößen perfekt folgt (kein Schlupf der Antriebsräder). Weiterhin werden die Motordynamik und die elastischen Verformungen der Räder vernachlässigt.

Um die visuelle Regelung zu ermöglichen, wird eine Kamera am Rollstuhl befestigt. Bild 8 zeigt den Zusammenhang zwischen dem Weltkoordinatensystem {W} und dem Kamerakoordinatensystem {C}. Die Kamera befindet sich direkt im Drehpunkt (${}^{W}x_0$, ${}^{W}y_0$) des Rollstuhls und „blickt" in Fahrtrichtung.

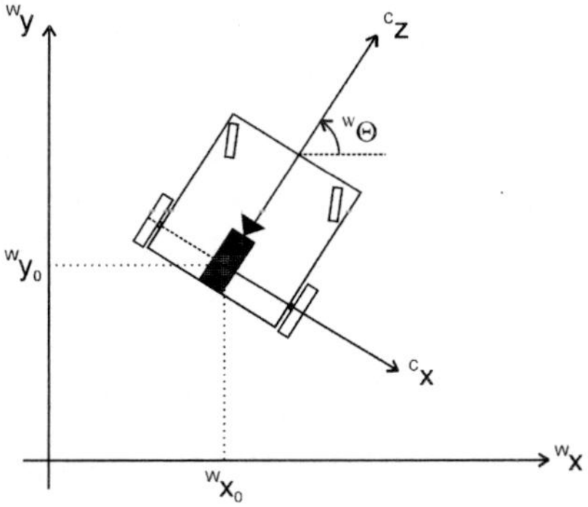

Bild 8: Rollstuhl-Kamera-Konfiguration (Draufsicht)

Die Geschwindigkeit in Richtung der ${}^{C}z$-Achse entspricht der Vorwärtsgeschwindigkeit des Rollstuhls u_1. Weiterhin entspricht eine Winkeländerung um die ${}^{C}y$-Achse (Drehung um den Winkel ${}^{C}\Theta$) einer negativen Winkeländerung von ${}^{W}\Theta$ im Weltkoordinatensystem. Es gelten daher folgende Zusammenhänge:

$$u_1 = {}^{C}\dot{z} \tag{17}$$

$$u_2 = -{}^{C}\dot{\Theta} \tag{18}$$

Die Lage des Rollstuhls im Weltkoordinatensystem wird in den Simulationen durch Einsetzen der Stellgrößen u_1 und u_2 in die Modellgleichungen (14) - (16) und Integration dieser Gleichungen ermittelt.

5.1 Direkte visuelle Regelung

Die Stellgrößen des Rollstuhls werden nun mit Hilfe der Bild-Jacobi-Matrix ermittelt. Dazu wird (6) für den Fall von zwei Freiheitsgraden aufgestellt, wobei t_z durch ${}^{C}\dot{z}$ und ω_y durch ${}^{C}\dot{\Theta}$ ersetzt wird. In der zeitkontinuierlichen Darstellung ergibt sich bei zwei Objektpunkten (19).

Durch Umstellen von (19) und anschließender Diskretisierung (vgl. Kapitel 2.3) erhält man die gesuchten Stellgrößen für den Rollstuhl in Abhängigkeit von den momentanen Merkmalen im Bild.

$$\begin{bmatrix} {}^S\dot{x}_1 \\ {}^S\dot{y}_1 \\ {}^S\dot{x}_2 \\ {}^S\dot{y}_2 \end{bmatrix} = \begin{bmatrix} \frac{{}^Sx_1}{{}^Cz_1} & -\frac{f^2 + {}^Sx_1^2}{f} \\ \frac{{}^Sy_1}{{}^Cz_1} & -\frac{{}^Sx_1 \cdot {}^Sy_1}{f} \\ \frac{{}^Sx_2}{{}^Cz_2} & -\frac{f^2 + {}^Sx_2^2}{f} \\ \frac{{}^Sy_2}{{}^Cz_2} & -\frac{{}^Sx_2 \cdot {}^Sy_2}{f} \end{bmatrix} \cdot \begin{bmatrix} {}^C\dot{z} \\ {}^C\dot{\Theta} \end{bmatrix} \tag{19}$$

Unter diesen Voraussetzungen wurde eine Simulation der direkten visuellen Regelung des Rollstuhls durchgeführt, wobei eine konstante Bild-Jacobi-Matrix verwendet wurde. Bild 9 zeigt das Ergebnis dieser Simulation. Dort ist der zurückgelegte Weg des Rollstuhls dargestellt, der sich aus den einzelnen ${}^Wx$- und ${}^Wy$-Koordinaten ergibt. Der Drehwinkel ${}^W\Theta$ resultiert aus diesen Koordinaten.

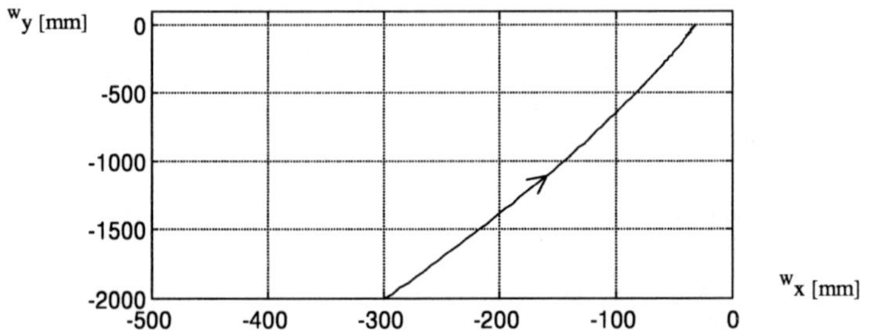

Bild 9: Fahrt des Rollstuhls bei direkter visueller Regelung (Simulation)

Die Ziellage des Rollstuhls waren die Koordinaten ${}^W\underline{p}_d = [0, 0, 90]^T$. Dieser Zustand wurde in dieser Simulation nicht erreicht. Der Rollstuhl beendete seine Fahrt statt dessen in der Lage ${}^W\underline{p} = [-40, 0, 87]^T$. In dieser Lage ist der Fehler in Bildkoordinaten zwar noch nicht gleich null, aber um den Bildfehler weiter zu verkleinern, müßte der Rollstuhl eine „seitliche" Bewegung entlang der ${}^Wx$-Achse ausführen. Bei der momentanen Orientierung des Rollstuhls bedeutet dies eine Bewegung entlang der ${}^Cx$-Achse, was aufgrund der nichtholonomen Eigenschaft nicht möglich ist. Jede dem Rollstuhl mögliche Weiterfahrt von der erreichten Lage aus würde den Bildfehler wieder vergrößern. Dieses läßt der Regler nicht zu und so bleibt der Rollstuhl in dieser Lage stehen (lokales Minimum des Bildfehlers) und erreicht nicht seine gewünschte Lage, was ein nicht zufriedenstellendes Ergebnis der visuellen Regelung bedeutet. Um den Rollstuhl doch noch in seine gewünschte Lage überführen zu können, wurde ein anderer Ansatz zur visuellen Regelung entwickelt.

5.2 Visuelle Regelung mittels Trajektoriengenerierung

Eine andere Möglichkeit der visuellen Regelung besteht darin, den Regler so aufzubauen, daß er Stellgrößen für die drei Freiheitsgrade liefert, die der Rollstuhl im Kamerakoordinatensystem besitzt. Dies entspricht der Vorgehensweise bei der visuellen Regelung des Manipulators (vgl. Kapitel 3). Durch entsprechende Aufstellung der Bild-Jacobi-Matrix ergibt sich in der zeitkontinuierlichen Darstellung folgende Form:

$$
\begin{bmatrix} {}^{S}\dot{x}_1 \\ {}^{S}\dot{y}_1 \\ {}^{S}\dot{x}_2 \\ {}^{S}\dot{y}_2 \end{bmatrix} = \begin{bmatrix} -\frac{f}{{}^{C}z_1} & \frac{{}^{S}x_1}{{}^{C}z_1} & -\frac{f^2 + {}^{S}x_1^2}{f} \\ 0 & \frac{{}^{S}y_1}{{}^{C}z_1} & -\frac{{}^{S}x_1 \cdot {}^{S}y_1}{f} \\ -\frac{f}{{}^{C}z_2} & \frac{{}^{S}x_2}{{}^{C}z_2} & -\frac{f^2 + {}^{S}x_2^2}{f} \\ 0 & \frac{{}^{S}y_2}{{}^{C}z_2} & -\frac{{}^{S}x_2 \cdot {}^{S}y_2}{f} \end{bmatrix} \cdot \begin{bmatrix} {}^{C}\dot{x} \\ {}^{C}\dot{z} \\ {}^{C}\dot{\Theta} \end{bmatrix} \qquad (20)
$$

Nach Umstellung und Diskretisierung von (20) erhält man die Stellgröße $\Delta^{C}\underline{p}$ für die neue Lage der Kamera und damit des Rollstuhls. Da die nichtholonome Eigenschaft des Rollstuhls beachtet werden muß, wird bei dieser Art der Regelung die in [12] entwickelte Trajektoriengenerierung als Hilfsmittel hinzugezogen. Die Trajektoriengenerierung plant eine für den Rollstuhl fahrbare Trajektorie zwischen {C} und {C'}, was in Bild 10 dargestellt ist.

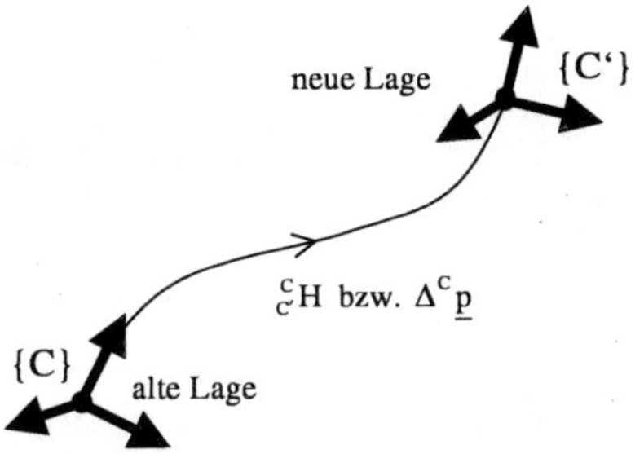

Bild 10: Berechnung einer Teiltrajektorie

Der gesamte Weg des Rollstuhls bis zu seiner gewünschten Lage wird, um diese Lage möglichst genau zu erreichen, in mehrere Teiltrajektorien unterteilt. Bei Verwendung einer einzigen Trajektorie würde die Ziellage wegen der Linearisierung im Arbeitspunkt (Bild-Jacobi-Matrix) nicht erreicht werden. Die Anzahl der Teiltrajektorien ist von der Reglerverstärkung K_M und dem Abbruchkriterium abhängig. In Bild 11 ist der gesamte zurückgelegte Weg dargestellt, der sich aus den Endpunkten von 20 Teiltrajektorien zusammensetzt.

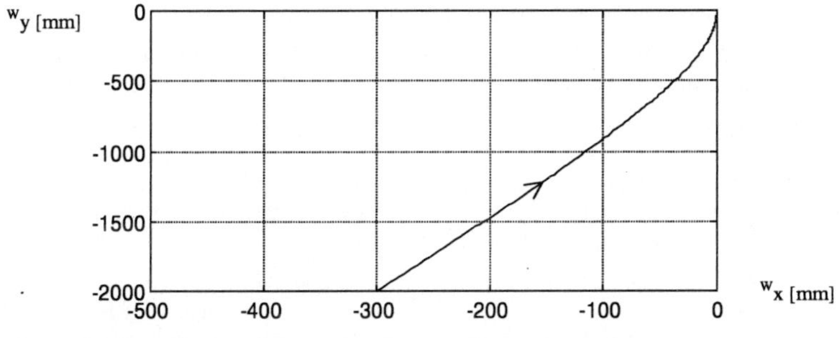

Bild 11: Gesamter zurückgelegter Weg des Rollstuhls (Simulation)

Bei dieser Vorgehensweise erreicht der Rollstuhl seine Endlage mit hoher Genauigkeit. Durch Einbindung einer Trajektoriengenerierung ist es dem visuellen Regler möglich, den Rollstuhl trotz seiner nichtholonomen Eigenschaft in eine gewünschte Lage zu überführen.

5.3 Vergleich der Verfahren

In einer ersten Simulation wurde gezeigt, daß der Rollstuhl bei einer direkten Generierung der zwei Stellgrößen aus dem visuellen Regler seine gewünschte Lage nicht erreicht. Dies liegt daran, daß der Regler Stellgrößen generiert, die versuchen, die Bildmerkmale auf einem direkten Weg zum Ziel zu überführen. Der daraus in Weltkoordinaten resultierende Weg kann jedoch von dem Rollstuhl aufgrund seiner nichtholonomen Eigenschaft nicht vollständig bis ins Ziel abgefahren werden. Der visuelle Regler ist nicht in der Lage, Stellgrößen zu generieren, die es dem Rollstuhl ermöglichen einen Bogen zu fahren und sich so mit der gewünschten Orientierung dem Ziel zu nähern. Um dieses Defizit zu umgehen, wurde in einer zweiten Simulation eine Trajektoriengenerierung hinzugezogen. Liefert der Regler Stellgrößen für die drei Freiheitsgrade, die der Rollstuhl im Kamerakoordinatensystem besitzt, können neue Ziellagen des Rollstuhls ermittelt werden. Der unterlagerten Trajektoriengenerierung ist es dann möglich, einen Weg zum gewünschten Ziel zu finden. Um die Ziellage möglichst genau zu erreichen, wurde der gesamte Weg in Teiltrajektorien unterteilt. Nachteil hierbei ist, daß der gesamte Weg in viele Kurven zerlegt wird und der Rollstuhl „Schlangenlinien“ fährt, was Gegenstand weiterer Untersuchungen sein wird.

6 Zusammenfassung und Ausblick

Es wurde beschrieben, wie die Aufgabe der Regelung eines Manipulators und einer mobilen Plattform mit Hilfe des Visual Servoing gelöst werden kann. Dazu muß es dem Regelkreis möglich sein, mit den von einer Kamera gelieferten Bildinformationen den Roboter in eine gewünschte Endlage zu überführen. Ein entsprechendes zeitdiskretes Regelgesetz, das die Bild-Jacobi-Matrix verwendet, wurde hergeleitet. Zur vollständigen Bestimmung dieser Bild-Jacobi-Matrix wird der Abstand der Objektpunkte ${}^{C}z$ von der Kamera im Kamerakoordinatensystem benötigt. Mit einem erweiterten Kalman-Filter ließen sich in einer Simulation gute Schätzwerte für ${}^{C}z$ bestimmen. Zu untersuchen bleibt die Anwendung des Schätzverfahrens am realen System und inwieweit sich das Regelergebnis damit verbessern läßt. Ferner wird die Bestimmung geeigneter Verstärkungsfaktoren, besonders das Verhältnis von Translation zu Rotation, Gegenstand unserer Forschung bleiben.

Das Verfahren zur Steuerung eines Manipulators in sechs Freiheitsgraden wird am in Bild 1 dargestellten Demonstrator zur Feinpositionierung des MANUS-Armes zum Einsatz kommen.

Bei der Übertragung des Reglers auf die mobile Plattform wurde in einer Simulation gezeigt, daß die direkte visuelle Regelung den Rollstuhl nicht in seine gewünschte Endlage überführt. Durch die Verwendung einer unterlagerten Trajektoriengenerierung stellt der visuelle Regler eine geeignete Lösung zur Navigation der mobilen Plattform dar. Das weitere Vorgehen beinhaltet die Implementierung des Verfahrens am realen System.

Der hier beschriebene Ansatz bewegt den Roboter auf einem möglichst kurzen Weg zum Ziel. Dies ist natürlich nur möglich, wenn sich keine Hindernisse auf diesem Weg befinden. In Zukunft soll insbesondere der Rollstuhl, aber auch der Manipulator, eventuelle Hindernisse erkennen, umfahren und trotzdem seine Ziellage erreichen können. Hierzu sind geeignete Verfahren zu untersuchen und zu implementieren.

7 Literatur

[1] B. Espiau, F. Chaumette, P. Rives, *A new approach to visual servoing in robotics*, IEEE Transactions on Robotics and Automation, 3(5): 404-417, 1987

[2] E. Weiss, A. C. Sanderson und C. P. Neuman, *Dynamic sensor-based control of robots with visual feedback*, IEEE J. of Robotics and Automation, RA-3(5): S. 404-417, 1987

[3] I. Corke, *Visual Control of Robots: high-performence visual servoing*, Research Studies Press Ltd. oder John Wiley & Son Inc., 1997

[4] S. Hutchinson, G. Hager und P. Corke, *A Tutorial on Visual Servo Control*, IEEE Transactions on Robotics and Automation (Oct. 1996) vol.12, no.5, S. 651-670

[5] K. Hashimoto (Ed.), *Visual Servoing*, World Scientific, 1993

[6] O. Lang, *Modellierung und Kalibrierung von Zoomkameras*, Vortrag, 18. Kolloquium der Automatisierungstechnik, Salzhausen, 11/1996

[7] O. Lang, *Tiefengewinnung mit Zoomkameras*, Vortrag, 19. Kolloquium der Automatisierungstechnik, Salzhausen, 11/1997

[8] T. Lietmann, *Steuerung eines Roboters in einem visuellen Regelkreis mit Zoomkamera*, Diplomarbeit, Institut für Automatisierungstechnik, Universität Bremen, 1/1998

[9] Y. Masutani, M. Mikawa, N. Maru, F. Miyazaki, *Visual Servoing for Non-Holonomic Mobile Robots*, IROS '94. Proceedings of the IEEE/RSJ/GI International Conference on Intelligent Robots and Systems, p.1133-40 vol.2 of 3, 1994

[10] R. Pissard-Gibollet, P. Rives, *Applying visual servoing techniques to control a mobile hand-eye system*, Proc. Of IEEE International Conference on Robotics and Automation, p.166-71 vol.1 of 3, 1995

[11] K. Hashimoto, T. Noritsugu, *Visual servoing of nonholonomic cart*, Proc. Of IEEE International Conference on Robotics and Automation p.1719-24 vol.2 of 4, 1997

[12] M. Kieren, *Modellbildung, Regelung und Trajektorienplanung mobiler Plattformen*, Diplomarbeit, Institut für Automatisierungstechnik, Universität Bremen, 12/1998

[13] Dieter W. Wloka, *Robotersysteme, Band 1: Technische Grundlagen*, Springer-Verlag, 1992

[14] O. Lang, A. Gräser, *Regelung eines Teilautonomen Roboters mittels Zoomkamera*, In D. Henrich (Hrsg.), Autonome Mobile Systeme, Informatik Aktuell, Springer-Verlag 1998

[15] F. Schreiber, *Visuelle Regelung eines Roboters mit sechs Freiheitsgraden und einer Zoomkamera*, Diplomarbeit, Institut für Automatisierungstechnik, Universität Bremen, 11/1998

[16] R. Otterbach, *3D-Objekterkennung und Lagebestimmung durch Auswertung von 2D-Bildfolgen*, VDI Fortschrittberichte Reihe 8: Meß-, Steuerungs- und Regeltechnik, 1995, S. 18-29

[17] B. Lohmann, M. Buttelmann, *Flache Systeme: Einführung, Anwendung und Realisierung einer Regelung für mobile Plattformen*, In B. Lohmann, A. Gräser (Hrsg.), Methoden und Anwendungen der Automatisierungstechnik, Shaker Verlag 1999

Roboterbewegungsplanung und Konfigurationssteuerung: Einsatz der Methode ergänzender imaginärer Glieder

Oleg Ivlev
Universität Bremen, Institut für Automatisierungstechnik
Kufsteiner Str. NW1, 28359 Bremen
E-Mail: oivlev@iat.uni-bremen.de

Kurzfassung

Die räumliche Redundanz bei Bewegungsplanungsaufgaben sowie die kinematische Redundanz bei der Konfigurationssteuerung redundanter Robotersysteme werden einheitlich betrachtet und auf gleiche Weise behoben. Das entwickelte Schema zur Generierung eines Satz von passenden Roboterkonfigurationen bei jedem Steuerungstakt ist von den externen Bedingungen sowie von den angewendeten Optimierungskriterien unabhängig und kann unverändert für verschiedene Aufgaben der Robotersteuerung/-regelung verwendet werden. Dabei ist der Rechenaufwand und die Genauigkeit sowohl zur Anzahl der redundanten Freiheitsgrade des Roboters als auch zur Aufgabenformulierung indifferent. Dies dient als Voraussetzung zur Entwicklung einer effizienten, unter harten Echtzeitbedingungen funktionierenden Roboterbewegungsplanung.

1 Einleitung

Die überwiegende Anzahl der Aufgabenstellungen in der Robotik, besonders im Servicebereich, wird bezüglich des kartesischen Arbeitsraums formuliert und besteht im allgemeinen in der gezielten Veränderungen der kartesischen Lage[1)] des Endeffektors (Greifers). Dabei wird die bestimmte Lage des Endeffektors entweder während des gesamten Bewegungsablaufs, wie z.B. beim Schweißen/Lackieren, oder nur an bestimmten Stellen im Raum (Transportaufgaben, Montageoperationen) gefordert. Dadurch entstehen unterschiedliche Bewegungsplanungsaufgaben:

- Eine räumliche, kollisionsfreie und abfahrbare Effektorbahn[2)] (Trajektorie) ist festgelegt, die entsprechenden Änderungen der Gelenkkoordinaten sind zu planen. Diese Problemstellung wird als Konfigurationssteuerung bezeichnet.
- Nur die Endlage des Greifers ist vorgegeben, die gesamte Roboterbewegung einschließlich der kartesischen Bahn (Trajektorie) des Greifers sowie die Konfigurationsänderungen sind zu planen. Diese Aufgabe wird als Bewegungsplanung betrachtet.

Diese beiden Problemstellungen sowie die Roboterbahnplanung (*path planning*) sind seit langem der Gegenstand der Untersuchungen [Pau81, FGL87]. Ein Übersicht ist z.B. in [Lat91] zu finden. Es gibt eine Reihe jüngerer Arbeiten, die sich mit dieser Problematik beschäftigen [Z_M93, R_H95, Hen96].

In diesem Beitrag wird die Methode der ergänzenden imaginären Glieder, die zur exakten Lösung des inversen kinematischen Problems und Konfigurationssteuerung kinematisch redundanter Robotersysteme entwickelt wurde, zur Lösung der Aufgaben der Roboterbewe-

---

1) Kartesische Lage – kartesische Position des Referenzpunktes (*TCP - Tool Center Point*) und Orientierung des mit dem Endeffektor (Greifer) des Roboters verbundenen Koordinatensystems (*Tool-Frame*)

2) Die Endeffektorbahn (Trajektorie) beschreibt die räumliche Lage des Effektors (Greifers) während der Roboterbewegung und umfaßt die Trajektorie des *TCP* und zugehörige Orientierung des *Tool-Frames*

gungsplanung eingesetzt. Dabei sind diese als redundante Aufgabenstellungen formuliert. In den nächsten Kapiteln werden die zusätzlichen Bedingungen zur Redundanzauflösung in beiden Fällen – kinematische Redundanz und redundante Aufgabenstellung – näher beschrieben und anhand einfacher Beispiele weiter erläutert.

2 Redundante Roboter und redundante Aufgabenstellungen

Die Geometrie eines Robotersystems als offene kinematische Kette wird durch die sogenannte direkte kinematische Gleichung

$$\mathbf{g} = f(\mathbf{q}) \tag{1}$$

beschrieben. Der s-dimensionale Vektor $\mathbf{g}$ definiert die kartesische Lage des *Tool-Frames* relativ zum Bezugskoordinatensystem, der n-dimensionale Vektor $\mathbf{q}$ beschreibt die relative Gelenkstellung (Konfiguration) des Robotersystem mit n Freiheitsgraden (*DoF* – *Degrees of Freedom*). Das Maß von s hängt von der Dimension des Roboterarbeitsraums ab. In einem 3-dimensionalen Arbeitsraum ist s=6, da die Greiferlage durch sechs Parameter (drei Koordinaten und drei Winkel) vollständig definiert wird. Bei einer ebenen Bewegung ist s=3, da hier zwei kartesische Koordinaten und ein Winkel notwendig sind.

Stimmt die Anzahl der Gelenkkoordinaten mit der Anzahl der vorgegebenen Parameter der Greiferlage $n=s$ überein, liegt keine Redundanz vor. Die Auflösung des Gleichungssystems (1) relativ zu $\mathbf{q}$ bei einem vordefinierten $\mathbf{g}$ ist als Rücktransformation oder Lösung des inversen kinematischen Problems von nichtredundanten Robotern gut erforscht und liefert die zur Gelenkansteuerung notwendige Abbildung der kartesischen Trajektorie im Konfigurationsraum des Roboters [K_a94].

Ein Roboter wird als redundant bezeichnet, wenn er mehr DoF hat, als für Realisierung der vorgegebenen Greiferlage erforderlich ist, also wenn $n>s$. Dies kann in zwei Fällen zutreffen:

1. <u>redundante Roboter</u>: wenn bei einer vollständigen Vorgabe der Greiferlage ($s=6$ im 3D-Raum/$s=3$ im 2D-Raum) die Anzahl der Robotergelenke $n>6$ bzw. $n>3$ ist;
2. <u>redundante Aufgaben</u>: wenn die Anzahl der vorgegebenen Komponenten des Vektors $\mathbf{g}$ $s<n\leq 6$ im 3D-Raum bzw. $s< n\leq 3$ im 2D-Raum ist.

In beiden Fällen ist die Anzahl der Gelenkkoordinaten größer als die Anzahl der vorgegebenen Parameter der Greiferlage. Die Differenz $n\text{-}s$ wird als *Redundanzgrad* (*DoR* - *Degree of Redundancy*) bezeichnet. Zum Beispiel ist bei der vollständigen Vorgabe der Greiferlage $DoR=1$ für einen Roboter mit 7 DoF in einem 3D Arbeitsraum und für einen planaren Roboter mit 4 DoF. In dem Fall für diese redundante Roboter sind ausschließlich die Konfigurationsänderungen zu planen.

Wird für einen 6-achsigen Roboter die Aufgabe so formuliert, daß die TCP-Trajektorie im kartesischen 3D-Raum mit beliebiger Greiferorientierung abgefahren werden soll, enthält das Gleichungssystem (1) sechs Gleichungen und neun Unbekannte. Dies ist bereits eine redundante Aufgabenstellung mit $DoR=3$. Trotzdem kann in diesem Fall die Anzahl der Gleichungen und Unbekannten reduziert werden, wenn die Orientierungskomponenten des Vektors $\mathbf{g}$ und entsprechende Gleichungen in (1) aus der Betrachtung ausgeschlossen werden. Dann wird diese redundante Aufgabe durch einen redundanten Roboter und die Bewegungsplanung durch die Konfigurationssteuerungsaufgabe ersetzt. Der Redundanzgrad behält den Wert $DoR=3$ bei.

Allerdings können nicht alle redundanten Aufgaben durch einfache Reduktion der Gleichungsanzahl in (1) auf redundante Roboter zurückgeführt werden. Besonders im Bereich der Servicerobotik, sowie in der Industrie bei Montagen- und Transportoperationen, tritt häufig die Aufgabe auf, einen Gegenstand von einer Stelle an eine andere zu transportieren. Zwischen diesen beiden vorgegebenen Greiferlagen (Start- und Endlage) ist der Bahnverlauf beliebig. In diesem Fall entsteht ein System mit Redundanz eines relativ hohen Grades, für das die gesamte Bewegungsplanung notwendig ist.

Die konventionelle Vorgehensweise bei der Roboterbewegungsplanung besteht darin, daß zuerst eine kollisionsfreie Greiferbahn zwischen Start- und Endlage geplant und dann in den Konfigurationsraum abgebildet wird. Oder es wird zuerst eine der Endgreiferlage entsprechende Konfiguration ermittelt und dann im Konfigurationsraum der Übergang von Ist- zur Soll-Konfiguration geplant.

In Hinsicht auf (1) besteht aber der Unterschied zwischen redundanten Robotern und redundanten Aufgaben nur darin, daß sich im ersten Fall alle Unbekannten auf der rechten Seite der Matrixgleichung befinden. Im zweiten Fall sind neben unbekannten Gelenkvariablen auf der rechten Seite auch unbekannte Komponente des Vektors **g** auf der linken Seite vorhanden. Diese einheitliche Betrachtungsweise erlaubt auch die Anwendung zur Redundanzauflösung bei der Bewegungsplanung der ursprünglich zur Konfigurationssteuerung entwickelten Methode der ergänzenden imaginären Glieder [I_G97].

In folgenden Kapiteln wird die Methode näher beschrieben und beide Ansatzmöglichkeiten werden anhand eines einfachen Beispieles verdeutlicht.

3 Methode der Redundanzauflösung

Folgende Überlegungen liegen der Idee der Redundanzauflösung mittels einfacher geometrischen Bedingungen zugrunde.

Die Voraussetzung für eine glatte Roboterbewegung sind relativ kleine Änderungen der Gelenkkoordinaten bei jedem kartesischen Steuertakt. Dies führt zu limitierten partiellen Konfigurationsänderungen. Die Gliederstellung im kartesischen Raum (kartesische Pose des Roboters) ändert sich auch gering gegenüber der vorherigen Roboterpose (gestrichelte Linie im *Bild 1*).

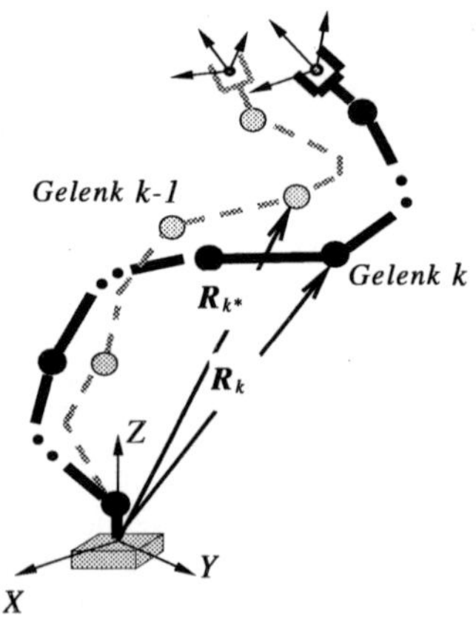

Bild 1. Partielle Änderung der Roboterpose (vergrößert) bei einem kartesischen Steuertakt

Die Differenz zwischen den Positionsvektor $\mathbf{R}_k$ des Gelenks k am Anfang $\mathbf{R}_{k*}=\mathbf{R}_k(t)$ und am Ende $\mathbf{R}_k=\mathbf{R}_k(t+\tau)$ jedes Steuertaktes darf nicht groß sein. Die Bedingung einer glatten Änderung einer Gelenkkoordinate kann durch eine Skalargleichung

$$\lambda_k^2 = (\mathbf{R}_k - \mathbf{R}_{k*})^T \cdot (\mathbf{R}_k - \mathbf{R}_{k*}) \tag{2}$$

ausgedrückt werden, wobei $\lambda_k = (0.01...0.1)L_{k-1}$. Durch L_{k-1} ist die Länge des Gliedes k-1 bezeichnet, das die Gelenke k-1 und k (d.h. die Ursprünge der benachbarten *Frames*) verbindet:

$$L_{k-1} = \sqrt{(\mathbf{R}_k - \mathbf{R}_{k-1})^T \cdot (\mathbf{R}_k - \mathbf{R}_{k-1})}$$

Da der Vektor $\mathbf{R}_k$ eine Funktion der vorhergehenden Gelenkkoordinaten $q_1...q_{k-1}$ ist, können die Gleichungen (2) als Ergänzungsgleichungen für das redundante Gleichungssystem (1) dienen. Die notwendige Anzahl der Gleichungen ist dem Redundanzgrad gleich.

Voraussetzung zur Existenz einer Lösung des erweiterten Gleichungssystems (1)-(2) ist der volle Rang der erweiterten Jakobi-Matrix. Dies ist durch die entsprechende Auswahl der Parameter λ_k zu erfüllen. Die Gleichung (2) beschreibt eine Sphäre im Raum mit dem Ursprungspunkt $\mathbf{R}_{k*}$ und dem Radius λ_k. Aus der Sicht der Mechanik wird dadurch das Anknüpfen an die ursprünglich offene kinematische Kette eines zusätzlichen Gliedes der Länge λ_k mit zwei ungesteuerten reibungslosen Kugelgelenken modelliert. Diese Analogie hat der Methode den Name gegeben.

Zur Einschätzung der Eignung und zum Vergleich der Wirkungsweise dieser Methode bei der Redundanzauflösung in beiden Fällen – redundante Roboter und redundante Aufgaben – wird die ebene Bewegung eines Manipulators mit drei rotatorischen Gelenken betrachtet (*Bild 2*).

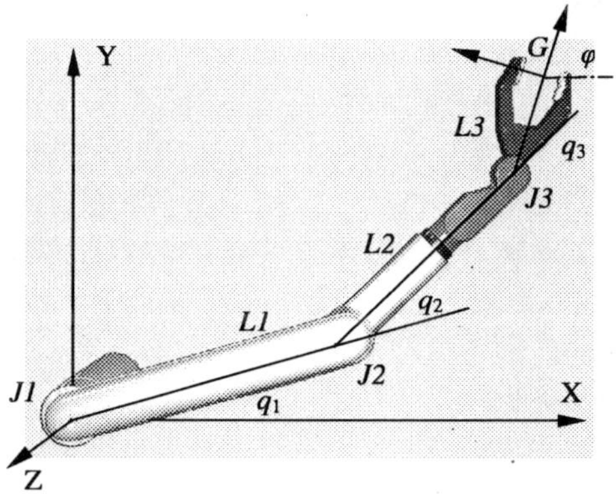

Bild 2. Ein planarer Manipulator mit drei rotatorischen Gelenken

Die Matrixgleichung (1) nimmt in diesem Fall die skalare Form

$$x_G = L_1 c_1 + L_2 c_{12} + L_3 c_{123} \tag{3}$$

$$y_G = L_1 s_1 + L_2 s_{12} + L_3 s_{123} \tag{4}$$

$$\varphi_G = q_1 + q_2 + q_3 \tag{5}$$

an, wobei s_{ij} und c_{ij} konventionell $sin(q_i+q_j)$ und $cos(q_i+q_j)$ bezeichnen.

Bei der vollständigen Vorgabe der kartesischen Trajektorie des Greifers $\mathbf{g}^* = [x^*(t), y^*(t), \varphi^*(t)]$ stellt dieser Manipulator einen nichtredundanten Fall dar. Die vorliegenden drei Gleichungen mit drei Unbekannten können nach dem Einsetzen von (5) in (3) und (4) zu einem Gleichungssystem von 2 Gleichungen mit 2 Unbekannten verwandelt und problemlos gelöst werden [Pau81]:

$$q_2 = \text{atan2}\left(\pm\sqrt{1-K^2},\, K\right),\; q_1 = \text{atan2}\left(k_y k_c - k_x k_s,\, k_y k_s + k_x k_c\right),\; q_3 = \varphi^* - q_1 - q_2 . \qquad (6)$$

mit

$$k_s = L_2 s_2,\, k_c = L_1 + L_2 c_2,\;\; k_x = x_G^* - L_3\cos(\varphi^*),\, k_y = y_G^* - L_3\sin(\varphi^*),\, K = \left(k_x^2 + k_y^2 - L_1^2 - L_2^2\right)/\,2L_1L_2$$

Die analytische Lösung (6) liefert in diesem nichtredundaten Fall zwei mögliche Konfigurationen und entsprechend 2 Roboterposen; nur eine von beiden gewährleistet allerdings die kleinen Winkeländerungen gegenüber der vorherigen Konfiguration. Die notwendige und ausreichende Bedingung zur Existenz dieser Lösung $K \le 1$ wird für eine erreichbare Greiferlage immer erfüllt.

4 Konfigurationssteuerung redundanter Roboter

Ist die Aufgabe so formuliert, daß der TCP des Greifers eine Kurve abfahren muß, und die Greiferorientierung dabei beliebig ist, kommen nur die ersten zwei Gleichungen (3) und (4) in Betracht. Zur Erweiterung dieses unterbestimmten Systems mit *DoR=1* wird eine zusätzliche Gleichung vom Typ (2) notwendig. Diese Gleichung kann entweder bezüglich des Gelenks *J2* oder des Gelenks *J3* erstellt werden.

Im ersten Fall wird von (2) unter Berücksichtigung $\mathbf{R}_2=[L_1c_1, L_1s_1]^T$ und $\mathbf{R}_{2*}=[x_{J2}, y_{J2}]^T$ folgende Gleichung abgeleitet:

$$k_{S1}s_1 + k_{C2}c_1 = k_1 \qquad (7)$$

wobei $k_{S1} = y_{J2},\; k_{C2} = x_{J2},\; k_1 = \left(k_{S1}^2 + k_{C1}^2 + L_1^2 - \lambda_2^2\right)/\,2L_1$. Diese Gleichung hat eine bekannte Doppellösung [Paul81]

$$q_1 = \text{atan2}\left(k_1,\, \pm\sqrt{k_{S1}^2 + k_{C1}^2 - k_1^2}\right) - \text{atan2}\left(k_{C1},\, k_{S1}\right). \qquad (8)$$

Ist q_1 ermittelt, enthalten die zwei Gleichungen (3)-(4) zwei Unbekannte $q_{12} = q_1+q_2$, $q_{123} = q_{12}+q_3$ und liefern eine Doppellösung für q_{12}

$$q_1 + q_2 = \text{atan2}\left(k_{12},\, \pm\sqrt{k_{S12}^2 + k_{C12}^2 - k_{12}^2}\right) - \text{atan2}\left(k_{C12},\, k_{S12}\right), \qquad (9)$$

sowie eine eindeutige Lösung für q_{123}:

$$q_1 + q_2 + q_3 = \text{atan2}\left(k_{C12} - L_2c_{12},\; k_{S12} - L_2s_{12}\right). \qquad (10)$$

Dabei gilt: $k_{S12} = y_G - L_1s_1,\; k_{C12} = x_G - L_1c_1,\; k_{12} = \left(k_{S12}^2 + k_{C12}^2 + L_2^2 - L_3^2\right)/\,2L_2$.

Wird die zusätzliche Gleichung bezüglich des Gelenks *J3* erstellt, ergibt sich aus (2) mit

$$\mathbf{R}_3=[L_1c_1+ L_2c_{12}, L_1s_1+ L_2s_{12}]^T=[x_G - L_3c_{123}, y_G - L_3s_{123}]^T,\quad \mathbf{R}_{3*}=[x_{J3}, y_{J3}]^T \qquad (11)$$

folgende Gleichung:

$$k_{S123}s_{123} + k_{C123}c_{123} = k_{123},$$

wobei $k_{S123} = y_G - y_{J3}$, $k_{C123} = x_G - x_{J3}$, $k_{123} = \left(k_{S123}^2 + k_{C123}^2 + L_3^2 - \lambda_3^2\right)/\,2L_3$. Die doppelte Lösung für die Variable q_{123} hat die Form:

$$q_1 + q_2 + q_3 = \mathrm{atan2}\left(k_{123}, \pm\sqrt{k_{S123}^2 + k_{C123}^2 - k_{123}^2}\right) - \mathrm{atan2}\left(k_{C123}, k_{S123}\right). \tag{12}$$

Für die beiden anderen Variablen q_{12} und q_1 gilt:

$$q_1 + q_2 = \mathrm{atan2}\left(k_{12}, \pm\sqrt{k_{S12}^2 + k_{C12}^2 - k_{12}^2}\right) - \mathrm{atan2}\left(k_{C12}, k_{S12}\right), \tag{13}$$

$$q_1 = \mathrm{atan2}\left(k_{C12} - L_2 c_{12},\ k_{S12} - L_2 s_{12}\right), \tag{14}$$

wobei $k_{S12} = y_G - L_1 s_{123}$, $k_{C12} = x_G - L_1 c_{123}$, $k_{12} = \left(k_{S12}^2 + k_{C12}^2 + L_2^2 - L_3^2\right)/\,2L_2$..

Die gefundenen unterschiedlichen Lösungen (8)-(10) und (12)-(14) liefern je ein Satz von 4 möglichen Roboterkonfigurationen. Aber nur zwei Konfigurationen in jedem Set entsprechen der Forderung der glatten Roboterbewegung (kleine Winkeländerungen). Von diesen 4 passenden Konfigurationen wird bei jedem Steuertakt eine ausgewählt, die den verwendeten Kriterien entspricht. Die Möglichkeiten der Konfigurationssteuerung auf dieser Basis wurden in [I_G98] anhand der analytischen Lösung des inversen kinematischen Problems für einen räumlichen Manipulator mit 7 *DoF* (1 *DoR*) sowie für ein planares Robotersystem mit 4 *DoF* und 2 *DoR* demonstriert.

5 Bewegungsplanung bei redundanter Aufgabenstellung

Bei der Aufgabe, am Ende einer Bewegung einen Punkt $\{x^*(T),\ y^*(T)\}$ im Arbeitsraum zu erreichen, ohne eine vorgegebene Greifertrajektorie bei der Zwischenbewegung abfahren zu müssen, hat das Gleichungsystem (3)-(5) den Redundanzgrad *DoR*=3. Dies ist unabhängig davon, ob in diesem Punkt vom Greifer eine beliebige oder eine bestimmte Orientierung $\varphi^*(T)$ angefordert wird. Im ersten Fall kommen die zwei ersten Gleichungen (3) und (4) mit insgesamt 5 Unbekannten – q_1, q_2, q_3, x_G, y_G – in Betracht, im zweiten Fall müssen auch die dritte Gleichung (5) und entsprechend die sechste Variable φ berücksichtigt werden.

Um die Redundanz aufzulösen, werden drei zusätzliche Gleichungen vom Typ (2) bezüglich der Gelenke *J2* und *J3* sowie des Punktes *G* (*TCP*) erstellt. Die Gleichung bezüglich des Gelenks *J2* hat die Form (7) mit der Doppellösung (8) für die Variable q_1.

Die Gleichung bezüglich des Gelenks *J3* nimmt unter Berücksichtigung der Ausdrücke (11) folgende Form an:

$$\lambda_3^2 = (L_1 c_1 + L_2 c_{12} - x_{J3})^2 + (L_1 s_1 + L_2 s_{12} - y_{J3})^2 .$$

Da die Variable q_1 schon ermittelt ist, kann diese Gleichung zu einer Gleichung relativ q_{12}

$$k_{C12} c_{12} + k_{S12} s_{12} = K_2 .$$

mit $k_{S12} = y_G - L_1 s_1$, $k_{C12} = x_G - L_1 c_1$, $K_2 = \left(k_{S12}^2 + k_{C12}^2 + L_2^2 - \lambda_3^2\right)/\,2L_2$ umgeformt werden, und weiter zur Gleichung relativ q_2:

$$(k_{C12} c_1 + k_{S12} s_1) c_2 + (k_{S12} c_1 - k_{C12} s_1) s_2 = K_2 .$$

Diese Gleichung hat auch eine Doppellösung für q_2:

$$q_2 = \operatorname{atan2}\left(K_2, \pm\sqrt{k_{S2}^2 + k_{C2}^2 - K_2^2}\right) - \operatorname{atan2}(k_{C2}, k_{S2}), \tag{15}$$

wobei $k_{C2} = k_{C12}c_1 + k_{S12}s_1, \quad k_{S2} = k_{S12}c_1 - k_{C12}s_1$.

Auf die gleiche Weise wird die Lösung für die verbliebene dritte Variable q_3 aus der Gleichung

$$\lambda_G^2 = (L_1c_1 + L_2c_{12} + L_3c_{123} - x_{J3})^2 + (L_1s_1 + L_2s_{12} + L_3s_{123} - y_{J3})^2.$$

ermittelt:

$$q_3 = \operatorname{atan2}\left(K_3, \pm\sqrt{k_{S3}^2 + k_{C3}^2 - K_3^2}\right) - \operatorname{atan2}(k_{C3}, k_{S3}). \tag{16}$$

Hier sind folgende Bezeichnungen benutzt:

$$k_{C3} = k_{X3}c_{12} + k_{Y3}s_{12}, \quad k_{S3} = k_{Y3}c_{12} - k_{X3}s_{12}, \quad K_3 = \left(k_{X3}^2 + k_{Y3}^2 + L_3^2 - \lambda_G^2\right)/2L_3,$$
$$k_{Y3} = y_G - L_1s_1 - L_2s_{12}, \quad k_{X3} = x_G - L_1c_1 - L_2c_{12}.$$

Die geschlossene exakte Lösung (8), (15)-(16) liefert 8 mögliche Konfigurationen (Roboterposen). Jede der ermittelten Posen weist die kleinen Winkeländerungen gegenüber der vorherigen Konfiguration auf und entspricht dadurch der Forderung eines glatten Roboterbewegung. Durch die Variation der in dieser Lösung enthaltenden Parameter λ_2, λ_3, λ_G können weitere passende Konfigurationen generiert werden. Die größere Anzahl der zur Auswahl stehenden Konfigurationen in jedem Steuertakt erhöht die Flexibilität des Bewegungsplanungssystems.

Bild 3 zeigt die Ergebnisse der Bewegungsplanung bei unterschiedlichen Größen der Parameter λ für einen Manipulator mit $L_1=L_2=1.0$, $L_3=0.5$. Als Start-Konfiguration wurde $q_1=135°$, $q_2=-60°$, $q_3=15°$ ausgewählt. Die Aufgabe ist einen Punkt mit den Koordinaten $x^*(T)=1.5$, $y^*(T)=0$ zu erreichen. Dabei ist die Orientierung des Greifers $\varphi^*(T)=90°$ einzunehmen.

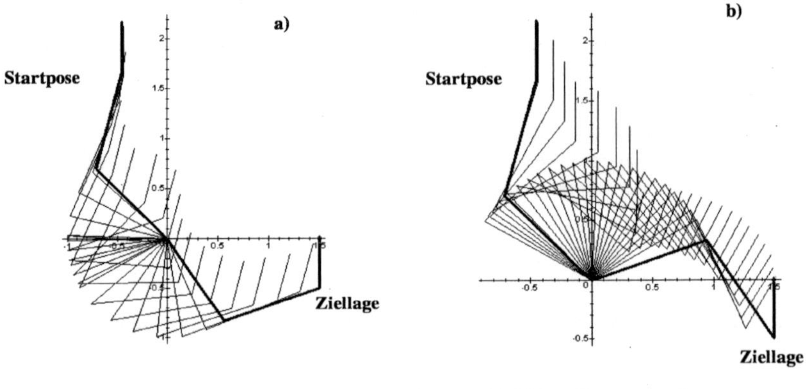

Bild 3. Planung der Bewegung bei unterschiedlichen Parametern λ:
a) $\lambda_2=0.01$, $\lambda_3=\lambda_G=0.02$;
b) $\lambda_2=\lambda_3=\lambda_G=0.05$;

Die Modellierung aufgrund der Lösung (8), (15)-(16) bestätigt die Brauchbarkeit dieser Methode für Aufgaben der Bewegungsplanung. Die gewünschte Lage des Greifers wird abhängig von den Parametern der imaginären Glieder mit zwei unterschiedlichen Roboterposen erreicht. Die erwiesene Flexibilität kann bei der Kollisionsvermeidung eine wichtige Rolle spielen.

6 Zusammenfassung

Im Beitrag wird die zur Konfigurationssteuerung redundanten Roboter entwickelte Methode der ergänzenden imaginären Glieder für die Roboterbewegungsplanung eingesetzt. Die räumliche Redundanz der Aufgabenstellung wird durch zusätzliche geometrische Gleichungen aufgelöst, durch die die aufgabenbedingten Beschränkungen der Roboterbeweglichkeit direkt in die kinematischen Gleichungen eingeführt werden. Diese einfachen Bedingungen erlauben explizite Rücktransformation in einer geschlossenen Form. Auf dieser Basis wird bei jedem Steuerungstakt ein Satz von möglichen Konfigurationen berechnet, aus dem die Beste nach den verwendeten Kriterien ausgewählt wird. Als Optimierungskriterien können sowohl einfache kollisionsvermeidende, als auch komplexe dynamische Restriktionen verwendet werden.

Die gefundene exakte, geschlossene Lösung ist von externen Bedingungen unabhängig und kann unverändert für verschiedene Aufgaben der Robotersteuerung/-regelung eingesetzt werden. Dabei ist die Rechengenauigkeit sowohl zur Anzahl von redundanten Freiheitsgraden des Roboters als auch zur Aufgabenformulierung indifferent. Dies dient als Voraussetzung zur Entwicklung eines effizienten, unter harten Echtzeitbbedingungen lauffähigen Roboterbewegungsplanungsystems.

7 Literatur

[Pau81] Paul R.P. *Robot Manipulators: Mathematics, Programming and Control.* MIT Press, Cambridge, 1981

[FGL81] Fu K.S., Gonzalez R.C., Lee C.S.G. *Robotics: Control, Sensing, Vision, and Intelligence.* McGraw-Hill, New-York, 1987

[Lat91] Latombe J.-C. *Robot Motion Planning.* Kluwer Academic Publishers, 1991

[Hen96] Henrich D. *Parallel processing approaches to motion planning – an overview.* In: IEEE Int. Conf. Robotics & Automation, Minnesota, 1996

[R_H95] Ralli E., Hirzinger G. *Fast Path Planning for 6-DOF Robot Manipulators in Static or Partially Changing Environments.* Proceedincs of the 7th Int. Conf. On Advanced Robotics (ICAR), Spain, Sept. 20-22, 1995

[I_G97] Ivlev O., Gräser A. *An Analytical Method for the Inverse Kinematics of Redundant Robots.* Proc. of the Third ECPD International Conference on advanced Robots, Intelligent Automation and Active Systems. Bremen, September 15-17, 1997, S. 416-421.

[I_G98] Ivlev O., Gräser A. *Resolving Redundancy of Series Kinematic Chains through Imaginary Links.* CESA'98 IMACS Multiconference: Computational Engineering in Systems Applications. Nabeul-Hammamet, Tunisia, April 1-4, 1998, S. 477-482

[Z_M93] Zhang Y., Münch H. *Modellgestützte optimale Bewegungsplanung für Industrieroboter.* VDI-Berichte, Nr. 1094, 1993

[K_a94] Kreuzer E.J., Lugtenburg J.-B., Meißner H.-G., Truckenbrodt A. *Industrieroboter.* Springer-Verlag, 1994, 354 S.

System-Identifikation des katalysierten Wasserstoffperoxidzerfalls im Durchflußrührkesselreaktor

Thomas Vielhaben* Günter Schulz-Ekloff* Georg Thiele†

*Institut für Angewandte und Physikalische Chemie
†Institut für Automatisierungstechnik
Universität Bremen, 28334 Bremen

Abstract

Der kontinuierlich betriebene Rührkesselreaktor gehört zu den am meisten verwendeten Reaktortypen und bietet vielfältige Möglichkeiten der Automatisierung. Eine notwendige Voraussetzung für eine sichere Regelung dieses Reaktors bei dynamischer Betriebsführung ist die Kenntnis eines Modells, dessen Parameter entweder physikalisch oder chemisch definiert sind oder die über einen weiten Variationsbereich sicher identifiziert werden können. Am Beispiel des katalytischen Wasserstoffperoxidzerfalls wird die Vorgehensweise zur Ermittlung eines Modells unter Anwendung von Experimenten, Rechnersimulationen und Parameterschätzungen beschrieben.

1 Einführung

Der kontinuierlich betriebene Rührkesselreaktor bietet gegenüber dem diskontinuierlichen Chargenbetrieb die Vorteile geringerer Lohnkosten, gleichbleibender Produktqualität aufgrund konstanter Betriebsbedingungen und hoher Sicherheit, da weitgehende Möglichkeiten zur Automatisierung bestehen [1, 2, 3, 4, 5]. Zur höheren Sicherheit tragen auch die Eingriffsmöglichkeiten über die Variation der Zulaufmengen bei. Die höhere Sicherheit erlaubt eine höhere Produktionskapazität über die Anwendungen höherer Temperaturen und Drücke. Im Vergleich mit der alternativen kontinuierlichen Stoffumwandlung im Strömungsrohr weist der Rührkessel mehrere Vorteile auf, wie geringere Baukosten, leichtere Temperaturregelung, da örtliche Überhitzungen durch die gute Verteilung auf ein großes Volumen vermieden werden, variable Kühlungsmöglichkeiten und leichte Reinigung durch einfache Zugänglichkeit. Weitere Vorteile ergeben sich durch die Möglichkeit, mehrere Rührkessel zu einer Kaskade zu vereinigen. Zum Beispiel kann ein eventuell notwendiges zeitliches Temperaturprofil dadurch vermieden werden, daß es räumlich auf Stufen der Kaskade verteilt wird. Ferner wird die Vermischung aller Produkte mit allen Edukten vermieden. Bei konstanter Verweilzeit können bei Parallelreaktionen höhere Ausbeuten dadurch erreicht werden, daß die Edukte sukzessive über mehrere Stufen verteilt zugeführt werden. In der Biotechnologie z. B. können mit Kaskaden häufig erforderliche sehr lange Verweilzeiten realisiert oder nichtlineare Enzymkinetiken durch Variation der Volumenverhältnisse der Stufen optimiert werden [4]. Kontinuierlicher Rührkessel und Kaskade gehören zu den überwiegend angewendeten industriellen Reaktortypen, z. B. bei Polymerisationen und Bioreaktionen.

Bei Stoffumwandlungen, an denen zwei oder drei Phasen beteiligt sind, z. B. ein Katalysator als feinverteilte feste Phase, ein flüssiges Edukt und Sauerstoff als Oxidationsmittel, wird häufig nur ein Reaktionspartner, z. B. Sauerstoff, kontinuierlich zugeführt (halbkontinuierlicher Betrieb). Die Gasphase übernimmt dann die Funktion der Vermischung, z. B. der flüssigen Phase oder Suspension im Blasensäulenreaktor oder der festen Katalysatorphase im Wirbelbettreaktor.

Wichtiges Merkmal des kontinuierlichen Rührkessels ist die Vermischung, die zu einer identischen Zusammensetzung im Inneren und am Ausgang des Reaktors führt. Bei niedriger Viskosität reicht ein Rührer aus, während höhere Zähigkeiten ein Umpumpen (innere und äußere Schlaufenreaktoren) erfordern. Bei der Erstellung von Modellen ist die Betrachtung eines Rührkessels als idealer Reaktor zulässig, wenn die Zeiten für die Vermischung 1-2 Größenordnungen kleiner sind als für die Stoffumwandlung oder als die Verweilzeiten [5].

Exotherme Reaktionen im gekühlten Durchflußrührkesselreaktor können stabile Betriebspunkte als Ruhelagen, oder Grenzzyklen aufweisen [6]. Eine sichere Regelung für alle diese Zustände ist nur zu erwarten, wenn ein Modell mit genügender Genauigkeit und Robustheit gegen Parameterunsicherheiten erstellt werden kann. Im folgenden wird die Vorgehensweise für die Ermittlung eines Modells der katalysierten Zersetzung von Wasserstoffperoxid beschrieben. Dabei liegt der Schwerpunkt bei der Schätzung der Modellparameter.

2 Modellreaktion

2.1 Modellgleichungen

Der katalysierte Zerfall von Wasserstoffperoxid wird in einem Durchflußrührkesselreaktor, abgekürzt CSTR (Continuous Stirred Tank Reactor), durchgeführt. Die Reaktanden, d. h. wäßrige Lösungen von Eisen(III)-nitrat (0,18 molar) mit Salpetersäure (0.1 N) als pH-stabiler Katalysator und von H_2O_2-Lösung (7,2 molar) als Edukt, werden aus Vorratsgefäßen mit geregelten Schlauchquetsch-Pumpen (ISMATEC; MV-CA4) zugeführt. Das Reaktionsgemisch wird kontinuierlich durch einen Überlauf, der ein konstantes Reaktionsvolumen erzwingt, aus dem Reaktor abgeleitet. Die Zulauftemperaturen T_f werden mit Thermoelementen in den Vorratsgefäßen erfaßt. Die Änderung der H_2O_2-Konzentration ohne Verweilzeitänderung wird über ein Mischkreuz als Stellglied ermöglicht. Die Reaktortemperatur wird am Auslaßrohr gemessen. Die Temperatur des primären Kühlkreislaufs T_c wird am Eingang des Kühlmantels gemessen und mit Hilfe von sekundären Heiz- und Kühlkreisläufen auf 0,2 K genau eingestellt. Ein Rechner (486 DX/2, 66 MHz) registriert die Reaktortemperatur T_r als Regelgröße, sowie verschiedene Parameter, wie Durchflußraten bzw. Verweilzeit und die Temperatur des Raums und der zufließenden Reaktanden. Die Realzeit-Software ist in der Sprache C implementiert. Als Prozeß-I/O (Input/Output) werden sowohl handelsübliche (PC 20; PC/20428 W) als auch speziell angepaßte Rechner-Interfaces verwendet (Abb. 1).

2.2 Modell

Das dynamische Modell der katalysierten H_2O_2-Zersetzung im CSTR basiert auf der Stoffbilanz (1) und Wärmebilanz (2) [7]

$$V \frac{dc_r}{dt} = q\,(c_f - c_r) - V\,r(c_r, T_r) \tag{1}$$

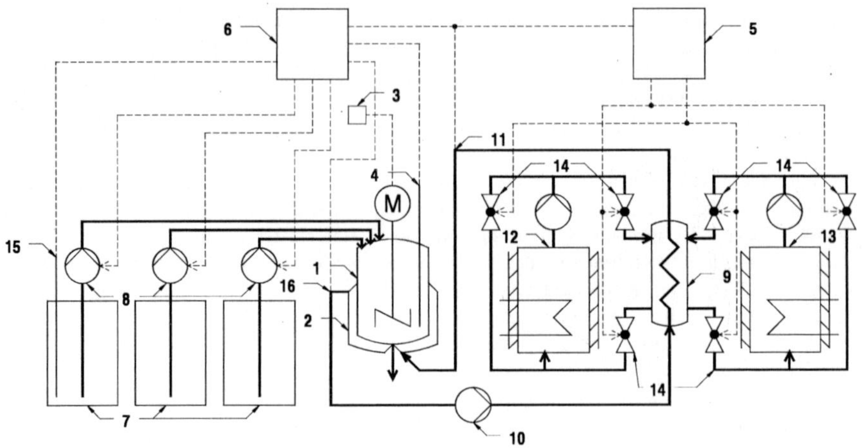

Abbildung 1: Reaktor und Peripherie: Glaskolben (1), Kühlmantel (2), Tachometer (3), Thermoelement (4), Kühltemperatur-Regler (5), PC (6), Vorratsgefäße (7), Dosierpumpen (8), Wärmetauscher (9), Umwälzpumpe (10), Kontaktthermometer (11), Kryostat (12), Thermostat (13), Magnetventile (14).

$$V\,\rho\,c_p\frac{dT_r}{dt} \;=\; -\Delta_R H\;V\;r(c_r,T_r)\;-\;(\;h_W\;A_W(T_r-T_c)\;+\;q\;c_p\;\rho(T_r-T_f)) \qquad (2)$$

wobei V das Reaktionsvolumen (0,25 l), q die Durchflußrate, c_f die Konzentration des zugeführten H_2O_2, $\Delta_R H$ die Reaktionsenthalpie $(-94,8\ \mathrm{kJ/mol})$, ρ die Dichte des Reaktionsgemisches (g/cm^3) und $r(c_r,T_r)$ die Reaktionsgeschwindigkeit sind. Der kinetische Term $r(c_r,T_r)$ ist

$$r(c_r,T_r) \;=\; c_r\;k_0\;\frac{[\mathrm{Fe}^{3+}]}{[\mathrm{H}^+]\;+\;K_F}\;e^{\frac{-E_A}{R\,T_r}} \;=\; c_r\;k_0'\;e^{\frac{-E_A}{R\,T_r}} \qquad (3)$$

wobei die Konzentrationen von Eisen $[\mathrm{Fe}^{3+}]$ und Salpetersäure $[\mathrm{H}^+]$ konstant sind.

2.3 Parameterermittlung

Für eine Modellbildung und Simulation des Reaktionsverlaufes müssen zunächst die die Reaktion beschreibenden kinetischen Parameter E_A und k_0 sowie der Wärmeübergangskoeffizient h_w bestimmt werden. Die weiteren Parameter $(V, c_f, A_W, \mathrm{H}^+)$ sind direkt meßbar oder können Tabellenwerken [8] entnommen werden.

Der Wärmeübergangskoeffizient $h_W(0,033\ \mathrm{J/Kscm}^2)$ zum Kühlmantel wurde aus dem zeitlichen Temperaturverlauf, als Systemantwort auf einen Puls, nach der FOURIER-Gleichung

$$-m\;c_p\;\frac{dT_r}{dt} \;=\; h_W\;A_W\;F(T_r-T_c) \qquad (4)$$

bestimmt, wobei m die Masse des Reaktionsgemisches im Reaktor (250 g), c_p die spezifische Wärmekapazität (4,141 J/g) und A_W die Wärmeaustauschfläche $(176\ \mathrm{cm}^2)$ sind. Der Einfluß der Sauerstoffbläschen, die bei dem H_2O_2-Zerfall entstehen und die Reaktorwand bedecken, auf den Wärmeaustausch wurde in Blindversuchen mit Sauerstoffeinblasung ermittelt. Die Standardabweichung für h_W betrug dabei 3 Prozent.

Zur Bestimmung von Aktivierungsenergie und Frequenzfaktor nach der Curve-Peeling Methode [9] wird dem Reaktor im Laborexperiment eine stückweise konstante Kühlmitteltemperatur aufgeprägt. Die Zeitdauer der einzelnen konstanten Abschnitte ist so gewählt, daß sich jeweils ein stationärer Zustand der Reaktortemperatur einstellt. So ist jeder stationären Reaktortemperatur T_{rs} eine Kühlmitteltemperatur zugeordnet, für die ein stationärer Umsatz bestimmt werden kann. Aus der semilogarithmischen Auftragung der reziproken Reaktortemperaturen $\frac{1}{T_{rs}}$ gegen die stationären Umsätze, die der Beziehung $U_s = K(T_{rs})\ \tau$ entsprechen, lassen sich E_A und k_0 bestimmen.

3 Modellerweiterungen

Trotz der vollständigen Kenntnis aller Parameter fällt eine Verifikation mittels Simulation mit dem mathematischem Modell (1) und (2) gegen die realen Labormessungen negativ aus. Besonders auffällig ist die Tatsache, daß in der Simulation Reaktortemperaturen über 370 K auftreten. Diese Temperaturspitzen sind im realen Experiment nicht zu beobachten, da der wäßrige Reaktorinhalt im druckfreien System sofort in die Gasphase übergehen würde. Diesen Phasenübergang beobachtet man im Experiment aber schon bei wesentlich niedrigeren Temperaturen. Den Indikator bilden kleine Wassertropfen, die an der Reaktorwand auskondensieren. Die für diesen Phasenübergang notwendige Energie muß deshalb in der Wärmebilanz berücksichtigt werden. Für den überwiegend wäßrigen Reaktorinhalt kann als Verdampfungsenthalpie die von Wasser $\Delta_V H = 48\ \mathrm{kJ/mol}$ angesetzt werden. In [10] wird der zusätzliche Energieaustrag mit $\dot{Q} = \dot{n}\ \Delta_V H$ berücksichtigt. Dabei ist n die Anzahl der Wassermoleküle, deren Bewegungsenergie so groß ist, daß sie ihren Aggregatzustand wechseln können. In Anlehnung an die MAXWELLsche Geschwindigkeitsverteilung der Moleküle in idealen Gasen gilt:

$$\dot{n} \;=\; F\,\dot{n}_{fl}\,\sqrt{R\,T\,2\,\pi\,M}\;e^{\frac{-\Delta_V H}{R\,T}}$$

wobei F die Flüssigkeitsoberfläche und $\dot{n}_{fl}$ die effektive Konzentration des verdunstenden Stoffes darstellen. Die präexponentiellen Faktoren können zu γ_2 zusammengefaßt werden. Für den Arbeitstemperaturbereich des Reaktors ist γ_2 näherungsweise temperaturunabhängig. γ_2 läßt sich allerdings nur näherungsweise aus den physikalischen Daten des Reaktors bestimmen, da die Flüssigkeitsoberfläche unter anderem stark vom entstehenden Rührkegel und somit von der Rührleistung abhängt.

Ein Vergleich von Experiment und Simulation mit der erweiterten Wärmebilanz zeigt zwar eine Verbesserung der Modellbildung, aber noch keine hinreichende Übereinstimmung. Weitere Überlegungen zur Wärmebilanz gehen von folgenden Annahmen:

1. Die austretenden Sauerstoffblasen, die sich im Experiment beobachten lassen, sind mit Wasserdampf angereichert und stellen somit einen zusätzlichen Energieaustrag dar.

2. Das Verhältnis der Masse des Reaktors zur Masse des Reaktorinhalts ist so groß, daß die Erwärmung des Reaktors durch die Reaktion berücksichtigt werden muß.

Die mit dem Wasserdampf austretende Energiemenge ist :

$$\dot{Q} \;=\; \Delta_V H\ \dot{n}_{H_2O}$$

Die Wasserdampfmenge ergibt sich aus dem Produkt:

$$\dot{n}_{H_2O} = \gamma_1^* \, \dot{n}_{O_2}$$

Die aus der Stoffbilanz errechnete austretende Sauerstoffmenge ist :

$$\dot{n}_{O_2} = \frac{1}{2} \, V \, r(c_r, T_r) \tag{5}$$

Hieraus folgt als erweiterte Wärmebilanz:

$$\begin{aligned} \frac{dT_r}{dt} &= \frac{-\Delta_R H}{\rho \, c_p} \, r(c_r, T_r) \\ &+ \mu_r \, (T_c - T_r) + \tfrac{1}{\tau} \, (T_f - T_r) \\ &- \gamma_1 \, \frac{-\Delta_R H}{\rho \, c_p} \, r(c_r, T_r) \, \gamma(T_r) \\ &+ \gamma_2 \, \frac{\Delta_V H}{V \, \rho} \, e^{-\frac{\Delta_V H}{R \, T}} \end{aligned} \tag{6}$$

mit:

$$\mu_r = \frac{h_W \, A_W}{\rho \, V \, c_p} \qquad \gamma(T_r) = 2.28652^{-10} \, e^{0.0627493 \, T_r} \qquad \text{und } \tau = q/V$$

$\gamma(T_r)$ beschreibt die Temperaturabhängigkeit von γ_1^* und enthält den Faktor $\frac{1}{2}$ aus (5). Berücksichtigt man, daß neben dem Reaktorinhalt auch der Reaktor und der Rührer erwärmt werden, ergibt sich die erwärmte Gesamtmasse aus :

$$Q_{gesamt} = V \, \rho \, c_p + m_{glas} \, c_{p_{glas}} \tag{7}$$

wobei m_{glas} die Masse des Laborglases, das vom Reaktorinhalt benetzt wird, und $c_{p_{glas}}$ seine spezifische Wärmekapazität sind. Definiert man γ_0 aus:

$$\frac{m_{glas} \, c_{p_{glas}}}{V \, \rho \, c_p} = \frac{1}{\gamma_0} - 1$$

so ergibt sich aus (6) die im folgenden zugrunde gelegte Wärmebilanz in der Form:

$$\begin{aligned} \frac{dT_r}{dt} &= \frac{1}{\gamma_0} \Big[\frac{-\Delta_R H}{\rho \, c_p} \, r(c_r, T_r) \\ &+ \mu_r \, (T_c - T_r) + \tfrac{1}{\tau} \, (T_f - T_r) \\ &- \gamma_1 \, \frac{-\Delta_R H}{\rho \, c_p} \, r(c_r, T_r) \, \gamma(T_r) \\ &+ \gamma_2 \, \frac{\Delta_V H}{V \, \rho \, c_p} \, e^{-\frac{\Delta_V H}{R \, T}} \Big] \end{aligned} \tag{8}$$

4 Identifikation der Parameter

In der Wärmebilanz (8) treten die zusätzlichen Parameter γ_0, γ_1 und γ_2 auf, von denen lediglich γ_0 einfach aus den physikalischen Daten des Reaktorbehälters bestimmt werden kann. Die Parameter γ_1 und γ_2 sind u. a. von der Reaktorgeometrie, der Rührerleistung, den Stabilisatoren des Wasserstoffperoxids, dem Partialdruck der entstehenden Gase über der Oberfläche des Reaktorinhalts und den Gasblasengrößen abhängig und lassen sich in Übereinstimmung mit den physikalischen Randbedingungen nur näherungsweise angeben. Außer der direkten Bestimmung der Parameter aus den bekannten physikalischen Eigenschaften des Reaktors besteht die Möglichkeit, die Parameter mit einem geeigneten Identifikationsverfahren mittels Messungen am realen Reaktor zu ermitteln. Dabei ist im Vorfeld zu klären, ob sich die Parameter überhaupt prinzipiell schätzen lassen. So ist zum Beispiel leicht ersichtlich, daß für ein angenommenes Modell $y(t) = at + bt$ die Parameter a und b sich nur in der Summe $(a + b)$ eindeutig identifizieren lassen, wenn über den Zusammenhang von a und b keine weiteren Informationen vorliegen.

Definition 1 (Identifizierbarkeit) *Ein System heißt in Bezug auf sein wahres Modell [11] in einer Umgebung des wahren Parametervektors Θ_s lokal identifizierbar, wenn für beliebige $\Theta \neq \Theta_s$ aus dieser Umgebung eine Systemeingangsfunktion $\underline{u}(t)$ existiert derart, daß die Systemantworten $y(t, \Theta)$ und $y(t, \Theta_s)$ unterscheidbar sind.* ■

Da für das modifizierte mathematische Modell (1) und (8) keine geschlossene Lösung existiert, ist ein analytischer Beweis der Identifizierbarkeit nicht möglich. Ersatzweise wird deshalb hier die „praktische Identifizierbarkeit" (experimenteller Beweis) verwandt.

Ist das System identifizierbar, so muß jede Folge der Parameter $\hat{\Theta}$ aus einer Umgebung, von der (z. B. aus phänomenologischen Gründen) bekannt ist, daß sie Θ_s enthält, im Verlauf einer Identifikation im Sinne von Definition 1 dem selben Parameter Θ_s zustreben. Zum Beweis, daß es sich dabei um den wahren Parametervektor handelt, dient der Vergleich einer Simulation mit diesem eindeutig ermittelten Parametervektor und den realen Messungen.

Zur Identifikation eines Systems im Sinne von Abb. 2 wird dem realen System eine Systemeingangsfunktion $\underline{u}(t) = \begin{bmatrix} c_f \\ T_c \end{bmatrix}$ aufgeschaltet. Gemessen werden kann lediglich die Reaktortemperatur T_r zu Abtastzeitpunkten $k\ T_a$, überlagert vom Meßrauschen v. Die Reaktorkonzentration ist nur im stationären Betrieb bestimmbar. Das Identifikationsmodell hat die selbe Struktur und Erregung wie das wahre Modell, liefert aber mit dem angenommenen Parametervektor $\hat{\Theta}$ i. a. eine von T_r unterschiedliche Ausgangsgröße $\hat{T}_r$.

Das Ziel ist nun, durch ein geeignetes Verstellen des Parametervektors $\hat{\Theta}$ die Übereinstimmung von $\hat{T}_r$ und T_r zu erreichen.

Es kann gezeigt werden, daß durch Minimierung des Funktionals:

$$J = \sum_{k=1}^{N} (\hat{v}_k(\hat{\Theta}) - \mu_v)^2$$

das minimierende Argument $\hat{\Theta}_{min}$ eine konsistente Schätzung des wahren Parameters Θ_s ist, unter der Voraussetzung, daß die Meßfehlerfolge weiß ist mit μ_v als Erwartungswert.

Zum geeigneten Verstellen des Parametervektors $\hat{\Theta}$ wird das in [12] beschriebene ROSENBROCK-Verfahren verwendet. Der Algorithmus wurde dahingehend erweitert, daß das Suchgebiet auf physikalisch sinnvolle Parameterbereiche beschränkt wird. Zusätzlich wird eine Überschreitung der Grenzen des Parameterraums bei der Suche als Mißerfolg behandelt. Diese Maß-

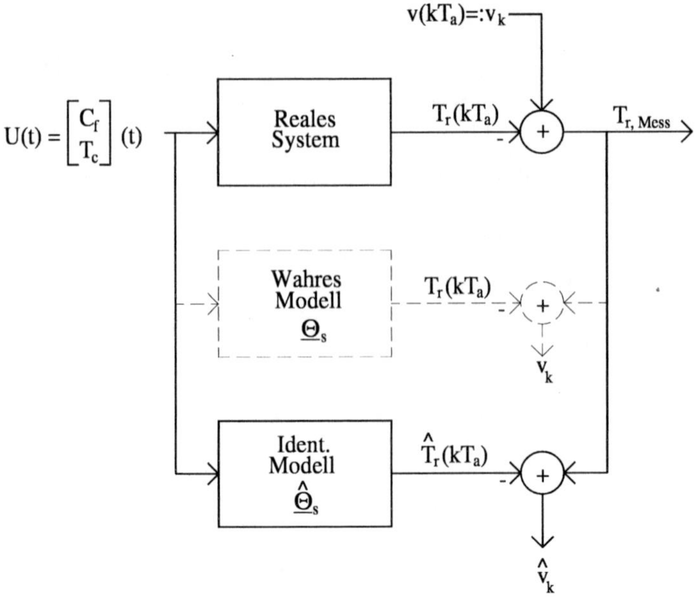

Abbildung 2: Identifikationsschema

nahme führt zu einer erheblichen Rechenzeiteinsparung. In der Anwendung hat es sich als sinnvoll erwiesen, die Anzahl der simultan identifizierten Parameter auf drei zu beschränken. Der daraus entstehende Kompromiß aus Rechenzeitaufwand und Verfügbarkeit von Zwischenergebnissen ist entscheidend für die Identifikationsstrategie. So kann frühzeitig ein „Festiterieren" des Algorithmus, z. B. in Nebenminima des Parameterraumes, vermieden werden. Ist eine Identifikation von mehr als drei Parametern notwendig, wird hier das sogenannte Relaxationsverfahren [13] angewandt; das heißt es werden bestimmte Komponenten des Parametervektors während der Identifikation konstant gehalten. Im nächsten Schritt werden die so identifizierten Komponenten auf diesen Werten festgehalten und die verbleibenden Komponenten identifiziert. Konvergiert der Parametervektor bei iterativer Anwendung der beiden beschriebenen Schritte, dann ist, wenn die Vorraussetzung der praktischen Identifizierbarkeit erfüllt ist, mit dem Iterationsergebnis der wahre Parametervektor Θ_s gefunden.

5 Ergebnisse

Für die Identifikation des verwendeten Laborreaktors werden zwei unterschiedliche Steuerfunktionen $T_{c,1}(t)$ und $T_{c,2}(t)$ (mit c_f = 6.358 mol/l) benutzt. Die Steuerfolge $T_{c,1}(t)$ beschränkt sich lediglich auf stabile stationäre Betriebspunkte des Reaktors. Die Steuerfunktion $T_{c,2}(t)$ schließt Eingangsgrößen mit ein, bei denen im Betrieb des Reaktors autonome Oszillationen auftreten. Für die Steuerfunktion $T_{c,1}(t)$ und den Startparametertupel $(\hat{\gamma}_1^0, \hat{\gamma}_2^0) = (1.0, 1400)$ wurden die Parameter (γ_1, γ_2) zu $(0.5, 1700)$ identifiziert. Die selbe Steuerfolge führt mit dem Starttupel $(0.8, 500)$ zu $(1.5, 800)$. Das System ist somit mit dieser Steuerfunktion nicht identifizierbar. Unter Verwendung der erweiterten Steuerfolge $T_{c,2}(t)$ laufen die Parameter $\hat{\gamma}_1, \hat{\gamma}_2$ bei identi-

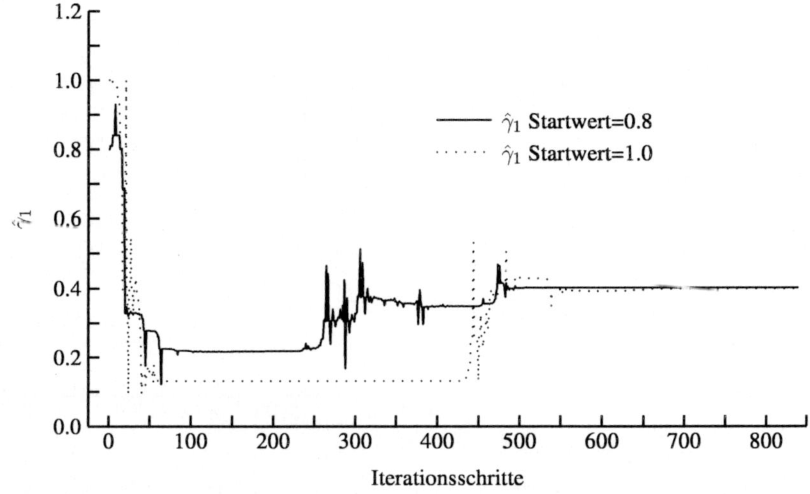

Abbildung 3: Einlauf des Parameters $\hat{\gamma}_1$

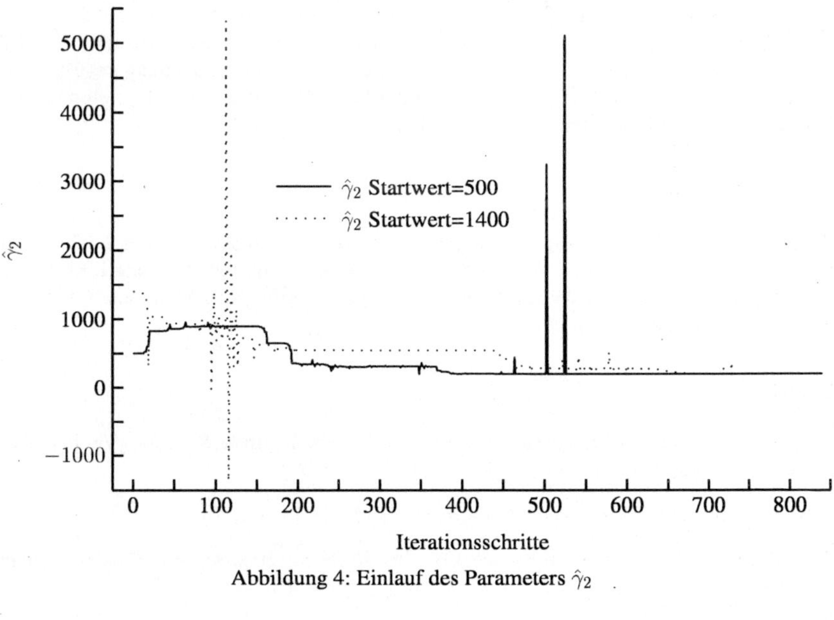

Abbildung 4: Einlauf des Parameters $\hat{\gamma}_2$

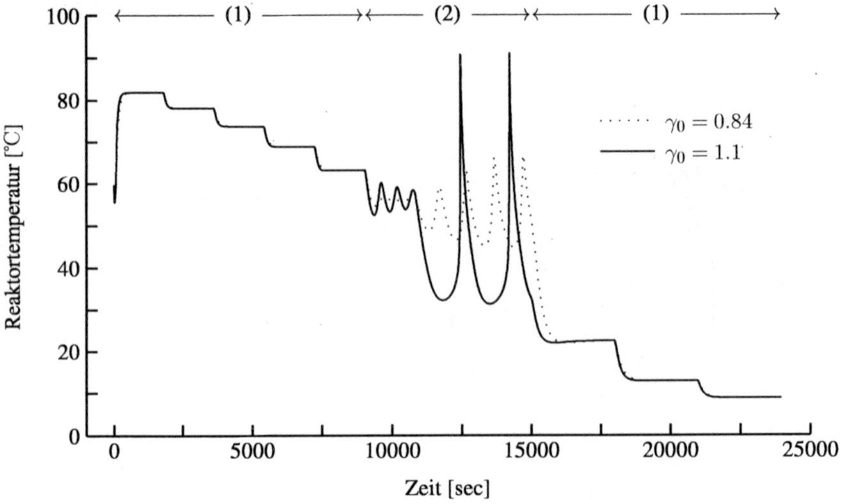

Abbildung 5: Einfluß des Parameters γ_0 bei stückweise stationärem (1) und dynamischem Verhalten (2)

schen Startbedingungen jeweils auf den gleichen Wert $(0.4, 200)$ ein (Abb. 3 und 4). Das System ist somit „praktisch identifizierbar".

Die Abhängigkeit der Identifizierbarkeit von der Steuerfunktion läßt sich darauf zurückführen, daß die Parameter des erweiterten Modells einen sehr unterschiedlichen Einfluß auf das dynamische Verhalten des Systems haben. So wirkt sich z. B. eine Änderung des Parameters γ_0 nur bei auftretenden Oszillationen aus. An den stückweise stationären Betriebsphasen des Reaktors läßt sich eine Änderung von γ_0 nicht erkennen (Abb. 5).

6 Zusammenfassung

Zusammenfassend läßt sich sagen, daß der gesamte Parametervektor Θ_s des Laborreaktors, beschrieben durch das erweiterte Modell (1) und (8), bei geeigneter Erregung identifizierbar ist, d. h., daß nur durch zusätzliche Einbeziehung aller dynamischen Modi des Systems, alle unbekannten Parameter ermittelbar sind.

Literatur

[1] K. G. Denbigh und J. C. R. Turner. *Einführung in die chemische Reaktionsführung*. Verlag Chemie, Weinheim, 1973.

[2] E. Fitzer und W. Fritz. *Technische Chemie*. Springer, Berlin, 1989.

[3] M. Baerns, H. Hofmann und A. Renken. *Chemische Reaktionstechnik*. Thieme, Stuttgart, 1987.

[4] K. Schürgerl. *Bioreaktionstechnik*. Salle + Sauerländer, Frankfurt, 1985.

[5] K.-H. Wolf. *Aufgaben zur Bioreaktionstechnik*. Springer, Berlin, 1994.

[6] R. Neimeier. Oszillationen bei Reaktionen 1. Ordnung durch Wärmekopplung im CSTR. In B. Lohmann, Hg., *in diesem Band*. Shaker Verlag, Aachen, 1999.

[7] P. Hugo und H.-P. Wirges. Theoretical and Experimental Study of Selfsustained Oscillations in a Stirred Tank Reactor. *ACS Symp.*, 65:498–511, 1978.

[8] D. R. Lide, Hg. *CRC Handbook of Chemistry and Physics*. CRC Press Inc., Boca Raton, New York, 1997.

[9] L. Finkelstein und E. R. Carson. *Mathematical Modeling of Dynamic Biological Systems*. Research Studies Press, Forest Grove, Oregon, 1979.

[10] R. Neimeier. *Zustandsschätzung der H_2O_2-Konzentration bei der Fe^{3+}-katalysierten Zerfallsreaktion in einem gekühlten Durchflußrührkesselreaktor*. Diplomarbeit, Universität Bremen, 1994.

[11] G. Thiele. *Algorithmen zur Parameterschätzung zeitdiskreter Einfachmodelle mit dem Prozeßrechner*. VDI Verlag, Düsseldorf, 1986.

[12] U. Hoffmann und H. Hofmann. *Einführung in die Optimierung*. Verlag Chemie, Weinheim, 1970.

[13] M. Aoki. *Introduction to Optimization Techniques*. Macmillan Company, New York, 1971.

Oszillationen bei Reaktionen 1. Ordnung durch Wärmekopplung im CSTR

ROLF NEIMEIER
Institut für Automatisierungstechnik, Universität Bremen
Postfach 330440, 28334 Bremen
email: a02j@zfn.uni-bremen.de

Abstract

Bei Reaktionen 1. Ordnung im CSTR können neben stationären Betriebspunkten (Ruhelagen) auch Grenzzyklen auftreten, deren Existenz von der Lage der Eigenwerte der JACOBI*-Matrix der linearisierten Modellgleichungen abhängt. Die Parameter, die für das Auftreten von Grenzzyklen verantwortlich sind, werden analysiert.*

1 Einführung

Exotherme Stoffumwandlungen im gekühlten Durchflußrührkesselreaktor (CSTR[1]) können in Abhängigkeit vom Reaktionssystem und den eingestellten Prozeßparametern bei unterschiedlichen Betriebszuständen durchgeführt werden. Obwohl bisher ausschließlich stationäre Betriebspunkte in unterschiedlichen Temperaturbereichen verwendet werden, ist auch die Nutzung autonomer stabiler Oszillationen des Reaktorzustandes denkbar. Reaktionen, bei denen solche Oszillationen beobachtet wurden, sind z. B. die Verbrennung von Acetaldehyd, die Hydrierung von 2,3-Epoxy-1-propanol oder die Oxidation von Cyclohexan [1]. Die in [2] vorgestellte Reaktion des katalytischen Zerfalls von Wasserstoffperoxid

$$H_2O_2 \xrightarrow{Fe^{3+}} H_2O + \frac{1}{2}O_2 \uparrow \qquad\qquad \Delta_R H = -94.8\,\mathrm{kJ/mol}$$

kann auf Grund der einfachen Kinetik als Modell einer exothermen Stoffumwandlung zur Analyse multipler stabiler Betriebszustände bzw. Ruhelagen benutzt werden. In Abhängigkeit von der eingestellten Kühltemperatur T_c ergeben sich folgende Betriebsbereiche (Abb. 1):

- Bei $T_c > 30$°C und $T_c < 16$°C existieren stabile stationäre Betriebspunkte.
- Bei $16 \leq T_c \leq 30$°C treten stabile Oszillationen auf.

In den folgenden Abschnitten soll das Auftreten dieser Betriebszustände und die Ermittlung ihrer Stabilität aus den Modellgleichungen für das System näher erläutert werden.

[1] **C**ontinuous **S**tirred **T**ank **R**eactor

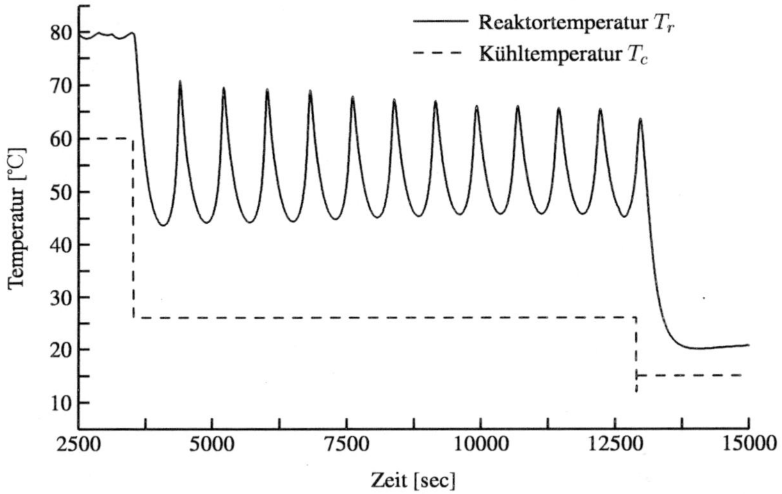

Abbildung 1: Stationäres und oszillatorisches Verhalten der Reaktortemperatur T_r in Abhängigkeit von der Kühltemperatur T_c

2 Bestimmung der stationären Betriebspunkte

2.1 Das $\dot{Q}/T$-Diagramm

Die Wärmebilanzgleichung des CSTR ergibt sich aus der Wärmeerzeugung $\dot{Q}_R$ im Reaktor und der Wärmeabfuhr $\dot{Q}_A$ aus dem Reaktor. Befindet sich der Reaktor in einem stationären Betriebspunkt c_r^s, T_r^s $(dc_r/dt = 0,\ dT_r/dt = 0)$, muß gelten

$$\dot{Q}_R = -\dot{Q}_A\,. \tag{1}$$

Trägt man die Wärmeerzeugung und die Wärmeabfuhr eines idealen CSTR in einem $\dot{Q}/T$-Diagramm auf, kann man aus den Schnittpunkten der Kurven die Lage und Stabilität der stationären Betriebspunkte bestimmen (Abb. 2) [3].

Die Wärmeerzeugung ergibt, bedingt durch den Exponentialterm in der Reaktionsgeschwindigkeit, eine sigmoide Funktion in Abhängigkeit von der Reaktortemperatur. Der Grenzwert der Funktion $\dot{Q}_R^{max}$ entspricht dabei der Wärmeerzeugung bei maximalem Umsatz (100%). Für die Wärmeabfuhr erhält man in Abhängigkeit von der Kühltemperatur T_c^i parallel zueinander verschobene Geraden, die die Wärmeerzeugungskurve in einem oder mehreren Punkten schneiden.

Diese Schnittpunkte lassen sich abhängig vom Verhältnis der Steigungen der Kurven unterschiedlich interpretieren [4]. Die Punkte a, b, c und d sind stabile stationäre Betriebspunkte des Reaktors. Die Steigung der Wärmeabfuhr ist größer als die der Wärmeerzeugung, so daß bei einer Störung, die zu einer Temperaturerhöhung im Reaktor führt, die Wärmeabfuhr stärker ansteigt als die Wärmeerzeugung, und damit die überschüssige Wärme wieder abgeführt wird. Umgekehrt sinkt bei einer Störung, die die Reaktortemperatur verringert, die Wärmeabfuhr stärker als die Wärmeerzeugung, und die Reaktortemperatur steigt wieder an. In beiden Fällen läuft der Reaktor daher wieder in den stabilen stationären Betriebspunkt zurück. Die Punkte a

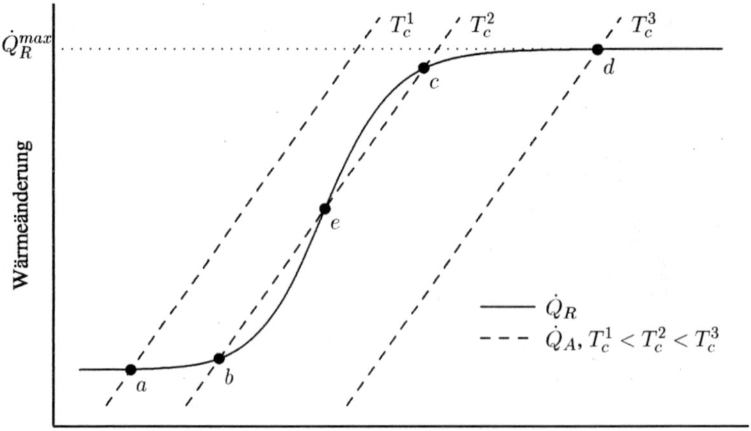

Abbildung 2: Ideales $\dot{Q}/T$-Diagramm

und b werden als untere stationäre und die Punkte c und d als obere stationäre Betriebspunkte bezeichnet.

Der Schnittpunkt e charakterisiert einen instabilen stationären Betriebspunkt (instabile Ruhelage) des Systems. Da die Steigung der Wärmeabfuhr geringer ist als die der Wärmeerzeugung, führt eine Erhöhung der Reaktortemperatur durch eine Störung zu einer Zündung der Reaktion, und der Reaktor wechselt in den oberen stabilen stationären Betriebspunkt c (obere stabile Ruhelage). Eine Verringerung der Reaktortemperatur läßt die Reaktion verlöschen, und der Reaktor geht in den unteren stabilen stationären Betriebspunkt b (untere stabile Ruhelage) über. Dieses Verhalten wird als thermische Instabilität bezeichnet [5].

Das Auftreten von autonomen Oszillationen läßt sich mit dieser Darstellung allerdings nicht erklären.

2.2 Reales $\dot{Q}/T$-Diagramm

Legt man statt eines idealen Modells das erweiterte mathematische Modell

$$\frac{dc_r}{dt} = F_1(c_r, T_r) = \frac{q}{V}(c_r - c_f) - r(c_r, T_r) \tag{2}$$

$$\begin{aligned}\frac{dT_r}{dt} = F_2(c_r, T_r) = \frac{q}{V}(T_f - T_r) + \frac{h_W A_W}{V\rho c_p}(T_c - T_r) + \frac{-\Delta_V H}{V\rho c_p} \cdot d(T_r) \\ + \frac{-\Delta_R H}{\rho c_p} \cdot r(c_r, T_r)\end{aligned} \tag{3}$$

mit

$$r(c_r, T_r) = c_r \cdot k_0 \frac{[\mathrm{Fe}^{3+}]}{[\mathrm{H}^+] + 0.01} \cdot \mathrm{e}^{-\frac{E_A}{RT_r}} \quad \text{und} \quad d(T_r) = \gamma \cdot \mathrm{e}^{-\frac{\Delta_V H}{RT_r}}$$

aus [2] zugrunde, so ergibt sich ein modifiziertes $\dot{Q}/T$-Diagramm, in dem für jede beliebige Kühltemperatur nur ein Schnittpunkt zwischen Wärmeerzeugung und Wärmeabfuhr existiert (Abb. 3). Außerdem ist die Steigung der Wärmeabfuhr stets größer als die der Wärmeerzeugung. Somit sollte es für diesen Reaktor nur stabile stationäre Betriebspunkte (stabile Ruhelagen) geben. Tatsächlich ergeben sich aber dennoch für den Kühltemperaturbereich $T_c \in [16.5 - 31.5\,°\mathrm{C}]$ instabile Ruhelagen, die Ursache für autonome Oszillationen sind.

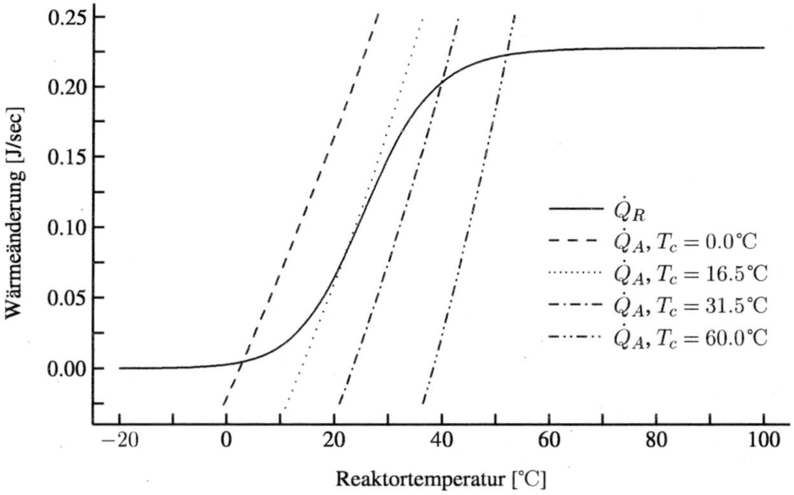

Abbildung 3: Reales $\dot{Q}/T$-Diagramm

Es zeigt sich, daß das Steigungskriterium

$$d\dot{Q}_A/dT - d\dot{Q}_R/dT > 0 \tag{4}$$

an der Stelle einer Ruhelage nicht genügt, um auf deren Stabilität schliessen zu können. Bei einer Störung der Reaktortemperatur muß zusätzlich berücksichtigt werden, daß diese sich auch auf die Stoffbilanz auswirkt, die mit der Wärmebilanz gekoppelt ist. Eine Störung, die die Reaktortemperatur ansteigen läßt, führt damit auch zu einem Anstieg der Reaktionsgeschwindigkeit. Somit wird die Reaktortemperatur noch weiter erhöht, ehe durch die erhöhte Wärmeabfuhr die Reaktortemperatur wieder gesenkt wird. Da aber durch die höhere Reaktionsgeschwindigkeit die Konzentration des Wasserstoffperoxids im Reaktor unter den stationären Wert abgesunken ist, sinkt auch die Reaktortemperatur unter den stationären Wert. Diese führt zu einer geringeren Reaktionsgeschwindigkeit, so daß die Wasserstoffperoxid-Konzentration wieder ansteigen kann und der Zyklus erneut beginnt. Es ist also erforderlich, auch die Stoffbilanz in die Betrachtung mit einzubeziehen.

2.3 Null-Isoklinen

Bei einigen Systemen ist es möglich, aus der Auftragung der Null-Isoklinen der Modellgleichungen eine Aussage über die Stabilität der Ruhelagen zu machen [1]. Dies ist auf die besondere Form einer der Null-Isoklinen (*N-shape*) und auf das Verhältnis der Zeitskalen der beiden Gleichungen zurückzuführen. Die Null-Isoklinen $F_{1,ss}$ und $F_{2,ss}$ ergeben sich dabei aus den stationären Lösungen der Modellgleichungen

$$F_{1,ss}: \quad c_r = G_1(T_r) \quad \text{bei } dc_r/dt = 0 \tag{5}$$

$$F_{2,ss}: \quad c_r = G_2(T_r, T_c) \quad \text{bei } dT_r/dt = 0 \tag{6}$$

Auch hier gibt es für die eingestellte Kühltemperatur T_c immer genau einen Schnittpunkt zwischen der stationären Stoffbilanz und der stationären Wärmebilanz (Abb. 4). Die so erhaltenen stationären Betriebspunkte entsprechen denen aus dem $\dot{Q}/T$-Diagramm. Es besteht allerdings hier keine Möglichkeit, aus den Schnittpunkten die Stabiliät des stationären Betriebspunktes (Ruhelage) zu ermitteln.

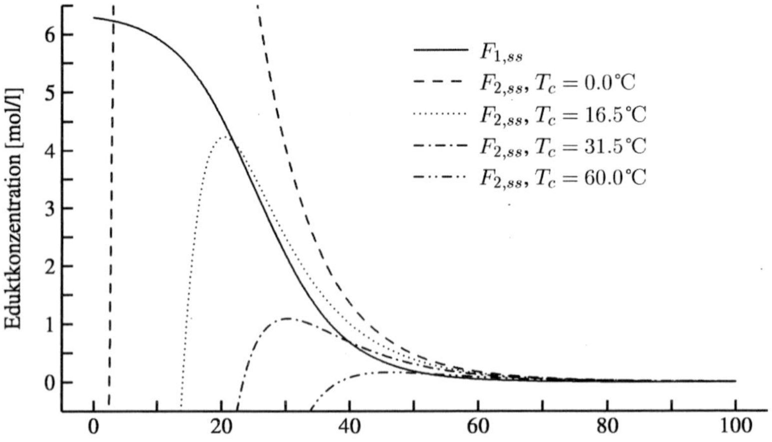

Abbildung 4: Null-Isoklinen im Zustandsraum

3 Stabilität der stationären Betriebspunkte

3.1 Lokale Stabilität

Aus dem $\dot{Q}/T$-Diagramm und der Auftragung der Null-Isoklinen lassen sich die stationären Zustände des Systems ermitteln, die allerdings nicht alle zu stabilen stationären Betriebspunkten führen.

Bei stabilen Betriebspunkten stellt sich nach einer Störung des Systems wieder der ursprünliche stationäre Zustand ein. Dieser ist ein Attraktor des Systems. Ein instabiler stationärer Zustand wird vom System bei einer kleinen Störung verlassen und nicht wieder erreicht. Das System *sucht* sich dann einen anderen Attraktor.

Definition 1 (Attraktor) *Die Menge aller Punkte im Zustandsraum, die das System nach unendlich langer Zeit einnimmt, heißt Attraktor des Systems.* ■

Die lokale Stabilität eines stationären Zustandes läßt sich nach LYAPUNOV aus den, in dem stationären Zustand linearisierten, Modellgleichungen ermitteln [6]. Es sei Δc_r und ΔT_r eine kleine Störung des Systems, das sich in dem stationären Zustand c_r^s, T_r^s befindet

$$c_r = c_r^s + \Delta c_r \tag{7}$$
$$T_r = T_r^s + \Delta T_r \tag{8}$$

Entwickelt man die rechten Seiten des NL-DGL-Systems (2) und (3) um den stationären Zustand in eine TAYLOR-Reihe, erhält man

$$\frac{dc_r}{dt} = \frac{d\Delta c_r}{dt} = F_1(c_r^s, T_r^s) + \left(\frac{\partial F_1}{\partial c_r}\right)_s \Delta c_r + \left(\frac{\partial F_1}{\partial T_r}\right)_s \Delta T_r + \ldots \tag{9}$$

$$\frac{dT_r}{dt} = \frac{d\Delta T_r}{dt} = F_2(c_r^s, T_r^s) + \left(\frac{\partial F_2}{\partial c_r}\right)_s \Delta c_r + \left(\frac{\partial F_2}{\partial T_r}\right)_s \Delta T_r + \ldots \tag{10}$$

An der Stelle des stationären Zustands c_r^s, T_r^s gilt

$$F_1(c_r^s, T_r^s) = 0 \tag{11}$$
$$F_2(c_r^s, T_r^s) = 0\,. \tag{12}$$

Vernachlässigt man zusätzlich die nichtlinearen Glieder der TAYLOR-Reihe, erhält man

$$\frac{d\Delta c_r}{dt} = \left(\frac{\partial F_1}{\partial c_r}\right)_s \Delta c_r + \left(\frac{\partial F_1}{\partial T_r}\right)_s \Delta T_r \tag{13}$$

$$\frac{d\Delta T_r}{dt} = \left(\frac{\partial F_2}{\partial c_r}\right)_s \Delta c_r + \left(\frac{\partial F_2}{\partial T_r}\right)_s \Delta T_r\,. \tag{14}$$

An Hand der Eigenwerte der JACOBI-Matrix

$$J = \begin{bmatrix} \left(\frac{\partial F_1}{\partial c_r}\right)_s & \left(\frac{\partial F_1}{\partial T_r}\right)_s \\ \left(\frac{\partial F_2}{\partial c_r}\right)_s & \left(\frac{\partial F_2}{\partial T_r}\right)_s \end{bmatrix} \tag{15}$$

kann man nun Aussagen über die Stabilität jedes stationären Betriebspunktes c_r^s, T_r^s machen (Abb. 5). Die stationären Betriebspunkte werden dabei als Schnittpunkte der Null-Isoklinen nach dem NEWTON-RAPHSON-Verfahren ermittelt.

Sind die Eigenwerte der JACOBI-Matrix negativ reell ($T_c \in [0.0 - 12.48\,°\mathrm{C}]$), laufen die Trajektorien des Systems aus einer hinreichend kleinen Umgebung der stationäre Lösung direkt auf diese zu. Die stationäre Lösung ist in diesem Fall ein *stabiler Knoten*. Der Attraktor ist damit ein einzelner Punkt im Zustandsraum und hat die Dimension Null.

Sind die Eigenwerte konjugiert komplex und der Realteil negativ ($T_c \in [12.48 - 16.42\,°\mathrm{C}$, $31.50 - 60.0\,°\mathrm{C}]$), laufen die Trajektorien spiralförmig auf den stationären Punkt, einen *stabilen Fokus* oder *Strudel* zu. Der Attraktor ist auch hier ein einzelner Punkt im Zustandsraum.

Für $T_c \in [16.42 - 31.50\,°\mathrm{C}]$ sind die Eigenwerte der JACOBI-Matrix konjugiert komplex, während der Realteil positiv ist. Der stationäre Punkt ist daher in diesem Fall ein *instabiler Fokus* oder *Strudel*. Die Trajektorien führen spiralförmig von ihm weg.

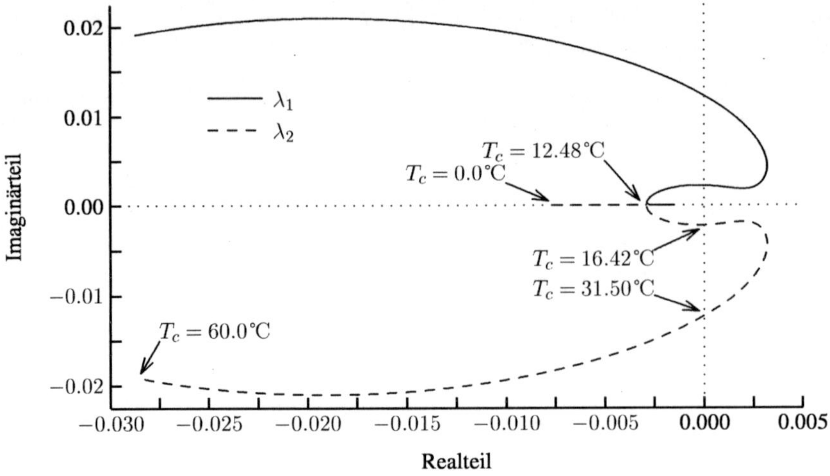

Abbildung 5: Geometrischer Ort der Eigenwerte der JACOBI-Matrix in Abhängigkeit von der Kühltemperatur T_c

3.2 Simulationen

Die Simulationen wurden auf einem PC durch numerische Integration der Modellgleichungen (2) und (3) nach RUNGE-KUTTA durchgeführt.

Bei einer Kühltemperatur von $T_c = 10$°C erkennt man deutlich den stabilen Knoten als Attraktor des Systems. Die Trajektorien laufen direkt darauf zu (Abb. 6). Der Attraktor ist in diesem Fall eine Ruhelage des Systems [7].

Für $T_c \in [12.48 - 16.42$°C$]$ und $T_c > 31.50$°C ist der Attraktor des Systems ein stabiler Strudel. Die Trajektorien laufen spiralförmig in den stabilen Betriebspunkt ein (Abb. 7).

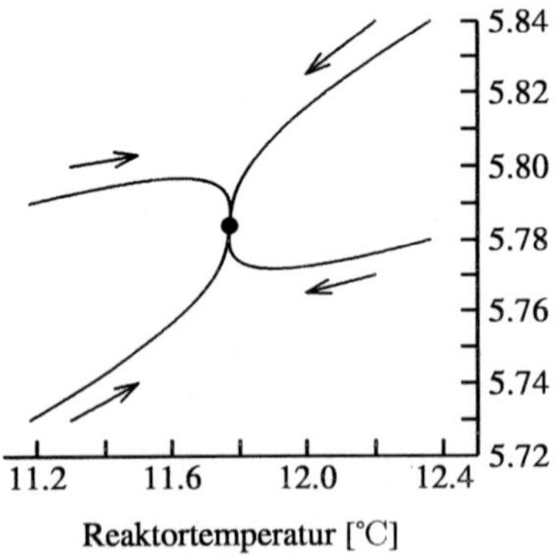

Abbildung 6: Trajektorien des Reaktorzustandes bei einem stabilen Knoten ($T_c = 10$°C)

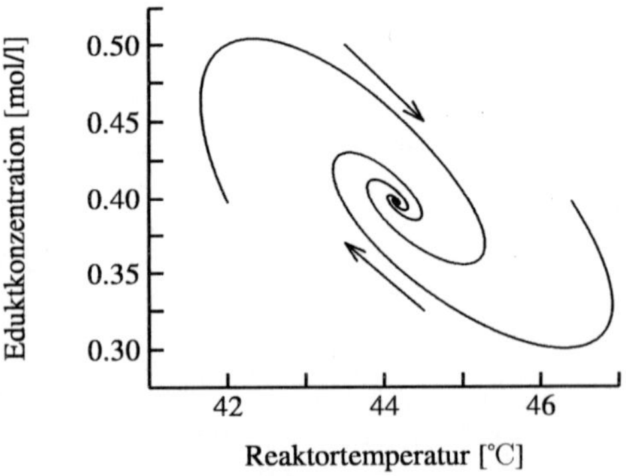

Abbildung 7: Trajektorien des Reaktorzustandes bei einem stabilen Fokus ($T_c = 40$°C)

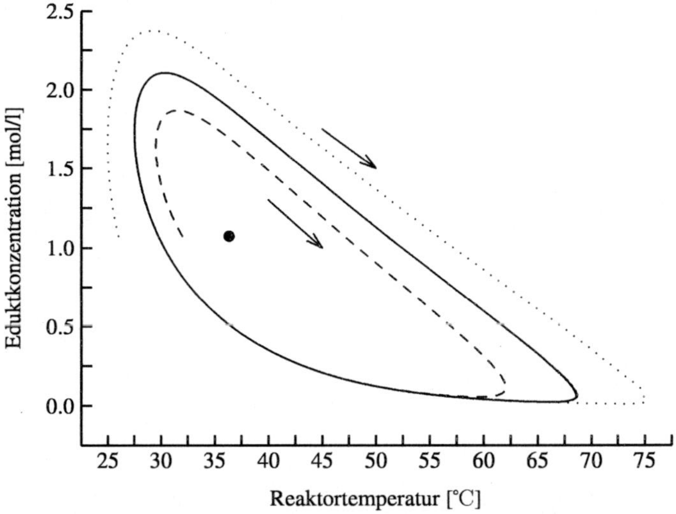

Abbildung 8: Trajektorien des Reaktorzustandes bei einem Grenzzyklus ($T_c = 26\,°\mathrm{C}$)

Aus der lokalen Stabilitätsanalyse erhält man für den Kühltemperaturbereich $T_c \in [16.42 - 31.50\,°\mathrm{C}]$ einen instabilen Fokus als stationären Betriebspunkt. Das bedeutet, daß der Reaktor schon durch die kleinste Störung den Betriebspunkt auf einer spiralförmigen Trajektorie verläßt. Sie läuft in diesem Fall allerdings auf einen stabilen Grenzzyklus ein, der durch die physikalischen Grenzen des Systems erzwungen wird. Die Stabilität des Grenzzyklus wird aus Abb. 8 für Startpunkte „innerhalb" und „außerhalb" des Grenzzyklus deutlich. Der Attraktor des Systems ist in diesem Fall eine geschlossene Kurve im Zustandsraum.

3.3 Einfluß von Parametern

An Hand des $\dot{Q}/T$-Diagramms konnte gezeigt werden, daß der Wärmefluß im Reaktor von entscheidender Bedeutung für das Auftreten von stabilen und instabilen Ruhelagen im System ist. Nur wenn die Wärmeabfuhr $\dot{Q}_A$ eine deutlich größere Steigung aufweist, als die Wärmeerzeugung $\dot{Q}_R$, ist der ermittelte Zustand stabil.

Eine Beeinflussung dieser Terme wirkt sich also in starkem Maße auf die Stabilität der auftretenden Ruhelagen aus. So läßt sich über eine Verringerung der Wärmeerzeugung durch Verringerung der Zulaufkonzentration c_f des Wasserstoffperoxids um 30% das Auftreten von Oszillationen völlig verhindern. Das Gleiche gilt für die Erhöhung der Kühlintensität durch eine vergrößerte Wärmeaustauschfläche A_W oder einen höheren Wärmeübergangskoeffizienten h_W um 125% (Abb.9). Dic aus dcr lokalcn Stabilitätsanalyse resultierenden Eigenwerte sind alle negativ.

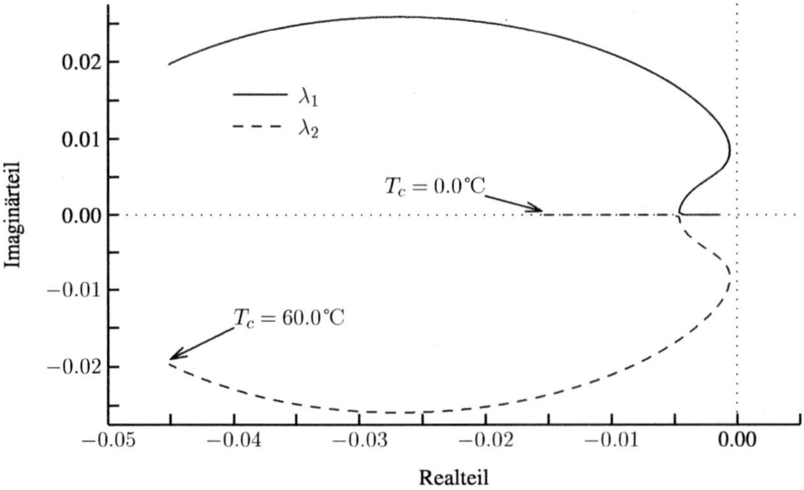

Abbildung 9: Geometrischer Ort der Eigenwerte der JACOBI-Matrix in Abhängigkeit von der Kühltemperatur bei erhöhter Kühlintensität

4 Schlußfolgerung und Ausblick

Die Analyse der stationären Lösungen für die Wärmeerzeugung im Reaktor und die Wärmeabfuhr aus dem Reaktor bei exothermen Reaktionen im CSTR liefert die stationären Betriebspunkte des Reaktors. Zur Ermittlung der lokalen Stabilität wird die Stabilitätsanalyse nach LYAPUNOV angewendet. Das Auftreten von instabilen Ruhelagen führt zu Oszillationen, die stark vom Wärmeaustausch im Reaktor abhängig sind. Eine Erhöhung der Wärmeabfuhr oder Verringerung der Wärmeerzeugung verhindert die Oszillationen.

Eine Ermittlung der Stabilität aus den Null-Isoklinen ist nicht möglich. Allerdings treten im Zustandsdiagramm der Grenzzyklen Phasen auf, in denen sich das System schnell bewegt, und Phasen mit langsamer Bewegung. Dieses Verhalten ähnelt dem von Relaxationsoszillationen bei Systemen, bei denen eine der Null-Isoklinen die *N-shape*-Form aufweist. Bei derartigen Oszillationen tritt die schnelle Bewegung des Systems aber nur in einer Zustandsvariablen auf. Gelingt es, den Zustandsraum des CSTR so zu transformieren, daß dieses Verhalten auch hier auftritt, so kann man auch aus den Null-Isoklinen dieses transformierten Systems die Stabilität der stationären Betriebspunkte ermitteln [8].

Literatur

[1] F. Schneider und A. Münster. *Nichtlineare Dynamik in der Chemie*. Spektrum Akademischer Verlag, Heidelberg, 1996.

[2] T. Vielhaben, G. Schulz-Ekloff und G. Thiele. System-Identifikation des katalysierten Wasserstoffperoxidzerfalls im Durchflußrührkesselreaktor. In B. Lohmann, Hg., *in diesem Band*. Shaker Verlag, Aachen, 1999.

[3] E. Wicke. Das dynamische Verhalten des Durchfluß-Rührkessels in linearer Näherung. In *[9]*, S. 46–64.

[4] H. Hofmann. Untersuchungen über das dynamische Verhalten kontinuierlich betriebener Rührkesselreaktoren mit dem Analogrechner. In *[9]*, S. 89–110.

[5] M. Baerns, H. Hofmann und A. Renken. *Chemische Reaktionstechnik - Lehrbuch der Technischen Chemie*, Bd. 1. Georg Thieme Verlag, Stuttgart, 2. Aufl., 1992.

[6] A. Lyapunov. *Stability of Motion*. Academic Press, New York, 1966.

[7] O. Föllinger. *Nichtlineare Regelungen*. R. Oldenbourg, München, 1993.

[8] R. Neimeier. 1999. To be published.

[9] W. Oppelt und E. Wicke, Hg. *Grundlagen der Chemischen Prozeßregelung*. Beihefte zur Zeitschrift „Regelungstechnik“. R. Oldenbourg, München, 1964.

Software-Technik und Software-Organisation im universitären Umfeld

Christian Martens
Universität Bremen, Institut für Automatisierungstechnik
Kufsteiner Str. NW1, 28359 Bremen
E-Mail: cmartens@iat.uni-bremen.de

Abstract

Ein Großteil universitärer Projekte in ingenieurwissenschaftlichen Disziplinen wird unter Zuhilfenahme komplexer, kommerziell erhältlicher Software-Komponenten realisiert. Um das Projektziel zu erreichen, sind diese um Eigenentwicklungen zu ergänzen. Mit den zunehmenden Möglichkeiten neuer Technologien und den Ergebnissen aus abgeschlossenen Projekten steigen die Anforderungen an ein neues Projekt. Indem Ergebnisse aus älteren Projekten eingesetzt werden, sollte es möglich sein, Problemstellungen auf höherem Niveau zu realisieren. Genau der letztgenannte Punkt bereitet Probleme, da die Software-Entwickler[1], bei denen es sich zum größten Teil um Studenten handelt, nach Projektabschluß nicht mehr zur Verfügung stehen. Weiterhin ist die Arbeit an einem Projekt für den Großteil der Beteiligten ein Lernprozeß, was sich bei mangelnder Anleitung in der Qualität und dem Aufbau der Software niederschlägt. Aus diesem Grund ist eine methodische und organisierte Vorgehensweise der Software-Entwicklung zwingend erforderlich, um auf erworbenes Know-how über Projektphasen und Projekte hinaus zugreifen zu können und um als Orientierungshilfe in der Einarbeitungszeit zu dienen.

In diesem Beitrag werden die Probleme der Software-Entwicklung im universitären Umfeld[2] aufgezeigt und Lösungsvorschläge anhand der Vorgehensweise im Institut für Automatisierungstechnik (IAT) dargestellt. Es wird sowohl die Methodik der Arbeitsweise in den Phasen der Entwicklung beschrieben, als auch auf das Software-Management eingegangen. Eine besondere Bedeutung besitzen die zu erstellenden Dokumente, welche die Struktur des Software-Systems vorgeben. Die Dokumente enthalten nach Fertigstellung eines Projektes genügend Informationen, um die Software mit überschaubarem Aufwand verwenden, erweitern und warten zu können.

1 Einleitung

Ein Software-System stellt Dienstleistungen zur Verfügung, weshalb dieses bestimmte Qualitätsmerkmale aufzuweisen hat. Das wichtigste Merkmal ist ohne Zweifel die Korrektheit [Thal96], [Balz96a]. Diese wird gefolgt von

- Zuverlässigkeit → Akzeptanz von Benutzerfehlern,
- Bedienbarkeit → Intuitiver Umgang mit der Software,
- Wartbarkeit → Realisierung von Anforderungsänderungen
- Austauschbarkeit (Portability) → Übertragung auf unterschiedliche Plattformen,

[1] Zur Verbesserung der Lesbarkeit wird in diesem Beitrag die männliche Form verwendet.

[2] Die Bezeichnung universitäres Umfeld bezieht sich auf ingenieurwissenschaftliche Institute, die sich nicht vornehmlich mit dem Thema Software-Engineering auseinandersetzen.

- Leistungsfähigkleit (Efficiency) → Möglichst schnelle Abarbeitung,
- Testbarkeit Verifikation der Korrektheit.

An der Auflistung ist zu erkennen, daß einige Anforderungen im Widerspruch zueinander stehen. So ist beispielsweise leicht erweiterbare und wartbare Software, die mit Hilfe objektorientierter Methoden entwickelt wurde, sicher nicht am effizientesten. Es hängt von der zu erfüllenden Aufgabe ab, wie die Qualität einer Software beurteilt wird. Diese subjektive Betrachtungsweise tritt im universitären Umfeld verstärkt auf, da Software-Entwicklungen in vielen Fällen zur Lösung abgegrenzter Problemstellungen durchgeführt werden, welche sich aus Studien-, Diplomarbeiten oder Dissertationen ergeben. Hier erscheint eine Bearbeitung mit Methoden des modernen Software-Engineerings als überdimensioniert und hinderlich. Das einzige Qualitätsmerkmal bleibt die Korrektheit eines Programmes, die anderen oben aufgeführten Merkmale sind sekundär, wenn nicht sogar bedeutungslos.

Daß diese Betrachtungsweise nur kurzfristig gesehen richtig ist, wird ersichtlich, wenn die entwickelte Software als Basis für weitere Arbeiten eingesetzt wird, wie es bem Aufbau von Forschungs- und Entwicklungsplattformen erforderlich ist. Der Versuch, die bereits existierende Software für die Lösung des eigenen Problems einzusetzen, scheitert, da häufig Probleme beim Verstehen der Software auftreten. In vielen Fällen wurde der Programmcode nicht dokumentiert, der Programmierstil ist gewöhnungsbedürftig und es liegen keine externen Dokumentationen vor. Im schlimmsten Fall verhindert der intensive Gebrauch globaler Variablen die Verwendung nützlicher Module, und es wurden keine Vorkehrungen getroffen, die für ein Zusammenarbeiten mit neuen Software-Komponenten notwendig sind. Die Liste der Fehlermöglichkeiten ist beliebig erweiterbar. Deshalb wird oftmals die Entscheidung getroffen, die Software neu zu entwickeln und den Bedürfnissen der neuen Problemstellung anzupassen, da eine Auseinandersetzung mit der vorhandenen Software zu zeitintensiv ist. Mitdem Einsatz moderner Software-Techniken und einer Organisation der entwickelten Software-Pakete wäre das Problem vermieden worden. Es ist zwar weiterhin arbeitsintensiv, sich in fremde Software einzuarbeiten, aber der Aufwand wird gegenüber dem Nutzen vertretbar. Dazu ist die Einführung einer systematischen Vorgehensweise bei der Software-Entwicklung notwendig.

Zur Einführung der systematischen Vorgehensweise sind die ersten notwendigen Schritte die Festlegung von Programmierrichtlinien und der Aufbau einer Infrastruktur zur Verwaltung fertiggestellter Software-Pakete. Die Programmierrichtlinien beinhalten verbindliche Vorgaben zur Dokumentation von Software, zur Programmcodierung (Coding-Style-Guide) und eine Darstellung der Software-Verwaltung. Eine Kurzbeschreibung der Methoden zur Analyse und zum Design sollten ebenfalls in den Richtlinien aufgenommen werden. Bei den Vorgaben ist zu berücksichtigen, daß im universitären Bereich die Personalfluktuationen höher als in einem Unternehmen sind, die an einem Projekt mitarbeitenden Personen eine sehr begrenzte Zeit zur Verfügung stehen und daß diese Personen zum Großteil geringe Erfahrungen im Umgang mit den Entwicklungswerkzeugen aufweisen. Nach der Durchführung der oben genannten Schritte ist von allen Beteiligten die Einhaltung der Richtlinien und die Pflege der Software-Verwaltung gefordert. Nicht die alleinige Existenz, sondern das Praktizieren der Vorgaben führt zur Entwicklung qualitativ hochwertiger Software.

Die Vorstellung der am IAT eingeführten Programmierrichtlinien und die Vorgehensweise bei der Software-Organisation sind Inhalt der folgenden Kapitel. Nach einer allgemeinen Darstellung von Phasen der Software-Entwicklung wird die phasenorientierte Vorgehensweise beschrieben. Gegenstand der Darstellung sind der zeitliche Ablauf der Entwicklung, der Einsatz bestimmter Analyse- und Designmethoden und die Erstellung aufeinander aufbauender Dokumente. Detaillierte Beschreibungen der Methoden sind beispielsweise in [Balz96a], [Booch97] und [Strou98] zu finden.

Ausgehend von Software-Paketen und Dokumenten, die entsprechend den Programmierrichtlinien erstellt wurden, wird die Notwendigkeit einer durchgängigen, einheitlichen Namensgebung diskutiert. Diese bildet die Basis der Software-Organisation, die mit Hilfe eines Konfigurationsmanagementtools realisiert wird. Eine Zusammenfassung der Ergebnisse und die Erfahrungen am IAT unterstreichen die Notwendigkeit methodischer Vorgehensweisen bei der Software-Entwicklung im universitären Bereich.

2 Phasen der Software-Entwicklung

Seit mehr als 20 Jahren wird versucht, mit Verfahren aus dem Bereich der Ingenieursdisziplinen systematisch Software zu entwickeln, um der sogenannten Software-Krise zu entkommen [Wied98]. Aus diesen Bemühungen sind Modelle zur Unterteilung des Software-Entwicklungsprozesses in Phasen und diverse Methoden zur Bearbeitung der Aufgaben innerhalb dieser Phasen entstanden. Ein klassischer Ansatz der Phasenmodellierung ist das Wasserfallmodell, welches sich in unterschiedlichster Ausprägung in anderen Modellen wiederfindet. Der dem Wasserfallmodell zugrunde liegende Gedanke ist, daß die Ergebnisse einer Phase, ähnlich wie bei einem Wasserfall, in die nächste Phase überlaufen, ohne zurücklaufen zu können. Unterschieden wird zwischen den Phasen Analyse, Design, Implementation, Test und Wartung.

In der Analysephase wird zusammengefaßt, welche zu erbringenden Dienstleistungen von der zu entwickelnden Software erwartet werden. Die sich daraus ergebenden Anforderungen werden während der Designphase auf eine Software-Architektur abgebildet. Die Aufgabe der Implementationsphase besteht in der Umsetzung dieser Architektur mit einer Programmiersprache. Die Ergebnisse der Implementation werden in der darauffolgenden Testphase verifiziert. Die Wartung von Software beinhaltet stets Änderungen in den Software-Anforderungen oder das Übertragen auf neue Plattformen. Es hängt von der Flexibilität der gewählten Software-Architektur ab, wie leicht Änderungen in dem bestehenden Software-System durchgeführt werden können. Im schlimmsten Fall sind alle genannten Phasen erneut zu durchlaufen, wobei kaum Teile der vorhandenen Software übernommen werden können. Es ist somit unbedingt Aufgabe der vorherigen Phasen, absehbare Änderungen mitzuberücksichtigen und Grundlagen zu schaffen, um diese später aufnehmen zu können.

Das Wasserfallmodell ist aus Sicht des Software-Managements geeignet, um den Vorgang der Software-Entwicklung durchschaubarer und planbarer zu halten, da eine Verifikation der Ergebnisse am Ende jeder Phase vorgenommen werden kann. Doch in der Praxis ist das Modell in seiner ursprünglichen Form nicht umsetzbar. Die Anforderungen an die Software sind zu Beginn eines Projektes häufig zu unklar, als daß sich diese als Fundament für eine Software-Architektur eignen würden [Thal96]. Eine strikte zeitliche Trennung der Phasen wirkt sich sogar kontraproduktiv aus, da Fehler in frühen Phasen durch den gesamten Entwicklungszyklus getragen werden und somit einen enormen Änderungsaufwand nach sich ziehen, falls sie in den zeitlich hinten liegenden Phasen entdeckt werden. Um diesem Problem zu begegnen, existieren unterschiedliche Ansätze, die sich in der Praxis bewährt haben. Als Schlagwörter seien das Spiralmodell, das V-Modell, die evolutionäre und revolutionäre Technik und das Prototypen-Modell genannt [Balz96b].

Für die Bedürfnisse im universitären Bereich hat sich eine Kombination aus evolutionärer Technik und dem Prototypen-Modell durchgesetzt (siehe Abbildung 1). Dabei ist unter evolutionärer Technik zu verstehen, daß die Phasen des Wasserfallmodells beibehalten werden, eine zeitliche Überlappung der Phasen mit möglichen Rücksprüngen in vorherige Phasen jedoch erlaubt ist.

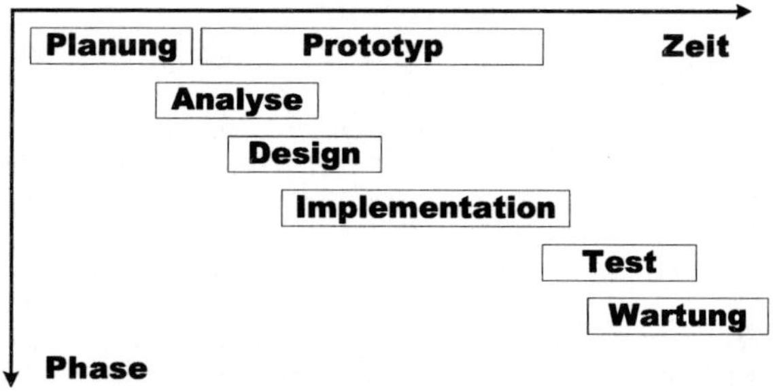

Abbildung 1: Um evolutionäre Technik modifiziertes Wasserfallmodell in Kombination mit dem Aufbau eines Prototyps

Die Anforderungen sollten zu Beginn möglichst klar feststehen und spezifiziert werden, können aber während des Entwicklungsprozesses erweitert und modifiziert werden (Evolutionsprozeß). Der Aufbau eines Prototypen, parallel zur Entwicklung, hilft die Anforderungen besser zu verstehen, eindeutiger zu formulieren und Ideen für die Software-Architektur zu sammeln. Auch mangelnde Erfahrungen mit dem Entwicklungswerkzeug können hier behoben werden.

In der Abbildung 1 ist eine weitere Phase, die Planung, aufgeführt, die bei der Aufzählung der Phasen des Wasserfallmodells nicht enthalten war. Hinter dieser Phase verbirgt sich die Planung eines größeren Projektes, aus dem mehrere kleinere Projekte gebildet werden. Die gesonderte Betrachtung dieser Phase ist notwendig, um das Problem der kurzfristigen Zielverfolgung im universitären Umfeld zu lösen. Die Zusammenfassung mehrerer kleinerer Arbeiten zu einem größeren Projekt hat einen synergistischen Effekt inbezug auf die Software-Entwicklung und damit auf die Qualität der Software.

Im folgenden werden alle Phasen der Entwicklung im einzelnen vorgestellt und die in jeder Phase durchzuführenden Arbeitsschritte besprochen.

2.1 Die Planungsphase

Der erste Schritt der systematischen Software-Entwicklung sollte mit der Bildung eines Projektes beginnen, falls sich dies nicht bereits aus der Aufgabenstellung (z.B. bei einer großen Industriekooperation) ergibt. In einer Projektdefinition (Lastenheft) werden das Projektziel, die sich daraus ergebenden Forschungsthemen und Entwicklungsschritte formuliert. Diese bilden die Ausgangsbasis für weitere Arbeiten wie Studien- oder Diplomarbeiten.

Am IAT wurde beispielsweise im Bereich der Robotik das Projekt BreRob gebildet, welches als übergeordnetes Ziel den Aufbau eines Service-Roboters hat. In diesem Projekt wurden mehrere Arbeiten von wissenschaftlichen Mitarbeitern des Instituts zusammengefaßt, die sich mit dem Thema Robotik beschäftigen. Eine gemeinsame Zieldefinition mit der anschließenden Aufteilung in Arbeitspakete ermöglichte zu Projektbeginn die Entwicklung allgemein verwendbarer Software-Komponenten, die in späteren Arbeiten als Werkzeuge eingesetzt werden konnten. Aufgrund der übergeordneten Zieldefinition wurden bereits bei der Entwicklung dieser Software-Komponenten zukünftige Anforderungen mitberücksichtigt, so daß keine späteren Anpassungen mehr notwendig waren.

2.2 Die Analysephase

Wird eine Arbeit innerhalb des Projektes vergeben, so liegen die Randbedingungen (Schnittstellen zum Projekt) und die zukünftigen Anforderungen bereits in schriftlicher Form vor. Während der Analyse dieser Arbeit sind die spezifischen Anforderungen an die zu erstellende Software unter Berücksichtigung der Randbedingungen des Projektes festzuhalten. Die Ergebnisse werden in einem Dokument, der Software-Requirements-Specification[3] (SRS), niedergelegt. Der Aufbau des Dokumentes ist vorgegeben und hilft, die wichtigen Informationen zusammenzutragen. Von Interesse sind die genaue Zieldefinition, Anforderungen an die Funktionalität und Leistungsfähigkeit der Software und Vorgaben bezüglich externer Schnittstellen. Das Dokument ist nicht vom Betreuer sondern vom Bearbeiter zu erstellen, um eine frühstmögliche Identifikation mit der Problemstellung zu erreichen. Besondere Hinweise, wie Entwurfsrestriktionen oder spezielle Leistungsanforderungen, sollten hingegen vom Betreuer vorgenommen werden, um bereits frühzeitig die Entwicklung in die richtige Richtung zu lenken.

Es drängt sich an diesem Punkt die Frage auf, mit welchen Methoden die Analyse der Aufgabenstellung durchgeführt wird. In der Praxis haben sich die strukturierte Analyse (SA) und die objektorientierte Analyse (OOA) bewährt [Balz96a]. Beide werden am IAT angewendet, da diese von der verwendeten Programmiersprache C++ unterstützt werden und somit auch gemischt einsetzbar sind. Zwar ist der durchgängige Einsatz der objektorientierten Methode empfehlenswerter, doch erfordert die Erstellung rein objektorientierter Software viel Erfahrung, die von einem Programmieranfänger nicht erwartet werden kann [Booch97]. Eine Vorgabe der zu verwendenden Methoden in den folgenden Phasen wird beim Einsatz einer der beiden genannten Methoden zur Analyse erzwungen. So ist nach Verwendung der objektorientierten Analyse mit der Methode des objektorientieten Designs (OOD) im Entwurf fortzufahren.

Da die genannten Methoden sehr formalen und komplexen Gestaltungsvorgaben unterliegen und eine Konsistenzprüfung der Analyseergebnisse bereits bei einem relativ niedrigen Komplexitätsgrad nur mit Hilfe eines CASE-Tools (Computer Aided Software Engineering) durchführbar ist, wird auf eine strenge Anwendung der Methoden verzichtet. Der Einarbeitungsaufwand in ein CASE-Tool ist gegenüber der Arbeitszeit im Projekt nicht zu vertreten. Deshalb hat sich als Beschreibungsform der SRS eine Kombination aus verbaler Problemformulierung unter Zuhilfenahme genormter grafischer Notationen (Datenflußdiagramm, Klassen-Diagramm, ...) bewährt.

---

[3] Die Software-Requirements-Specification ist auch unter dem Namen Pflichtenheft bekannt. Der Standard *Guide for Software-Requirements* wurde 1984 von der IEEE verabschiedet und ein Jahr später von der ANSI übernommen [Balz96a].

2.3 Die Designphase

Hat die Analyse einen Punkt erreicht, an dem die Problemstellung ausreichend erfaßt wurde und sowohl dem Betreuer als auch dem Bearbeiter keine Unstimmigkeiten mehr auffallen, kann mit dem Design der Software begonnen werden. Auch hier bieten sich zwei Methoden an, das strukturierte Design (SD) und das objektorientierte Design (OOD). Die Aussagen bezüglich der Verwendung und der Einhaltung formaler Vorgaben stimmen mit denen der Analyse überein.

Ziel des Designs ist die Formulierung der Software-Architektur. Dies beinhaltet sowohl die Beschreibung des statischen Aufbaus (Modulaufteilung, Klassenhierarchien, Funktionsbäume, ...) als auch die Beschreibung dynamischer Vorgänge (Objektinteraktionen, Funktionsaufrufe, ...). Vorgaben für Schnittstellen zu externen Programmen, insbesondere bei voneinander abhängigen Parallelentwicklungen, sind detailliert festzulegen. Die Ergebnisse des Designs werden in dem Software-Design-Document (SDD) zusammengetragen. Dieses Dokument beinhaltet mehr Informationen, als die reine Architekturbeschreibung. So befinden sich in dem SDD das Benutzerhandbuch, die Beschreibung aller zum Betrieb der Software notwendigen Konfigurationen und zusätzlich benötigte Software-Komponenten (Libraries). Das SDD - im Zusammenhang mit der SRS - erhebt den Anspruch die später erstellte Software ausreichend zu dokumentieren, um eine Verwendung der Software durch Dritte ohne weitere Informationen zu ermöglichen.

Da in das SDD viele Informationen einfließen, die erst nach Abschluß der Implementation mit aufgenommen werden können, ist es einsichtig, daß die Erstellung des Dokumentes parallel zum weiteren Entwicklungsprozeß stattfindet. Der Betreuer sollte darauf achten, daß der grobe Aufbau der Architektur vor der ersten Implementation formuliert wird, soweit dies vom Bearbeiter erwartet werden kann. Hier ist die Erstellung eines Prototypen oftmals hilfreich [Strou98]. Auch die Identifikation und Festlegung wiederverwertbarer Module (siehe hierzu Kapitel 3) sollte spätestens zu diesem Zeitpunkt vom Betreuer durchgeführt werden.

Die Beschreibungsform des SDDs enthält - im Gegensatz zur SRS - einen höheren Anteil an Basiskonzepten[4] der verwendeten Methode. Neben der verbalen Systembeschreibung gehören der Modulstrukturbau und das Klassen-Diagramm zu den Mindestanforderungen des SDDs. Entsprechend der Komplexität der zu erstellenden Software ist die Beschreibung um Interaktions-, Objekt- und Flußdiagramme zu ergänzen. Zu vermeiden ist eine redundante Beschreibung zur Implementation. Von Interesse ist der strukturelle Aufbau einer Software und das Zusammenwirken der verschiedenen Komponenten, nicht aber die Darstellung von Implementationsdetails. Diese sollten dem gut dokumentierten Programmcode entnommen werden. Es hat sich gezeigt, daß detailgetreue Programmbeschreibungen spätestens bei Änderungen zu Inkonsistenzen führen.

Nach der groben Fertigstellung des Designs folgt ein ständiger Wechsel zwischen der Implementation und dem Design im Sinne der evolutionären Vorgehensweise. Je vollständiger die

[4] Basiskonzepte dienen der Beschreibung von Softwaremodellen. Es handelt sich um atomare Konzepte, die konzeptionell langlebig und pasenübergreifend einsetzbar sind. Beispiele für Basiskonzepte sind Datenfluß-Diagramme, Entity-Relationship-Modelle und Klassen-Diagramme. Viele Software-Entwicklungsmethoden (SA oder OOA) schreiben die Verwendung bestimmter Basiskonzepte vor [Balz96a].

Architektur ausgearbeitet wurde, desto weniger Änderungen sind später im Programmcode durchzuführen. Änderungen in den Anforderungen sollten nicht vorkommen, sind aber oftmals nicht zu vermeiden. Existieren keine oder wenige Vorstellungen bezüglich des Designs, bietet sich der Aufbau eines Prototypen an. In vielen Fällen wird der Prototyp jedoch nicht übernommen, sondern es wird eine komplette Neuimplementation entsprechend dem ausgereiften Design durchgeführt.

2.4 Die Implementationsphase

Handelte es sich in den vorhergehenden Phasen um das „Programmieren im Großen", so dreht es sich während der Implementation um das „Programmieren im Kleinen". Die Vorgaben aus der Architekturbeschreibung sind „nur" noch auszuprogrammieren. Hier sollte der Coding-Style-Guide den Programmierer zu einem einheitlichen Aussehen des Programmcodes und der integrierten Dokumentation zwingen, ohne dabei seine Kreativität einzuschränken [PaSi95]. Vorgaben zur Namensvergabe, zum Aussehen der Funktionsköpfe oder der internen Dokumentation sind Inhalt dieser Richtlinien. Werden die Vorgaben von jedem Programmierer eingehalten, wird die Einarbeitung in fremde Software wesentlich vereinfacht. Dabei ist zu beachten, daß die Vorgaben den Entwicklungsprozeß nicht behindern dürfen. Zu komplizierte Richtlinien werden in den meisten Fällen nicht eingehalten. Neben den Richtlinien zur Implementation ist dem Programmierer die Verwendung von Standardbibliotheken vorzugeben. Dies verhindert überflüssige Entwicklungen und macht die Software unabhängiger von Entwicklungswerkzeugen.

2.5 Die Testphase

Während des Wechsels zwischen Implementation und Verbesserung des Designs werden Tests einzelner Module, Klassen und Funktionen vom Programmierer durchgeführt. Haben die Implementation und das Design ein stabiles Endstadium erreicht, wird die Software mit Hilfe der SRS in einem vom Programmierer erstellten Testrahmen verifiziert und nach fehlerfreiem Testlauf in das Projekt integriert. Dies wird vom Betreuer als „außenstehende" Person durchgeführt. Spezifischere Tests wären zwar wünschenswert, sind aber in der universitären Praxis aus Zeitmangel häufig nicht durchführbar. Da ein Großteil der Module in anderen Projekten eingesetzt wird, erfolgen hier automatisch weitere Tests mit unterschiedlichen Testmustern.

2.6 Die Wartungsphase

Den Prozeß der Wiederverwendung stellt die Wartungsphase dar. Module, die als wiederverwendbar identifiziert wurden, werden in einem Software-Pool anderen Projekten zur Verfügung gestellt. Erfolgt der Einsatz in einem anderen Projekt, dürfen Änderungen unter Einhaltung der bisherigen Schnittstellen vorgenommen werden, um die Lauffähigkeit in den alten Projekten nicht zu gefährden. Alle Änderungen sind in den bestehenden Dokumenten (SRS und SDD) nachzutragen.

Der Aufbau des Software-Pools und die Zuordnung zu den Projekten ist die Aufgabe der Software-Organisation, die im folgenden Kapitel behandelt wird.

3 Software-Organisation und Software-Verwaltung

Wie bereits in der Designphase beschrieben, werden Software-Module für den Software-Pool vorgesehen, von denen anzunehmen ist, daß sie in anderen Projekten Verwendung finden. So ist beispielsweise Software, die den Umgang mit Hardwarekomponenten wie Sensoren, Aktoren und Kommunikationsschnittstellen ermöglichen, prädestiniert für den Pool. Auch viele Algorithmen und die Verwaltung komplexer Datenstrukturen weisen einen hohen Wiederverwendungsgrad auf und eignen sich zur Aufnahme in den Pool.

Da der Software-Pool ständig anwächst, ist eine Organisation unumgänglich. Am IAT wurde hierfür eine Namensgebung (Präfixregelung) festgelegt, welche die Einordnung in den Pool ermöglicht und das Wiederauffinden von Software erleichtert. Der Abbildung 2 kann die Bildung des Präfixes entnommen werden.

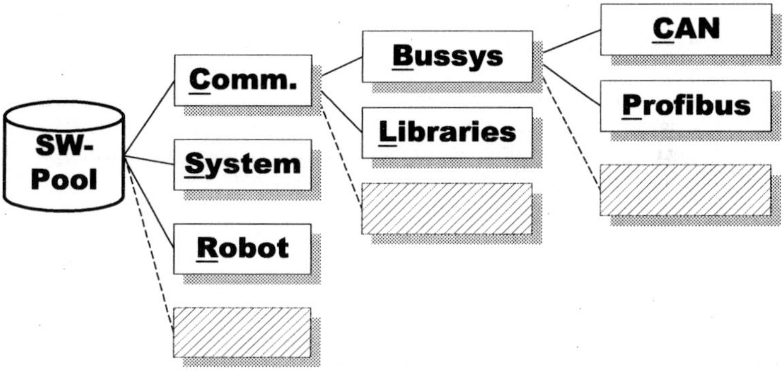

Abbildung 2: Strukturierung des Software-Pools durch Präfixregelung

Der Pool ist in drei Hierarchieebenen aufgeteilt, in die entsprechend einem Verzeichnisbaum die Software-Module logisch eingeordnet werden. Der Präfix ergibt sich aus den Anfangsbuchstaben jeder Hierarchieebene und einer Modulkennung. Dieser Präfix wird jeder Klasse, jeder Funktion, jeder Konstanten oder jedem Datentyp, die oder der von einem Modul exportiert wird, vorangestellt. C++ unterstützt dieses Vorgehen seit der Verabschiedung des ANSI/ISO-Standards mit der Einführung der „namespaces“ [Jous96]. Neben den reinen Implementationsdateien werden alle zur Software gehörigen Dokumente im Pool aufgenommen. Module, die nicht dem Pool angehören, werden über eine Projektkennung identifiziert, um auch hier eine Zuordnungsmöglichkeit zu haben.

Die alleinige Trennung zwischen Pool und Projekten ist nicht ausreichend, um eine einfache Zuordnung zwischen den Software-Komponenten zu erhalten. Fragen wie „In welcher Version wurde das Poolmodul XYZ in meinem Projekt verwendet?“, „Welche Module gehören überhaupt zu meinem Projekt?“ und „Wer hat die letzte Änderung vorgenommen?“ lassen sich ohne den Einsatz eines Dokumentenverwaltungsprogrammes nicht bewältigen. Am IAT wird für diese Zwecke das netzwerkfähige Konfigurationsmanagementtool „Visual SourceSafe™“ von Microsoft® eingesetzt. Mit Hilfe des Programmes lassen sich unter anderem die Konfiguration eines Projektes überwachen, Zusammenhänge zwischen Pool und Projekten auflösen und die Parallelentwicklung eines Moduls von mehreren Personen unterstützen. Es steht dem Benutzer die vollständige Historie eines Moduls zur Verfügung, in der bei auftretenden Problemen mit neuen Versionen immer wieder auf alte Versionen zurückgesprungen werden kann [VSS97].

Um für das Institut ständig lauffähige Demonstrationsversionen bereitzuhalten, wird zwischen einem Entwicklungsbereich, einem Projektbereich und einem Demonstrationsbereich unterschieden. Während der Bearbeitung eines Teilprojektes erstellt der Entwickler seine Software im Entwicklungsbereich. Zu Beginn der Entwicklung entnimmt der Betreuer alle zur Entwicklung notwendigen Module dem Pool und stellt Kopien im Entwicklungsbereich zur Verfügung. Drauf aufbauend kann der Entwickler seine Software erstellen und testen. Nach Fertigstellung der Software und Abnahme durch den Betreuer wird die Software aus dem Entwicklungsbereich in den Projektbereich übertragen und dort in das Projekt integriert. Hat das Projekt einen Zustand erreicht, der sich als stabil und demonstrationsfähig erwiesen hat, erfolgt die Übertragung in den Demonstrationsbereich. Das Übertragen der Software von einem Bereich auf den anderen erfolgt immer unter der Kontrolle von Visual SourceSafe. Durch diese Vorgehensweise wird vermieden, daß sich halbfertige Entwicklungen in ein Projekt einschleichen, welche die Projektdemonstration gefährden können. Darüber hinaus wird jeder Schritt der Software-Entwicklung dokumentiert, womit Zusammenhänge zwischen Projekten und Modulen nachvollziehbar werden. Da die verschiedenen Bereiche zur Verwaltung der Software auf einem Server des Instituts abgelegt sind, ist eine tägliche Sicherung auf Magnetbänder möglich. Im schlimmsten Fall tritt ein Verlust von einem Tag auf.

4 Zusammenfassung

Es wurde gezeigt, daß es bei dem Bedürfnis, größere Projekte im universitären Bereich zu realisieren und längerfristig an bestimmten Themen zu arbeiten, unumgänglich ist, Software mit modernen Methoden des Software-Engineerings zu entwickeln. Dabei sind den speziellen Problemen im universitären Bereich, wie hohe Personalfluktuation und geringe Projekterfahrung, besondere Beachtung zu schenken. Das Bilden von Projekten, in denen mehrere Einzelarbeiten zusammengefaßt werden, unterstützt die Wiederverwendbarkeit von Software, da Anforderungen anderer Arbeiten innerhalb des Projektes Berücksichtigung finden. Das Erstellen von Programmcode mit der gleichzeitigen Anfertigung eines Analyse– und eines Designdokumentes unter den Rahmenbedingungen eines Projektes liefert solide Programmpakete, die in anderen Projekten einsetzbar sind. Das Einhalten vorgegebener Richtlinien erleichtert dabei die Einarbeitung in fremde Software. Erfahrungsgemäß werden die Vorgaben nicht als einengend empfunden, sondern helfen, sich schneller auf die eigentliche Problemstellung konzentrieren zu können. Aufgrund der großen Anzahl entwickelter Software-Module sind diese zu organisieren und zu verwalten, um diese den Projekten zuordnen zu können. Dazu wurde eine eindeutige Namensgebung eingeführt, welche eine schnelle Identifikation und inhaltliche Einordnung der Software-Module erlaubt. Der Vorgang der Verwaltung und Versionsüberwachung wurde mit einem Konfigurationsmanagementtool durchgeführt, da eine manuelle Kontrolle zu fehleranfällig ist.

Am IAT wird mittlerweile seit 2 Jahren nach dem in diesem Bericht beschriebenen Verfahren Software entwickelt. Die Akzeptanz und die gewissenhafte Befolgung der Programmierrichtlinien von Seiten der Studenten haben zu einem umfangreichen Software-Pool geführt. Es stehen beispielsweise Module zur Ansteuerung der institutseigenen Roboter, diverse Bildverarbeitungsalgorithmen und eine Bibliothek zur plattformübergreifenden Interprozeßkommunikation zur Verfügung. In vielen Projekten aus dem Bereich der Robotik haben mehrere Studenten an der Verfolgung eines Ziels zusammengearbeitet und aufbauend auf den Ergebnissen anderer ihre Teilaufgaben erfüllt. Die dabei aufgetretenen Erfahrungen, Hinweise und konstruktiven Kritiken wurden in den Programmierrichtlinien berücksichtig, die bereits in der Version 3.0 vorliegen [LaMa98].

Bisher unerwähnt blieb die Tatsache, daß die Studenten mit erhöhter Motivation an einem Projekt mitarbeiten, wenn ihre Arbeiten sinnvolle Teilrealisierung zum Erreichen des Gesamtziels sind. Die Zusatzqualifikation, die bei der Entwicklung im Team und in der Auseinandersetzung mit den Methoden des Software-Engineerings abfällt, ist für Studenten aus ingenieurwissenschaftlichen Disziplinen besonders wichtig. Dies hat sich bei den Absolventen des IAT bei Einstellungsgesprächen bestätigt. Gerade in der Zusammenarbeit mit mehreren Personen entstehen Probleme, die bei einer Einzelentwicklung nicht auftreten. Die Bewältigung dieser Probleme liefert die notwendige Erfahrung, um wartbare, möglichst fehlerfreie und verständliche Software-Pakete nach industriellen Maßstäben zu entwickeln.

5 Literatur

[Balz96a] Helmut Balzert „Lehrbuch der Software-Technik Band 1 Software-Entwicklung"
Spektrum Akademischer Verlag, 1996

[Balz96b] Helmut Balzert „Lehrbuch der Software-Technik Band 2 Software Management, Software-Qualitätssicherung, Unternehmensmodellierung"
Spektrum Akademischer Verlag, 1996

[Booch97] Grady Booch „Objektorientierte Analyse und Design"
Addison-Wesley, 1997

[Jous96] Nicolai Jousuttis „Die C++ Standardbibliothek"
Addison-Wesley, 1996

[LaMa98] Oliver Lang, Christian Martens „Software-Entwicklung am IAT"
Universiät Bremen, IAT interne Dokumentation, 1998

[PaSi95] Bernd-Uwe Pagel, Hans-Werner Six „Software Engineering I"
Kursmaterial der Fernuniversität Hagen, 1995

[Strou98] Bjarne Stroustrup „Die Programmiersprache C++"
Addison-Wesley, 1998

[Thal96] Georg Erwin Thaller „ISO 9001 – Software-Entwicklung in der Praxis"
Heise Verlag, 1996

[VSS97] Visual SourceSafe 4.0 User's Guide Online

[Wied98] Hans Wiedmann „Ein Ansatz zur Verbesserung der bekannten Methoden des objektorientierten Software-Engineerings"
Oldenbourg Verlag it+ti 5/98, S. 14-23

Objektorientierte Modellierung verteilter Prozeßleitsysteme auf der Basis der CORBA-Spezifikation

Reinhard Möller
Universität - GH Wuppertal, Fachbereich Elektrotechnik
Arbeitsgruppe Graphische Datenverarbeitung und Simulation
am Lehrstuhl für Automatisierungstechnik (LFA/GDS)
Fuhlrottstr. 10, 42119 Wuppertal
E-Mail: rmoe@lfa.uni-wuppertal.de

Zusammenfassung

Objektorientierte Modelle und Multimedia-Benutzungsschnittstellen gewinnen zunehmend an Bedeutung für moderne verteilte Automationssysteme. Das Objektkonzept ermöglicht die Integration von Benutzungsschnittstellenobjekten und Automatisierungselementen in ein gemeinsames Objektmodell. Es wird ein objektorientiertes Kommunikationssystem auf der Basis des Standards CORBA 2.0 vorgestellt, welches für verteilte Prozeßleitsysteme geeignet ist. Anhand eines einfachen Anwendungsprogramms, das einen periodischen Austausch von Bilddaten über eine schmalbandige ISDN-Telefonverbindung für Teleservice-Zwecke durchführt, wird die Performanz des Kommunikationssystems untersucht.

1 Einleitung

Objektorientierte Modelle und Multimedia-Benutzungsschnittstellen gewinnen zunehmend an Bedeutung für moderne verteilte Automationssysteme. Das Objektkonzept ermöglicht die Integration von Benutzungsschnittstellenobjekten und Automatisierungselementen in ein gemeinsames Objektmodell [1]. Es liegt daher nahe, sich mit der Entwicklung von Methoden und Werkzeugen zur Erstellung objektorientierter, multimedialer Prozeßvisualisierungssysteme zu beschäftigen, die zur Darstellung von Prozeßdaten neben Standbilddarstellungen und Signalflußplänen auch Audio- und Videoeinspielungen verwenden. Angestrebt wird hierbei ein Konzept, nach dem die einzelnen Objekte auf verschiedene Rechner verteilt sind und über ein Netzwerk auf standardisierte Art und Weise miteinander kommunizieren. Es wird prinzipiell von einer heterogenen Rechnerumgebung ausgegangen, wie sie in heutigen Automatisierungssystemen üblich ist. Die kommunizierenden Objekte können daher auf unterschiedlichen Rechnerplattformen mit unterschiedlichen Betriebssystemen (z.B. verschiedene Unix-Derivate, Windows 95, Windows NT) installiert sein und in unterschiedlichen Programmiersprachen (z.B. C/C++, Smalltalk oder Java) implementiert werden.

Für die Realisierung objektorientierter Kommunikationskonzepte erscheint die CORBA-Spezifikation (Common Object Request Broker Architecture) der internationalen OMG (Object Management Group) besonders geeignet [2]. Die Arbeitsgruppe des Verfassers entwickelte eine Implementierung der CORBA-Spezifikation 2.0, den sogenannten MiniORB, und einen Compiler für die dazugehörige Schnittstellenbeschreibungssprache IDL. Dieser Beitrag beschreibt den Aufbau von MiniORB und IDL-Compiler und zeigt, wie auf dieser Grundlage ein verteiltes objektorientiertes System entwickelt werden kann.

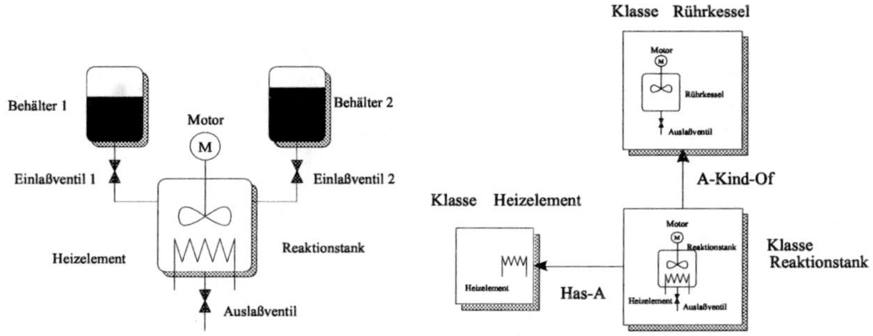

Abbildung 1: Ein chemischer Prozess und seine Abstraktion

2 Der objektorientierte Ansatz

Das Vier-Ebenenmodell der Leittechnik enthält verschiedene Prozesse, die untereinander und über die Ebenengrenzen hinweg miteinander und mit der Umgebung interagieren. Alle Teilnehmer können als Objekte modelliert werden. Dies gilt offensichtlich für die Sensoren und Aktoren am realen technischen Prozeß und für die beteiligten Rechnersysteme. Aber auch jegliche Rechenprozesse und insbesondere die Prozesse der Mensch-Maschine-Interaktion bestehen aus Objekten oder Teilsystemen, deren Abstraktionsgrad der Interaktion allerdings zu höheren Leitebenen hin wächst.

Der objektorientierte Ansatz kann am Beispiel eines Verfahrenstechnischen Prozesses verdeutlicht werden. Abbildung 1 zeigt links den Prozeß und rechts dessen teilweise Abstraktion. Es sind drei verschiedene Klassen von Objekten erkennbar: Behälter, Ventil und Reaktionstank. Die Ventile existieren in der Ausprägung Einlaß- oder Auslaßventil. Der Reaktionstank ist offenbar eine Spezialisierung von Behälter mit einem Heizelement und einem Rührwerk. Bei genauerer Betrachtung definiert man Reaktionstank schließlich als Spezialisierung von Rührkessel, der ein Heizelement besitzt. Es sind demnach hierarchische Beziehungen beschreibbar, die nach der Methode einer schrittweisen Abstraktion den technischen Prozeß vollständig abbilden.

Geht man von einem für alle Ebenen einheitlichen Objektmodell aus, so ist auch der Datenaustausch zu abstrahieren. Es sind verschiedene Arten von *Kommunikationsmedien* (z.B. Sprache, Text, Bilder) zu unterscheiden, jedes Medium instantiiert als Objekt einer bestimmten Klasse (z.B. Bericht, Tabelle, Prozeßgröße). Die Medienobjekte werden mittels spezieller *Kommunikationsprotokolle* über bestimmte *Kommunikationskanäle* (z. B. Ethernet, Feldbus, Telefon) transportiert. Ein einheitliches Objektmodell für verteilte Automatisierungssysteme enthält alle notwendigen Mechanismen und Konzepte, um eine netzwerktransparente Kommunikation zwischen prinzipiell heterogenen Rechnerplattformen zu ermöglichen. Ein Objekt sollte weder Kenntnis über seine Arbeitsumgebung benötigen noch sollte es wissen, ob sein Kommunikationspartner auf dem selben oder einem anderen Rechner im Netz existiert. Da die Objekte im Idealfall wie selbständige Agenten handeln, kann es auch keine dauerhaft festgelegte Client-Server-Beziehung geben. Ein Objekt- und Kommunikations-Verwaltungssystem ist daher notwendig - ein ***Broker***. Dieser Broker übernimmt entweder nur den Verbindungsaufbau zwischen Objekten oder er übernimmt sämtliche Kommunikationsaufgaben.

Es wurden verschiedene Broker-Konzepte vorgestellt, die jedoch zumeist auf bestimmte

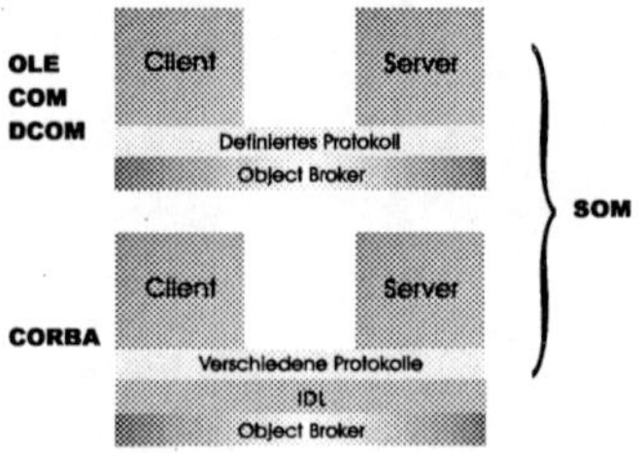

Abbildung 2: Kommunikationsmodelle verschiedener Plattformen

Umgebungen zugeschnitten sind ([4], [5], Abbildung 2). OLE/COM/DCOM[1] beschreiben feste und binärkompatible Protokolle, die eine gleiche Rechner- und Betriebssystemumgebung voraussetzen [10]. CORBA ist dagegen plattformunabhängig, da das Protokoll klartext-kodiert ist. Lediglich die Implementierung des Objekt-Brokers ist rechnerabhängig. Eine einheitliche Schnittstellenbeschreibungssprache (IDL) entkoppelt plattformabhängige und -unabhängige Elemente. Dies garantiert Interoperabilität in jedem heterogenen verteilten Rechensystem [9]. Das System Object Model (SOM) ist eine objektorientierte Technologie zur Erstellung binärer Klassenbibliotheken [11]. Es benutzt Mechanismen und Werkzeuge auf der Basis von CORBA und ist daher zu diesem Standard kompatibel. Durch seine Integration auf Windows- und UNIX-Umgebungen ist eine Integration von DCOM und CORBA prinzipiell möglich. CORBA ist das einzige herstellerunabhängige Broker-Konzept und daher am besten für ein universelles Objekt-Kommunikationsmodell in verteilten Prozeßleitsystemen geeignet.

3 Der MiniORB, eine Implementierung der CORBA-Spezifikation

Die CORBA-Spezifikation [3] beschreibt verbindlich den Aufbau eines sogenannten *Object Request Brokers* (ORB). Es handelt sich hierbei um einen Softwarebus, der die Kommunikation zwischen verteilten Objekten steuert und überwacht. Der Datenaustausch ist durch das *General Inter-ORB Protocol* (GIOP) festgelegt. Dies ist eine abstrakte Beschreibung, die auf jedes verbindungsorientierte Protokoll abgebildet werden kann. Mit dem *Internet Inter-ORB Protocol* (IIOP) existiert hier bereits eine Abbildung für TCP/IP. Beide Protokolle sind Teil der CORBA-Spezifikation. Eine Kommunikationsverbindung hat immer zwei Teilnehmer: Ein aufrufendes Objekt, das sogenannte *Client-Objekt*, das ein anderes Objekt, die sogenannte *Objekt-Implementierung*, über eine Anforderungsnachricht (Request) dazu veranlaßt, einen seiner Dienste auszuführen. Mit dem Request werden alle Daten übertragen, die die Objekt- Implementierung zur Ausführung des jeweiligen Dienstes benötigt. Die Objekt- Implementierung führt daraufhin den gewünschten Dienst aus und übermittelt dem Client-Objekt die Ergebnisse in Form einer Antwortnachricht (Reply). Um einen Request an eine Objekt- Implementierung absetzen zu können, benötigt ein Client-Objekt lediglich die sogenannte Objekt-Referenz der Objekt-Implementierung, eine Bezeichnung, die die Objekt- Implementierung zur Laufzeit des Systems netzwerkweit eindeutig identifiziert. Weiterhin muß es über die Schnittstelle der Objekt-Implementierung informiert sein. Mit dem Begriff Schnittstelle wird in diesem Zusammenhang die Menge aller Dienste bezeichnet, die die Objekt-Implementierung ausführen und die das Client-Objekt anfordern kann. Die Deklaration einer solchen Schnittstelle erfolgt unabhän-

[1] OLE: Object Linking and Embedding, DCOM: (Distributed) Component Object Model

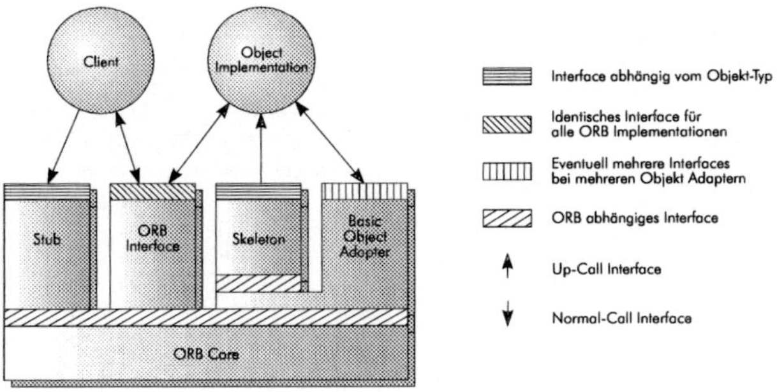

Abbildung 3: Aufbau des MiniORB

gig von Plattform und Programmiersprache in der sogenannten *Interface Definition Language* (IDL), die Teil der CORBA-Spezifikation ist.

Auf der Basis der CORBA-Spezifikation wurden von Heinz die statischen Komponenten einer ORB-Implementierung geschaffen [6]. An diesem sogenannten *MiniORB* sollen die Kommunikationsmechanismen betrachtet und auf ihre Verwendbarkeit in verteilten Prozeßleitsystemen untersucht werden. Das Prinzip des MiniORB zeigt die Abbildung 3. Der MiniORB wurde in C++ unter dem Betriebssystem Unix implementiert. Es handelt sich um einen Client- und Objekt- Implementierungs-residenten ORB, das heißt, die ORB-Funktionalität wird dem Client-Objekt und der Objekt- Implementierung durch Hinzubinden entsprechender Bibliotheken zugänglich gemacht. Diese Bibliotheken enthalten den sogenannten ORB-Core, der für die Übertragung der Botschaften über eine Interprozeß-Kommunikation (IPC) zuständig ist, den Object Adapter, durch den die Objekt- Implementierung an den ORB angebunden werden kann, sowie das ORB-Interface, über das Client-Objekt und Objekt- Implementierung bestimmte Dienste des ORBs direkt in Anspruch nehmen können. Die Komponenten Stub und Skeleton, über die das Client-Objekt bzw. die Objekt- Implementierung mit dem ORB in Verbindung stehen, gehen aus der IDL-Beschreibung der Schnittstelle hervor, die die Objekt- Implementierung anbietet, und müssen insofern für jede Objekt- Implementierung neu generiert werden. Die Kommunikation zwischen dem ORB des Client-Objekts und dem ORB der Objekt-Implementierung basiert auf TCP/IP und wird durch Berkeley Sockets realisiert. Das Format der Datenübertragung orientiert sich an den Vorgaben des IIOP.

Auf der Basis des MiniORB läuft ein Request, mit dem ein Client-Objekt eine Objekt-Implementierung veranlaßt, einen ihrer Dienste auszuführen, wie in Abbildung 4 gezeigt ab. Zur Laufzeit steht dem Client-Objekt ein sogenanntes Proxy-Objekt zur Verfügung, das ihm als Vertreter der Objekt- Implementierung dient, mit der es kommunizieren will. Diesem Proxy-Objekt übergibt das Client-Objekt bei Absetzen eines Requests die Daten, die zur Ausführung des gewünschten Dienstes notwendig sind. Das Proxy-Objekt kodiert die Daten entsprechend den Vorgaben des GIOP und übergibt sie dem ORB, der für die Übermittlung der Daten zum entfernten ORB sorgt. Der entfernte ORB übergibt die Daten der Objekt- Implementierung, anhand derer der gewünschte Dienst ermittelt und ausgeführt wird. Die Übertragung der Ergebnisse erfolgt auf umgekehrtem Wege.

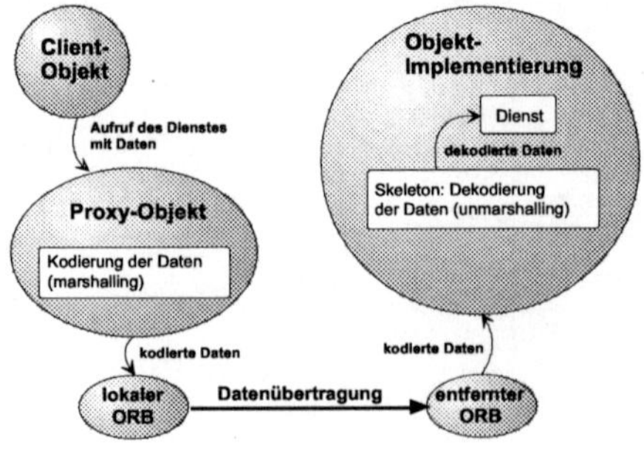

Abbildung 4: Ablauf eines Requests über den MiniORB

4 Entwicklung einer verteilten Anwendung mit Hilfe des IDL-Compilers

Die Hauptaufgabe der Entwicklung einer verteilten objektorientierten Anwendung auf der Basis von CORBA ist die Definition der Schnittstellen aller "dienstleistender" Objekte. Die IDL-Beschreibung der Schnittstelle einer Objekt- Implementierung enthält im einzelnen:

- Spezifizierung des Namens der Schnittstelle
- Spezifizierung der Namen aller Dienste, die die Objekt- Implementierung anbietet
- Für jeden Dienst: Spezifizierung der Daten, die die Objekt- Implementierung zur Ausführung des jeweiligen Dienstes benötigt
- Für jeden Dienst: Spezifizierung der Daten, die von der Objekt- Implementierung nach Ausführung des Dienstes zurück zu erwarten sind
- Spezifizierung aller Datentypen, die für den Datenaustausch zwischen Client-Objekt und Objekt- Implementierung benötigt werden

Da IDL eine rein deklarative Sprache ist, die die Dienste der Objekt- Implementierung nur beschreiben und nicht implementieren kann, müssen die Konstrukte der IDL-Beschreibung einer Schnittstelle auf eine herkömmlichen Programmiersprache, im Falle des MiniORB ist dies C++, abgebildet werden. Dies bedeutet einen erheblichen Programmieraufwand. Die IDL-Beschreibung einer Schnittstelle enthält jedoch alle Informationen, die für die Implementierung der Funktionsabläufe für die Kommunikation zwischen Client-Objekt und Objekt- Implementierung notwendig sind. Die Umsetzung auf die jeweilige Programmiersprache kann somit weitgehend automatisiert werden. Ein Werkzeug, das dieses leistet, wird IDL-Compiler genannt. Ein solcher IDL-Compiler wurde innerhalb der Arbeitsgruppe von Sixtus entwickelt [7].

Die Erstellung einer verteilten Anwendung umfaßt die folgenden Schritte, die in Abbildung 5 veranschaulicht werden:

1. Der Programmierer erstellt eine IDL-Beschreibung der Schnittstelle, die die Objekt-Implementierung zur Verfügung stellen soll.
2. Der IDL-Compiler generiert hieraus die entsprechende C++-Klassenhierarchie.

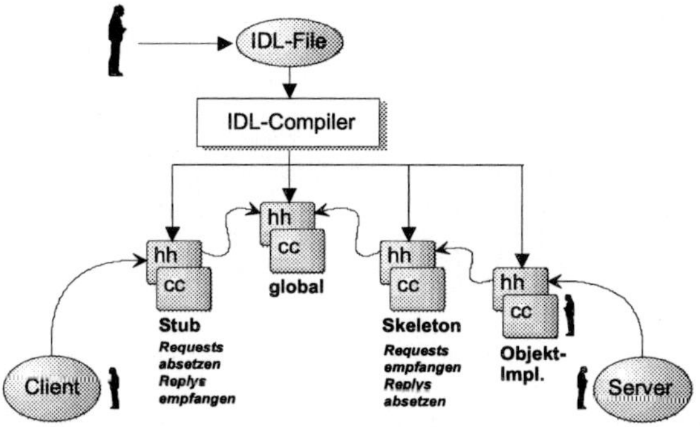

Abbildung 5: Erstellung einer verteilten Anwendung auf der Basis des MiniORB

3. Der Programmierer ergänzt den erzeugten C++-Code um die eigentliche Implementierung der Dienste der Objekt-Implementierung. Dies kann nicht automatisch durch den IDL-Compiler erfolgen, da die IDL-Beschreibung keine Informationen über die eigentlichen Implementierung enthält.

4. Der Programmierer erstellt ein Server-Programm, das die Objekt-Implementierung zur Laufzeit realisiert. Im Wesentlichen wird dieses Programm eine Instanz der Objekt-Implementierung erzeugen und dann die Kontrolle dem ORB übergeben, der dann auf eingehende Requests wartet.

5. Schließlich wird der Programmierer eine Client-Applikation erstellen, die eine oder mehrere Proxy-Objekte erzeugt und über diese die Dienste der Objekt-Implementierung anfordern kann.

Nachdem alle Programmteile übersetzt und mit den Bibliotheken des MiniORB zusammengebunden worden sind, ist eine rechnerübergreifende Kommunikation zwischen Client-Objekt und Objekt-Implementierung möglich, wobei das Client-Objekt auf die Dienste der Objekt-Implementierung so zugreifen kann, als würde es sich um ein Objekt im selben Adressraum handeln. Die tatsächlich über den MiniORB stattfindende Interprozeß-Kommunikation bleibt dem Client-Objekt wie auch der Objekt-Implementierung vollständig verborgen.

5 Effizienzbetrachtung an einer Beispielanwendung

Die Effizienz der Implementierung des MiniORB wurde an einer Beispielanwendung untersucht (Abbildung 6). Es handelt sich um ein einfaches Kommunikationssystem für Fernüberwachungsaufgaben, bestehend aus zwei Computern, die über einen ISDN-B-Kanal miteinander verbunden sind. Computer A erhält Bilder aus einer einfachen CCD-Kamera, die er nach geeigneter Kompression an Computer B überträgt, der diese Bilder darstellt. Die Kamera ist an die Parallelschnittstelle des Computers angeschlossen. Die Datenkommunikation zwischen den Rechnern erfolgt mittels CORBA/IIOP (MiniORB), während die internen Rechenprozesse mittels Shared-Memory und Semaphoren kommunizieren. Als Betriebssystem dient LINUX.

Amshoff untersuchte die drei wesentlichen Teile der Beispielanwendung, Bildakquisition, Datenübertragung und Bildwiedergabe, um die Gesamtleistung des Systems zu beurteilen [8].

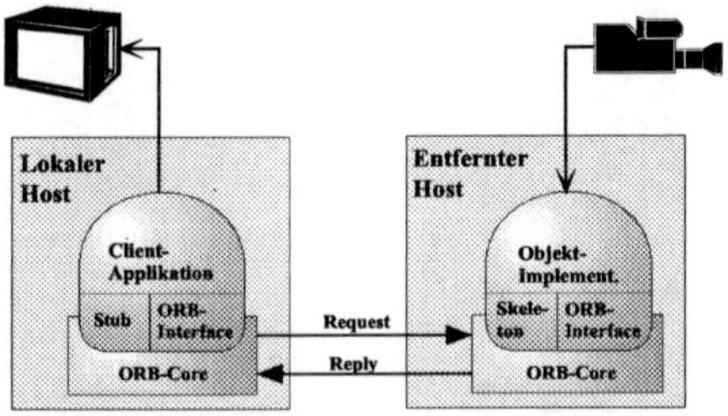

Abbildung 6: Beispielanwendung

Hierzu wurden Verarbeitungsgeschwindigkeiten, Bildgröße und Auflösung, Bildkompressionsrate und Bildwiederholrate betrachtet. Als Kompressionsverfahren wurde JPEG gewählt. Ein Kompressionsfaktor von 10 bis 15 (JPEG Quality 60) wurde als ausreichend für Diagnose- oder Überwachungsaufgaben festgestellt. Die nachfolgenden Tabellen zeigen einige Ergebnisse.

Tabelle 1: **Bilderfassung, 320*240 pixel, 24 Bit**

	486 DX 66 MHz	Pentium 133 MHz	Pentium 133 MHz
Bidirektional-Betrieb	nein	nein	ja
Bilddatei (Bytes, compressed)	10100	8912	9082
Verzögerung vor Bild 1	6.03 s	2.32 s	1.6 s
Zeit zwischen zwei Bildern	4.37 s	1.88 s	1.19 s

Tabelle 1 zeigt, daß mit der gegebenen Anwendung einschließlich Kompression und bei einer maximalen Aufnahmerate von 193 kBytes/s eine Bildwechselrate von ein bis zwei Bildern pro Sekunde möglich ist. Dies kann noch um einen Faktor von 5..10 verbessert werden, wenn die Parallelschnittstelle im ECP/EPP- Modus betrieben wird.

Tabelle 2: Performanz der **Bildübetragung**

Dateigröße (Byte)	Übertragungszeit (s)	Datenrate (Bytes/s)
1992	0.345	5773
4009	0.676	5930
5998	1.007	5956
8006	1.340	5974

Tabelle 2 zeigt, daß eine mittlere Datenübertragungsrate von 5900 Bytes/s mit dem MiniORB möglich ist. Dies ist nur geringfügig unter der maximal möglichen Datenrate von 6500 Bytes/s auf einem ISDN-B-Kanal. Die Differenz ist der Kommunikationsoverhead, der durch die Objektverwaltung verursacht wird.

Tabelle 3: **Bilddarstellung, 320*240 pixel, 24 Bit**

	486 DX 66 1MB/16 Bit Graphics Subsystem	Pentium 133 2MB/16 Bit Graphics Subsystem
Bildschirmgröße	1024 * 768 pixel	
Bilddateigröße	12637 Byte	
Zeit zwischen zwei Bildern	918 ms	191 ms
Bildschirmgröße	640 * 480 pixel	
Bilddateigröße	12637 Byte	
Zeit zwischen zwei Bildern	860 ms	182 ms

Die Größe der darzustellenden Bildmatrix auf dem Bildschirm beeinfußt die Zeit zur Bildberechnung. Tabelle 3 zeigt, daß dennoch unabhängig von der gewählten Bildgröße eine maximale Bildwiedergabe von 5 Bildern/s einschließlich Dekompression und lokaler Kommunikation auf dem Empfangsrechner möglich ist.

6 Ergebnisse

Es wurde gezeigt, daß mit Hilfe der beschriebenen Entwicklungsumgebung MiniORB und IDL-Compiler ein objektorientiertes Kommunikationssystem realisierbar ist, welches unabhängig von der verwendeten Hardware- und Softwareumgebung in einem weit verteilten Rechnersystem arbeiten kann. Die Mechanismen der Objektverwaltung auf der Basis von CORBA sind effizient und ermöglichen beispielsweise die Integration einfacher Multimedia- Teleservice-Anwendungen. Es scheint, daß eine Erweiterung des Objektmodells über die Grenzen der verschiedenen Leitebenen möglich ist, wobei CORBA die Kommuniaktions-Mechanismen bereitstellt. Weitere Arbeiten werden diesem Thema gewidmet sein.

Literatur

[1] Heinz, Oliver: *Entwurf eines Konzeptes für ein objektorientiertes, multimediales Prozeßleitsystem auf der Basis bestehender Standards*, Studienarbeit, Bergische Universität Gesamthochschule Wuppertal, Lehrstuhl für Automatisierungstechnik, Oktober 1995

[2] Beyer, Torsten: "Objektbörse - CORBA - OMG-Standard für verteilte Objekte," *iX* 2/1993, S. 2

[3] Object Management Group (OMG): *The Common Object Request Broker: Architecture and Specification, Revision 2.0, July 1995*, OMG Document Number ptc/96-03-04, ftp://ftp.omg.org

[4] Stal, Michael: "Der Zug rollt weiter - CORBA 2.0 und weitere OMG-Standards," *iX* 5/1995, S. 160

[5] Schwarz, Martin: "'Moment, ich verbinde ...' - COM, SOM und CORBA - oder die Suche nach dem Software-Esperanto," *c't* 3/1997, S.256

[6] Heinz, Oliver: *Entwurf und Implementierung eines Object Request Brokers nach der CORBA-Spezifikation*, Diplomarbeit, Bergische Universität Gesamthochschule Wuppertal, Lehrstuhl für Automatisierungstechnik, Mai 1996

[7] Sixtus, Achim: *Implementierung eines IDL-Compilers zur Umsetzung von OMG IDL in C++*, Diplomarbeit, Bergische Universität Gesamthochschule Wuppertal, Lehrstuhl für Automatisierungstechnik, März 1997

[8] Amshoff, Werner: *Bildübertragung in einer CORBA-Umgebung auf Basis von ISDN*, Studienarbeit, Bergische Universität Gesamthochschule Wuppertal, Lehrstuhl für Automatisierungstechnik, Mai 1997.

[9] CORBA: Integrating Diverse Applications Within Distributed Heterogeneous Environments, *IEEE Communications Magazine*, **14**(2), Februar 1997.

[10] Microsoft Components Services - a Technical Overview, Microsoft Corporation, http://www.microsoft.com/com/wpaper/compsvcs.asp, December 29, 1998.

[11] IBM SOMobjects Developer Toolkit - Version 3.0, IBM Dokument, http://www.software.ibm.com/ad/somobjects/som30readme.html, Dezember 1996.